幸福奥义

饶贵民 著

人民出版社

责任编辑：方国根　段海宝

装帧设计：汪　莹

图书在版编目（CIP）数据

幸福奥义 / 饶贵民　著 . –北京：人民出版社，2013.3

ISBN 978 – 7 – 01 – 011789 – 8

I. ①幸…　II. ①饶…　III. ①幸福–研究　IV. ① B82

中国版本图书馆 CIP 数据核字（2013）第 039111 号

幸福奥义

XINGFU AOYI

饶贵民　著

人 民 出 版 社 出版发行

（100706　北京市东城区隆福寺街 99 号）

北京市文林印务有限公司印刷　新华书店经销

2013 年 3 月第 1 版　2013 年 3 月北京第 1 次印刷

开本：710 毫米 ×1000 毫米 1/16　印张：15.75　插页：1

字数：220 千字　印数：00,001 – 10,000 册

ISBN 978 – 7 – 01 – 011789 – 8　定价：38.00 元

邮购地址 100706　北京市东城区隆福寺街 99 号

人民东方图书销售中心　电话：（010）65250042　65289539

幸福奥义

饶宗颐　题

序

张立文

"常将有日思无日，莫待无时想有时。"人生苦短，譬如朝露，花开花落，来日无多。唯有居有日而忧患无日之紧迫，不待到无时而后悔虚度了年华。饶贵民以"君子终日乾乾"的精神，以亲历生命智慧的体悟，以率性智能创造的卓识，以修道独立思议的睿智，从事于探赜索隐的学术之路，钩深致远的哲学反思。他纵贯中西古今之学思，横摄儒释道三教三义理，以超人的毅力撰成《人生三论》之后，又立诚修辞地撰成《幸福奥义》一书。

幸福是人人所期盼，人人所欲获得的。然幸福是什么、如何获得幸福，则见仁见智，莫衷一是。它像广寰的天空，即使是月明星稀的夜晚，也数不尽那璀璨的星星。又何必去追究每个人哪是幸福、哪是不幸的感受呢？

据载：一位女士买到了渴望很久的漂亮的车子，心里很是满足，幸福感油然而生。但当她听说与她交往密切的女友买到高档的车子，她的幸福感突然跌落。回家后便与老公发脾气。她的老公在单位刚得到提拔，心情很好，觉得很幸运，当听说自己的一位同学比他得到更高的提拔，想想自己样样比那位同学强，原来的幸福感跌到了谷底，回家后心里也有一肚子气，两人说不了几句就吵了起来，温馨幸福的家顷刻变成口水战场。惚兮恍兮，恍兮惚兮，哪是有幸，哪是有福！

幸福，是实存的东西。虽有积极幸福、中道幸福、消极幸福，或宏观幸福、中观幸福、微观幸福等，但幸福在现实世界、现实生活、现实人群中是可感受、可体验、可获得的。弗兰西斯·培根（Francis Bacon, 1561—1626年）说："一个人也可以通过不断作出细小的努力来达到幸福，这就是不断地增进美德。"①

对此惚兮恍兮、恍兮惚兮的人生重大话题，饶贵民以其敢于盗天火的精神，为人们谋福祉的情怀，从幸福之相、幸福之理、幸福之在、幸福之学、幸福之道等层面，作出了发前人所未发的回应、见前所未见的诠释。

拜读此书，获益匪浅，启发良多。无论读者自己，还是家人、朋友、民众都可得到一些体悟、一些觉解、一些宁静。以我粗浅而不成理的体贴，此书所隐现作者的心情意蕴、现实悲愿、义理诉说，凸显了一种独有的特色。

首先，"清风明月本无价，近山遥水皆有情"。幸福这个词与清风明月一样本无价，因人把自己的情感赋予近山远水和清风明月，所以山水风月也有了生命价值。犹如张载所说的"为天地立心"。天地本无心，人以自己之心为天地立心，体现了人对天地自然的情爱。

在这追财求富、物欲横流的时代，像清风明月一样的净洁世界，异化为藏垢纳污的病毒世界，幸福作为人们神圣的追求，异化为现实丑陋的活动。幸福作为"人类寻找自我心灵慰藉的一方灵药"，必须度越被污染了的幸福表象。

幸福是有情，幸福是有爱，饶贵民以深沉的情爱，爱世界、爱社会、爱生活、爱幸福。人们如何在巨大的幸福迷宫中找到幸福的路径？唯有生活世界，是安顿幸福的载体，于是爱生活世界，无异于爱幸福世界。此书视生活为如下四个维度：

一是主日常生活的庸常世界。海德格尔所说的"沉沦"，即此在日常生活在常人的常驻状态。沉沦导致人人的异化，使人最初的善良被烦躁、烦神所遮蔽。尽管异化的最高形式是每个人都期望自己成为万众瞩目的英雄，但

---

① 《论幸运》，《人生论》，湖南人民出版社1987年版，第176页。

又不能不接受日常生活的庸常世界的考量，而庸常世界中的日常生活，才是真正意义上的幸福载体。

二是主道德生活的伦理世界。亚里士多德认为："人的善就是合于德性而生成的灵魂的现实活动。"幸福，在伦理世界其终极的标准是是否合乎德行。在人被异化为物化商品符号的世界中，唯有从我执、法执的酒色财气迷惑中度脱出来，功德圆满，才能缔造真幸福。

三是主真理生活的本真世界。撇却种种现象世界，体认形而上本质世界，形而下世界可凭经验体认世界，它所获得的幸福是经验生活的感受，而不是形而上心灵本真的感受。真理生活的本真世界，不受物化世界的牵累，不受表象世界的迷惑，而是由不惑而进入知天命的幸福境界。

四是主智慧生活的艺术世界。艺术世界是人所追求的圆融无碍的华严境界，亦是人所独有的为人所此在的创造；艺术世界是人类心灵智慧度越形相的形成的显现，亦铭刻着人们对自己觉解和体贴的深度；艺术世界往往领时代精神的风骚，亦常常变社会文明的动力；艺术世界是人类智慧生活的精神活动，亦是人类温馨的、优美的、幸福的精神家园。艺术世界作为人的心灵、智慧的投资，只能领悟和意会。它像神奇的幸福美梦，令人回味无穷。

依次打开这四个世界的幸福门径，以通达人和天和、人乐天乐、天人共和乐的和合幸福世界。

其次，"四面湖山归眼底，万家忧乐到心头"。有情才有幸，有爱才有福，有情无爱，哪有幸福。千言万语，形形色色的幸福话题；纷纭复杂，悠悠乐乐的幸福形相，尽收眼底，归依心头。山湖优乐附丽于心，幸福不离心。欲望满足的幸福、美满生活的幸福、事业成功的幸福、发明创新的幸福、大难不死的幸福等。幸福，都是心的受容、感受、体验、觉解，从这个意义上说，幸福在心中，心外无幸福。

随时、随性、随遇、随缘、随喜，难乃随心。心乐而乐、心喜而喜、心幸而幸、心福而福。心存幸福，随时而幸福，随性而幸福，随遇而幸福，随

3

缘而幸福，随喜而幸福，无处不幸福，随处不幸福。

幸福并不拒斥外在的时、性、遇、缘、喜的震荡、刺激而使人的感觉器官发生感应，传递于大脑神经元，使"心之官则思"的心作出是否幸福的判断，赋予时、性、遇、缘、喜的幸福感受和体悟。

从欲望满足的幸福而言，如饶贵民所述：每个人的生命，如同一列载满欲望的列车，欲望是它前进的动力，但如果将欲望视为人生进步的燃料而不断积储的话，这列人生之车就会一直处于"超载"运行之中，因为人一旦有了欲望，为了实现这个欲望，一直就会迫使理性为自己进行策划，全部身心也就陷入了"痛苦"之中。在叔本华看来，人的欲望被满足的那一刹那就是幸福。如果第一个欲望得到了满足，而第二个欲望还没被设想出来，那时人就陷入了"无聊"的状态之中。一旦这个人的第二个欲望产生出来，他就重新陷入了精神的痛苦之中，他的理性又忙于为实现他的第二个欲望而筹划。所以，人生就如同一列来回摆渡的列车，在痛苦和无聊之间摆动。欲望无所穷致，幸福只在心中。

无论是第一、第二个欲望，还是接连不断的欲望的产生，以及迫使理性为设计欲望和实现欲望而策划，并由此而陷入痛苦与无聊、幸福与不幸之中，归根到底是心所开出的。欲望、痛苦、无聊，无非是心的受容、感受、体验和觉解。这就是"万家忧乐到心头"的写照。换言之，万事幸福开心中。

再次，"出没波涛三万里，笑谈今古几千年"。溯古观今，几万年来，欲望与人类，谈生同步。人为了维持生命的延续，就有衣食色的欲望，"食色，性也"。"今夫狌狌形笑亦二足而无毛也。然而君子啜其羹，食其胾。故人之所以为人者，非特以其二足而无毛也，以其有辩也。"[1]荀子以人为二足无毛动物，但已与禽兽相分别。这个分别就在于"禽兽有父子而无父子之亲，有牝牡而无男女之别，故人道莫不有辩"[2]。有辩乃是社会道德的觉醒。以道制

---

[1] 《荀子集注·非相》，中华书局1979年版，第55—56页。

[2] 《荀子集注·非相》，中华书局1979年版，第56页。

欲，少私寡欲，人心惟危，道心惟微，人心效法道心，道心制节人心。

幸福既是形而上之道，也是形而下之器。它渗透于生存世界，滋润于意义世界，逻辑于可能世界。几千年来一直为人们所关注、所论辩、所反思、所追求。上至皇帝大臣，中至学者士子，下至庶民贱人，都期盼幸福，上至几千年，下至几千年，内而中华民族，外而世界各国，追求幸福，此心同也，此理同也。

正如饶贵民所说，我们每个人都要承受时空天秤重量的评估，人在时空中行走，铸造了生命的历史和人类的历史，金屋湮灭，沧海桑田，社会变迁，都在时空中呈现。个体生命，因承受不了太多时空世事的重担，而有不幸福的感叹，又因圆满挑起时空事务重担，而有幸福的愉悦，幸福在时空中转换。福兮祸之所伏，祸兮福之所倚。

幸福在时空中流淌，探索中外古今幸福的真谛，唤起人的好奇心理。于是，无论从古今中外的苏格拉底、柏拉图、亚里士多德、叔本华、弗洛伊德，还是孔子、颜渊、老子、庄子、华严宗、禅宗、朱熹、王守仁，等等，都对幸福发出了心声。这种心声虽由不同的人发出，犹如交响乐，由不同的乐器奏响，却和合成一曲美轮美奂、无与伦比的神妙的乐曲。

无论是古希腊的哲人，还是中国的智者，都是求真知的爱智的人。在他们的视域里，幸福也是一种智慧之学，它与自然、社会、人生和光同尘。幸福是对自然生生不息之理的体贴，是对社会运行规则、伦理道德的把握，是对人生立德、立功、立言的实现。各幸其幸，各福其福。

苏格拉底把知识看成构成幸福的中介，人对知识掌握和运用，转知成智，获内在幸福。孔颜之乐，是乃幸福之乐。一天齐宣王在亭台楼阁、风景优美的雪宫接见孟子，他问孟子："有道德的贤人也有这种快乐和幸福吗？"

孟子回答说："作为一国的君主而不同他的百姓一同享受快乐和幸福，是不对的。只有以百姓的快乐为快乐，以百姓的幸福为幸福，百姓也会以国君的快乐和幸福为自己的快乐和幸福。"与民同乐，与民幸福，这才是真快乐，真幸福。

融突而和合古今中外，儒、释、道、耶的幸福观，是乃该书的特色。

最后，"云开世外三千界，时邀明月一弹琴"。幸福就像哲学，一千个人就有一千个哈姆雷特。说不清道不明。一言以蔽之，幸福是指度越自然、社会、人生种种形相、无形相的我执、法执的融突而和合的心灵享受。

度越尘世的世外三千界，而领略到"苍松翠柏真佳客，明月清风是故人"的意境。物我相融、民胞物与，以至常邀明月共弹琴，是乃天地万物与我一体的境界。在这个境界中，"山间日月自来去，天际浮云无是非"，远离世俗是非，自由自在地享受快乐和幸福。这才是幸福的真谛。

自然界的苍松翠柏、清风明月都成为人类座上的贵宾。既然要像接待贵宾一样对待自然人物，那么，人和自然、社会、人际以至心灵还有什么事值得纷争，脱离尘世物欲的干扰，共弹琴瑟，奏响人类幸福之曲。

在这演奏幸福之曲中，使人类心灵得到净化，也是山水风月得到净化。在常邀明月共弹琴中，透示出幸福永恒的魅力，是心灵幸福所能达到的最高境界。这是人的生命幸福的灵性投入，这是幸福之道的"大和至乐"之境。

饶贵民以关怀人类现实的悲情，以培养人类幸福的爱情，以创造人类福祉的温情，而撰著《幸福奥义》，其意可赞，其志可歌。

"有梅无雪不精神，有雪无诗俗了人"。梅花白雪，相映成趣，向雪吟诗，意蕴高雅。若无圆融梅、雪、诗三者，便俗而无韵了。《幸福奥义》将人类现实的悲情、幸福的爱情、福祉的温情三者和合，而使幸福有情的高歌响彻星空。

这是受《幸福奥义》启发后的一些浅薄的感想。

是为序。

2012 年 8 月 15 日

于中国人民大学孔子研究院

自　序

两千多年前，在古希腊城邦雅典的大街上，苏格拉底正在问打仗归来的高傲的将军：什么是勇敢？将军不以为然地说：勇敢就是往前冲。苏格拉底说：那卧倒称不称勇敢？将军说：也是。苏又问：如果敌军很强大，向后退是不是勇敢？将军说：也算是。苏问：那你何以知道什么是真正的勇敢？将军无言以答了。

作为一名身经百战的将军，对勇敢的回答似乎是最有发言权的，然而，将军却无言以终，这表明了什么呢？

苏格拉底说：不经过反思的生活是不值得过的人生。

将军只道出了事物的表象，没有找到勇敢的本相。

这个大家耳熟能详的故事，表明我们日常生活中所追求的和向往的往往不是生活的真谛，而是"如梦幻泡影，如露亦如电"的现象。

反观我们平常所言和追求的幸福，有人说是财富，是权力，抑或美丽，其实这些无非是指幸福的表面。许多人果真拥有了这些，而仍然不幸福、不快乐的人不胜枚举。

当前，被物化、外化、异化的社会，有太多的诱惑、计较，太多的算计，太多的奢望，使得人们身心疲惫，深陷憔悴，以至于人没有把欲望的东西带入坟墓，而却让欲望把人带入了坟墓！

如何找到真正的幸福？我们只有效法天道，如日月星辰，它们给我们人

类带来了无限的光明和热量，使人类不断繁衍，而人类却无以报天。宇宙的创造性、超越性、奉献性、利他性、无私性、恒久性，等等，都是我们效仿的对象，这才是我们应孜孜以求的幸福观。

幸福，就是过一种有神性的生活。

是为序！

2012 年 11 月 12 日

第 1 章

幸福之相

人的生活，总为目光所至处累。看他人种种，便觉即是快乐；反观自己的平淡，便寂寞空虚。将人生风景，与目光相聚，这世界也就划分为"相"、"实"两端。所谓"相"者，诸物外在之表象。如佛家所言之相，即为存在者万千百态的存在形式。众人芸芸，皆有所相：或如孔子笔下的君子小人，或如生命呈现的生老病死，如国家政权的兴盛衰亡，如宇宙空灵的成长殒灭。或是生命之形态，或是生命之过程。人吃五谷杂粮，天生冷暖寒暑，世界万物的成长，不可能如计算机所控制的程序一样，必然有诸多展示、诸多形象，生长于斯世，视野于斯境，短短人生往往为声色犬马所累，生活于为"相"所累的现世生活之中。

在谈及幸福的时候，会无可救药地将它"刻意"地与金钱、名利这些身外之物撇清关系，以示认清了幸福的真相。或是我们会把它描述一种状态，在这种状态的支配下，我们会不自觉地陷入到被多巴胺左右的情绪中来，无论欣悦，还是癫狂，都是导致我们理解这即是幸福的阵地；或是在历经苦难之后，如同人类进化史上，当第一个属于人类的脚步迈出之后，沉重代价下所获取的些微平静，我们总感觉这就是幸福。或是当我们沉寂于书房，与千古贤人同乐，或静处斗室，与天地交往，我们即认为平静即是一种幸福。

幸福究竟是什么？或许仅是一种"方便法门"，我们可以通过这种方式，得到幸福或幸福感，但幸福依然隐藏在法门之后。我想，无论是对身外之物

1

的真视，短暂喜悦的来袭，付出之后的收获满足，或是平静下的"意识流"，都是幸福的一种表象。表象种种，都是"实"之体现。所谓"实"者，诸物内在之实质。人之为人，外在诸物的证明固然重要，如锦衣玉食，位高权重，是人类历史以来证明一个人成功的标志。但外物外相的存在，只能证明一个人的"附加值"，这些东西只能证明人类社会对一个人状态的判断：刘邦即使黄袍加身，衣锦还乡，依然改变不了老乡对他"刘三儿"的判断；躺在广场上享受阳光的乞丐，即使是亚历山大皇帝的来访，也不能让他改变犬儒至上的生活模式。所以，外在之"相"，只能证明人的价值，并不能证明人之为人。

西方哲学进入现代视域之后，沿袭其一贯对人的本质思考的路径，也开始尝试通过人的生活世界，进入到人本质的思考上。与西方哲学以往"科学"传统不同，现象学的对象是人的生活世界，关注的是人的情感价值判断，并关注人的意识。现象学大家胡塞尔认为意义是意识的本质，现象学即通过对意义的描述，进入意识的境遇。当对意识进行观察的时候，并不进入当前意识所在的内容本身，而是游离于其外观看该意识本身，最终发现，所谓的意义即是建立在过去的历史经验之上。

胡塞尔的现象学理论，颇有些向东方哲学回归的味道。和西方传统的实证科学不同，他更侧重于透过现象的迷雾，直指事物本身。任何一个系统理论的建设，必然要有一个理论的预设，假使认同胡塞尔的现象学理论，那么对于"幸福"的基本判断，会产生如下反映，即将幸福现象认同为幸福本质，或将幸福之"相"认同为幸福之"实"，这种认识路径是错误的。幸福的本质，常常被现象所惑，或为金钱，或为权势，或为名利，或为青春作乐，或为欲壑难填，或为儿女情长。宗教之言，多能醒世，《金刚经》曰："不应住色生心，不应住声、香、味、触、法生心。"幸福之相，仅为空灵一瞬，人生之路风景再美，也仅是通过人生之极的点缀。

一、向"钱"看，向"后"转

金钱确有幸福的种子，但是并不一定开出幸福之花。

20 世纪以来的哲学语境发生了重大的变化，对人的研究成为哲学研究的重心。资本主义全球化的过程，事实上扭曲了整个人类社会的价值观，对人的肯定从灵魂安顿，转移到外在的物质标准。"异化"也成为哲学家们最常使用的哲学术语。"异化"即是人为外界的异己力量所左右，自己为自己的创造物所束缚，人的"异化"即是人的外在形象与人的内在自我的分离。如当提及商界人士的时候，往往以其"身价"来证明他存在的价值；涉及灾难的时候，往往以经济赔偿作为人生命的估价。人的"异化"从根源上讲，是指意识的分裂，在社会压力下，人本初的混沌意识，裂变为自我意识和对象意识。本初状态下的人，将自己自然地认同为社会的一部分，将自己的幸福建立在社会整体幸福的基础之上，"老吾老以及人之老，幼吾幼以及人之幼"（《孟子·梁惠王上》）。但"异化"之后的人，发觉自己不再是自己所属世界的一部分。

"异化"对人的生命本身带来最大的弊端，即是自我与社会的"隔绝"。这种"隔绝"并不是隐居离群，而是身处社会，心在蛮荒。"异化"之后的自我意识，更加明确了社会与他人之于自我的意义，即外在的世界仅是证明自我的必要条件，外在的生命与自我的生命无关。对于整个文明社会来说，这种"异化"也是危险的，文明的进步并没有带来灵魂的安顿，健全的法制也很难规范价值的标准，每个人也成为马尔库塞笔下所批判的"单向度的人"。也正如当代最伟大的精神分析学家弗洛姆所言：

> 人把自己的精力、自己的艺术才能用来塑造一具偶像，然后供自己崇拜。这个偶像不是别的，正是他个人奋斗的结果。他的生命力渗透到

"某物"中去，但是，一旦这个某物成为一个偶像时，人就不再认为这是自身创造力的产物了，相反，他所崇拜和服从的这个偶像却成了脱离人的、凌驾于人之上并且反对人的某物。[①]

由此，也便不难理解人们为什么总认为幸福是建筑在金钱的基础之上了。人类文明的堆积，是以社会财富的增长为基础的，但财富增长的过程，本身就是对人类"自然伦理"的一部战争史。这个"自然伦理"，和孟子所说的"心之四端"很类似，是人类道德的萌芽，也是人之为人的本质规定性。无论是四大文明古国的开疆拓土，或是西方资本主义的原始积累，都伴随着血、泪和汗水，也伴随着贪婪、欺诈和杀戮。只是到了世界工业化的后期，获取财富的欲望才被理想套牢，社会财富的增加，依赖于智慧而非强力。

财富只有成为一种"工具理性"，才能实现其真正的社会价值，原因在于在谋取财富的过程，与人的"异化"过程是同步的。"异化"导致人性的双重分裂：对财富的反思，也可谓是人类内心自我善恶的斗争，同时也是人类幸福追求的一种手段。财富创造的过程，可以看到卑微人心的良知与冲动：一方面，每个人希望获取财富，甚至于期望不劳而获；另一方面，又因为理性的自敛，在内心的深处，鄙薄财富。这种夹缝中的幽暗心理，形成了并不健康的"财富观"。

反观中国历史，历代巨富，从吕不韦、邓通，到石崇，从沈万三、刘瑾，再到近代的伍秉鉴等人，这些在中国历史上赫赫有名的富豪，多以悲剧收场。这些富豪的人生悲剧，也是人类对社会财富获取手段的不断校正与反思。任何一种社会现实，必然有其背后的正常伦理支持，由于这种不健康的财富观，支撑着整个社会的创富环节，所以历史上富豪们的悲惨命运也就可想而知了。

西方社会给世界贡献了两位 Marx，一位是共产主义理论的奠基人，卡

---

① [美] 弗洛姆：《超越幻相之锁链》，冯川译，改革出版社 1997 年版，第 102 页。

尔·马克思；另一位则是影响整个 20 世纪的德国社会学家，马克斯·韦伯。两位 Marx 意识到金钱是一把"双刃剑"，在刺激社会成长，泯灭良知的同时，也确实促进了社会的发展。卡尔·马克思曾讽刺说，为了 200% 的利润，"就有人敢于践踏人间一切法律和道德"①。在资本主义的成长史上，一方面我们可以直观地感受到资本家的贪婪；另一方面，资本主义的"无心之举"，如为了追逐财富带来的地理大发现，为了降低成本而引发的工业革命，乃至新技术革命，我们至今时时受益其中。

西方社会的另一位 Marx，德国社会学家马克斯·韦伯在《新教伦理与资本主义精神》一书中写道："对财富的贪欲，根本就不等同于资本主义，更不是资本主义精神。"韦伯对经济学最大贡献在于，他尝试以"善"和理性的精神，来诠释西方经济的发展之路。在他看来，资本主义是靠着持续、理性的企业活动来追求利润，这个过程并不必然与罪恶和贪欲画上等号，反而资本主义这种方式，是"对这种非理性欲望的一种抑制或至少是一种理性的缓解"②。对财富的贪欲是人类与生俱来的天性，这一点无论是传统文明国度，或是现代发达资本主义国家，在本质上都是一致的。其实，金钱何罪？金钱无语无教，无言无诱。人把自己的不幸，归咎于外因，有钱觉得钱是累赘，没钱觉得钱是负担，金钱成为万恶之源。

当前经济的发展，极大地改善了人们的物质生活。回想改革开放之前的 20 世纪 70 年代，因为物质的匮乏，经济增长量不能满足正常的物质消费，社会生活所需坚持计划经济的定量供应，比如需要粮票才能购买食物，需要布票才能购买布料，需要肉票才能购买到肉类。这些"票"在许多年轻人的眼中，已经属于另一个时代了。三十多年来，随着改革开放的深入，我国在各个领域都取得巨大成就，物质已极大丰富，人们早已过上了丰衣足食的生

---

① ［德］马克思：《资本论》，郭大力译，三联出版社 2009 年版，第 54 页。
② ［德］马克斯·韦伯：《新教伦理与资本主义精神》，阎克文译，上海人民出版社 2010 年版，第 42 页。

活，凭票供应的物资更是消失殆尽。但是我国在20世纪50—80年代实行的计划经济时代所产生的凭票购买，却依然留下了实施"计划供应"特定时期的烙印，尤其是各种各样的票证更成为这段历史的见证。当时针拨至20世纪80年代，社会生产迅速进步，各种生产资料充沛于市场，再也无需通过票证的形式来购买所需的商品。"票证"也逐渐退出流通领域，其间历史前后经历30年。这一段历史的转变，也是中国经济飞速发展和人民生活极大改善的过程，它成为了60年来中国社会发展进步的一个重要里程碑。变化不仅表现在衣食住行上，同时也反映在城市建设方面，特别是一些沿海城市，其现代化程度和任何一个国际大都市相比都不逊色。

科技的发展推动了经济的发展，同时也在改变人们的思维。科技所带来的便利也使我们不再感觉到时空的距离，尤其在网络风靡全球的今天，"天下一家"的梦想已在某种程度上得到了实现。科技的发展，经济的进步一方面使我们获得了前所未有的便利；但另一方面，现代生活方式和传统价值观念之间所形成的冲突，正日益困扰着我们的心灵。

发展本身就意味着竞争，工业化的过程也意味着人类田园诗梦想的远离。按照市场运行逻辑，经济发展会使得社会财富再分配，从而导致社会利益群体重新分化与组合。这种逻辑下经济发展规模越大，利益重新组合和分化的现象就越普遍。经济迅猛发展，也导致生活成本及交易成本不断走高，房价、物价一路走高是自然趋势。同时，市场中的每个个体在竞争激烈的环境中，面对市场社会迅猛变化未必能及时应对，都会产生心理的巨大落差。经济的发展最终会导致激烈的竞争，并由沿海波及内陆，由城市波及村镇。在今天的乡村，田园牧歌式的恬静风光已难以寻觅。竞争使今天的人变得特别浮躁，生活条件虽然有了提高，但真正感到幸福的人并不多。相反，工作中带来的压力，社会转型中出现的无序，都使我们内心充满了焦虑和困惑。只能说金钱是导致幸福感较低的一个原因，其根源也在于人们的金钱观出了问题。

《莺觉经》中，佛陀根据人类对财富的认识，把人分成三种：第一种人是"盲人"，这种人不知如何使自己拥有的财富增长，不知如何获得新的财富，他们也无法区分道德上的好坏；第二种人"是独眼人"，即只有一只金钱眼，而无道德之慧眼。这种人只知道如何使自己拥有的财富增长和创造新财富；但不知道如何培养好的道德品质。第三种人是"双眼者"，他既有金钱眼，又有道德之慧眼。他既能使他已有的财富增长，并获得新财富，又能培养良好的道德品质。文化是相通的，从这一点上看，人类文明均是肯定社会财富的增长，同时反对财富获取与使用的非道德化。

当世人把一生的时间和全部心血倾注于经营财富，却往往不尽如人意，即使获得一点财富，不期而至的洪水烈火、强盗贪官、不肖子孙、无情死神等，随时都可能将辛苦经营的一切一扫而光。唐朝的诗人杜牧在西晋首富石崇金谷园的遗址上，曾无不感慨地写下一首绝句：

繁华事散逐香尘，流水无香草白春。

日暮东风怨啼鸟，落花又似堕落人。（《金谷园》）

西晋石崇在中国历史上最为著名的"事迹"，即是与皇帝舅父王恺斗富。王恺是晋武帝司马炎的舅父，地位显赫，同时接受皇帝的恩赐，生活十分奢侈。石崇的生活奢侈程度，更让人瞠目结舌，《晋书》记载："后房百数，皆曳纨绣，珥金翠。丝竹尽当时之选，庖膳穷水陆之珍"。王恺亦以豪侈闻名，他是皇亲，有财富后台。石崇与王恺"以奢靡相尚"竞奢显之于世："王恺以饴澳釜，石崇以蜡代薪。王恺作紫丝布步障四十里，石崇作锦步障五十里以敌之。石崇涂屋以椒，王恺用赤石脂"，穷奢之极，难分高低。斗富的高潮在于，王恺得到了晋帝赐的稀世宝物珊瑚树之，这个珊瑚树树高二尺，富丽堂皇，王恺示之于石崇，石崇以铁物随手击碎之，不屑地说："不足为恨，今还卿。"即命左右悉取珊瑚树六七株，高三四尺，光彩曜目。经过珊瑚大战，王恺败下阵来，甘拜下风。

石崇作为"首富"的地位确定下来之后，在河阳的金谷盖了一栋别墅，十分豪华，经常和爱妾绿珠在此游乐。当时赵王司马伦专权，其谋臣孙秀听说绿珠色艺俱佳，便派人向石崇索求，石崇不肯，对使者说："绿珠是我所爱，别人休想。"孙秀不仅贪恋美色，也觊觎石崇财产，便与司马伦合谋，假借皇帝命令逮捕石崇。石崇正在楼上饮宴，听说武士已到，便对绿珠说："我今天是为你获罪的。"绿珠即跳楼自尽。石崇临死时候说："这帮家伙是贪图我的家财呀！"旁边的官吏问他："你既然知道，为什么还如此恋财富？"石崇无言以对。石崇的个人财富已经达到了富可敌国的水平，如果能够知进退，识荣辱，也不至于因富杀身，连葬身的一抔黄土都不曾寻得。

人的"异化"，直接混淆了目标与手段。金钱本来是作为实现个人幸福的手段，是实现人生目标的基础。然而无论是石崇那里，或是在"金钱至上"者的眼睛中，金钱成为生命的主人。幸福的目的性和金钱的工具性之间也实现了倒置，幸福被完全的"物化"，可能通过金钱的数额来衡量。"物化"的畸形的幸福，自然可以成为被挥霍的对象，人们误以为通过"异化"的消费，即可以实现幸福。消费过后的短暂快感，并不能带来实质性的幸福。于是，在追求幸福的过程中，幸福的指南针发生了偏转，指向了金钱。人们开始通过奢侈来定义幸福，通过豪华来定义快乐，幸福被标签化数据化，导致的直接后果是人们的享受比从前多，但明显不如从前快乐。在追求金钱的过程，生活的重担与工作的压力将人"异化"为物，人们的脸上根本看不到满足的快意，不堪重负的人们，在"异化"的怪圈中丧失了人的本质。

"异化"使得人们将放弃金钱的生活定义为"退步"，将农业的生活方式定义为"落后"，只有进入到"金钱万能"的状态中，才是正常的人生。但事实上，我们更加怀念农业时代的闲暇，更加怀念童年时代的慢节奏，怀念山水风月，怀念与友漫谈。人与其他动物最大的区别在于，人拥有反思的能力，当一种生活模式成为阻碍幸福的绊脚石时，人会选择更新这种生活方式。激进的向"钱"看，让人生不堪负重时，可以选择忙中取闲，苦中求乐。回顾智者布袋和尚的一首《插秧歌》，觉得幸福应当不在财中求，不在险中求，或许平淡就是一种幸福，或许本真就是一种恬静：

　　手把青秧插满田，低头便见水中天；

　　心地清净方为道，退步原来是向前。

二、高山为谷，深渊为陵

得乐是幸，乐久是福。

　　日本北海道，当地的导游带我去山里看聚居的熊群。在茫茫深山中，一只熊很难生存，只能依靠团队的力量来觅食谋生，和其他群居动物一样，熊群也有严格的分工，比如有专职狩猎的熊，有专职喂养的熊，但职能的分工并不能带来所谓的"公平"，熊群社会也绝不是一个充满平等的大同社会。在北海熊群社会中，和人类社会一样，也有最高的统治者熊王。在熊群中能够很容易找到这只熊王：毛色深重，体格雄健，目光深沉，处处显示自己的权威。导游告诉我说，在熊群中，熊王的地位一旦确定，短时期内是不会动摇的，但当它老弱之后，新生力量就要挑战王权。成王败寇，新的熊王诞生后，老熊王被贬斥到索离熊群的地方，慢慢等待死亡的到来。

　　自然界的这种新老更替，是进化论的明证，"物竞天择，适者生存"，优胜劣汰与残酷竞争之后得以繁衍的是带有更多优良基因的后代，对整个种群的发展与壮大都将产生积极的作用。热心的导游指着远方的一只熊，告诉我这就是前不久"逊位"的熊王，它凄凉地看着熊群，仿佛在回味昔日的荣耀。熊王一定知道自己的命运：从登上王位的第一天起，它就在倒数着自己身为熊王的寿命，这个时间注定比它为登上王位而等待和拼杀的时间短暂得多。

　　在熊群中，荣耀的确属于熊王，但我想幸福则属于那些闲时嬉戏，忙时狩猎的普通熊。它们可能须被动地适应每代熊王的更替，被动地承担团队中的劳动任务，但它们却可以安心地享受自己的劳动成果，作为历史的旁观者，咀嚼每代熊王的故事。

历史是人在时空中的行走。因为行走，所以人生风景处处不同。因为行走，所以人生路径有高有低。历史，只是众多人生轨迹的聚合：或高低错落，或曲折蜿蜒。历史，或以遗迹的形式存在，或以文字的形式不朽，留给众人的也只是梦幻般的迷宫。

与古中国文明相似，早在文明的轴心时期，古埃及已经成为世界文明的发源地之一。古希腊历史学家希罗多德曾如此评价古埃及："没有任何一个国家有这样多的令人惊异的事物，没有任何一个国家有这样多的非笔墨能形容的巨大业绩"①。古埃及留给世人的除了令人叹服的金字塔外，还有一处皇途霸业的见证，即古埃及的帝王谷。在埃及的首都开罗以南700公里，尼罗河西岸岸边，与卢克索等现代化城市隔河相望的一大片沙漠地带就是古代埃及都城底比斯的所在地，而帝王谷就坐落于离底比斯遗址不远处的一片荒无人烟的石灰岩峡谷中。而在历史沉积的断崖底下，埋葬着古代埃及新王国时期（公元前1570—前1090年）六十多位法老的遗体。从遥远的三千多年前开始，埃及的统治者法老们，就在尼罗河西岸的峭壁上开凿墓室，以安放自己的灵魂，这里埋葬着埃及第17王朝到第20王朝期帝王谷里的墓穴里共64位法老，包括有图特摩斯三世、阿蒙霍特普二世、塞提一世、拉美西斯二世等最著名的法老。同时，这些墓室里也安放着人类历史上最早的"第一夫人"奈费尔提蒂王后，和最早的古埃及女皇帝哈特女王。

奈费尔提蒂，在古埃及语中的意思就是"那美丽的来者"。奈费尔提蒂是古埃及历史上的绝代美女，被称为"最美丽的王后"。奈费尔提蒂王后是古埃及阿肯那顿国王的妻子，她红颜命短，一生不到30岁，在国王去世之后，王后自己单独执政3年。在奈费尔提蒂统治埃及之时，建立多条贸易线

---

① ［古希腊］希罗多德：《历史》，王以铸译，商务印书馆1959年版，第87页。

路，并将海外的珍贵财宝运往埃及。同时，她主动维护女性权利，在这一时期，女人和男人一样享有平等权，可以在集市上买卖物品，参加战争，获得同等的工作报酬。奈费尔提蒂王后因为她的美丽和宽容而为后世尊崇，其头像现存于德国柏林博物馆，仅从头像上看，王后美丽而高贵，五官线条柔和，薄而纤巧的耳郭、优美的长脖子、浓黑的眉毛、深红的嘴唇；黑白分明而又生动的眼神使她显得那样柔美；高高的峨冠和华丽的胸饰更添尊贵气派。

奈费尔提蒂王后墓穴的不远处，则矗立着一座依山而建气势恢弘的神庙，它的主人正是埃及历史上赫赫有名的哈特女王。哈特女王本名哈特舍普苏特，她出身显赫，是古埃及历史上两位君主的直系亲属：她是第四代君主图特摩斯二世的妻子，第九代君主图特摩斯三世的岳母。而她本人则是埃及新王国时代第 18 朝的第五位君主。

哈特女王的丈夫图特摩斯二世，很早就发觉了哈特皇后的野心，考虑到他与皇后并无皇子，图特摩斯二世早早地宣布另一位妃子所生的孩子为皇太子，即历史上的图特摩斯三世。当图特摩斯二世战死沙场时，他钦定的继承人图特摩斯三世年仅 10 岁。显然，一位 10 岁的孩童远远不是成熟政治家哈特女王的对手：女王首先将自己的亲生女儿，许配给图特摩斯三世做皇后，名正言顺地成为"儿皇帝"的岳母兼养母。紧接着，在图特摩斯三世即位的第二年，假借先皇的名义，宣布自己为摄政王，从此她贴上胡须，身着男装，将自己化为男性。

哈特女王执政期间，并没有将图特摩斯三世作为自己的政敌，相反她以母亲的胸怀，真正地教育和关爱图特摩斯三世。一方面，她重视商业经济的发展，派遣了一只规模庞大的贸易队伍出访非洲深处，这只远征队不负众望给女王带回了大量黄金、象牙和皮毛。同时，她修建了自己的神庙，在埃及人看来，这是一个与胡夫金字塔一样不朽的建筑。另一方面，她本人的这些作为，都深深地影响着图特摩斯三世。

图特摩斯三世 10 岁登基，成为这个国家名义上的国王。但一直到哈特女王去世之前，他都过着隐忍修炼、韬光养晦的生活，在这一时期，他疯狂地学习军事知识，尤其是马术和剑术，这为他今后称霸亚非奠定了坚实的基础。当哈特女王在其执政的 22 年突然暴毙，西亚局势突然紧张之时，正值壮年的图特摩斯三世开始他辉煌的戎马生涯。图特摩斯三世亲政 20 年，这 20 年是古埃及开疆拓土、殖民经济的辉煌时期，他先后 17 次远征西亚，4 次南征非洲，将古埃及的疆域扩张到幼发拉底河流域的卡赫米什（大约在今天的伊拉克境内）。这位杰出的军事天才，在其执政的 20 年时间内，打通了连接中东与非洲总部的桥梁，成为名副其实的中东和北非之王。后代学者称其为"东方的亚历山大"或者"东方拿破仑"，而实际上，他的丰功伟绩比亚历山大早了近 1200 年，比拿破仑更是早了 3000 多年！

哈特女王在世的时候，或许并未感受到小小年纪图特摩斯三世的威胁，甚至一味地以为自己的专权，只是国家稳定的代言，但她不曾料想自己亡后，图特摩斯三世对母后的政治势力展开了疯狂的清洗，同时也对哈特女王进行清算：他下令将女王神庙里的有关女王的雕刻和画像全部销毁，至今神庙之中残留着刀砍斧削的痕迹，让后世之人无法领略三千多年前工匠的鬼斧神工，不能说不是一种遗憾。

两位女王，一位美若天仙，虽命陨早年，却留给世界一缕清馨的回忆；一位操持权柄，虽生前辉煌，亡后却难寻净土安身。幸好古埃及人"重生亦重死"，把每位国王都风光大葬，把每段历史都铭刻在悬崖峭壁，或置身于荒岭大漠，才能让我们日咂三餐的时候，能远观历史，近思自己。

两位女王，谁是幸福的？一位以美貌取悦君王，如不是红颜早衰，倘若历史可以假设，或可也是"一代妖后"；一位以权柄治理国家，战战兢兢行走在男性的权力世界中，如果历史假设，如果她的夫君能长命百岁，她或也情愿成为一个小鸟依人的艳后。

从这个逻辑出发，只有"假如"，才是幸福的，凡是存在的，都是不幸的：如此一来，幸福只是概念的幸福，幸福只是虚构的幸福，追求幸福的前提，是因为我们的不幸。在历史的环境中，我们的不幸，只是因为我们"投错了时空"。

千古完人诸葛亮在《阴符经序》中，提出了自己对时空的认识：

> 所谓命者，性也。性能命通，故圣人尊之以天命，愚其人而智其圣，故曰，天机张而不死，地机弛而不生。观乎《阴符》，造化在乎手，生死在乎人，故圣人藏之於心，所以陶甄天地，聚散天下，而不见其迹者，天机也。故黄帝得之以登云天，汤、武得之以王天下，五霸得之以统诸侯。夫臣易而主难，不可以轻用。太公九十非不遇，盖审其主焉。若使哲士执而用之，立石为主，刻木为君，亦可以享天下。夫臣尽其心，而主反怖有之，不亦难乎？呜乎！无贤君，则义士自死而不仕，莫若散志岩石，以养其命，待生於泰阶。世人以夫子为不遇，以秦仪为得时。不然，志在立宇宙，安能驰心下走哉？丈夫所耻。呜乎！后世英哲，审而用之。范蠡重而长，文仲轻而亡，岂不为泄天机？天机泄者沈三劫，宜然。故圣人藏诸名山，传之同好，隐之金匮，恐小人窃而弄之。

在诸葛亮看来，所谓"圣人"，是上帝的"宠儿"，其秘诀在于能够把握天机。所谓的"天机"，就是认识宇宙的时空，认识自己的位置：三皇五帝能够得到天下，姜尚太公之年建功立业，都是审时而动，把握天机的表现；范蠡在辅助越王勾践复仇复国后，建议文仲与自己一起漂泊江湖，文仲拒绝了这个建议而后死于非命。这些历史人物的命运之所以不同，是因为他们都对历史的认识，即对"时空"的认识层次不同。每个人在不同的阶段，都会遭遇不同的命运，认识到这种不同的人，才是踏实的，幸福的。

幸福，只是我们每个人承受时空重量的能耐。《新约圣经·路加福音》记载了这么一段话：

> 我心尊主为大，我灵以神——我的救主为乐，因为他顾念他使女的

卑微，从今以后，万代要称我有福，那有权能的为我成就了大事，他的名为圣。他怜悯敬畏他的人，直到世世代代。他用肩膀施展大能。那狂傲的人，正在心中妄想，就被他赶散了。他叫有权柄的失位，叫卑贱的升高，叫饥饿的得饱美食，叫富足的空手回去。

人在时空中行走，铸造了个人生命的历史和人类的历史，王孙百姓，宫房乌有，一切都在时空中变化，都在时空中发生。个体的生命，因为承担不了太多的时空重量，所以才有不幸福的感伤；个体的生命，也因为体会不到宇宙间的沧海一瞬，所以才有不幸福的喟叹。

清人赵翼有诗曾云："国家不幸诗家幸，赋到沧桑句便工。"这句话用到诗仙太白身上或许并不贴切，尽管李白不是传统意义上的"醇儒"，或许在正统儒家眼里，他只是"楚狂接舆"的人物，正因为这种性格导致他政治生活的郁郁不得志，然而他却继承了中国传统文化中最为积极乐观的精神，以诗言道，追求逍遥。从他的诗歌和他的遭遇，可以这么来总结他的人生：遭遇的历史，伟大的心灵。他怀着治国安邦的宏愿，并且满腹经纶，阅历颇丰，而历史却铁青着脸，面对他的一腔热血。

年轻的李白，自负有"黄河西来决昆仑，咆哮万里触龙门"的雄气，梦想能"申管晏之谈，谋帝王之术，奋其智能，愿为辅弼。"他自喻为"仰喷三山雪，横吞百川水"的北溟巨鲲，"腾昆仑，历西极，四足无一蹶"的天马，"朝饮苍梧泉，夕栖碧海烟"的凤凰。冰冷的现实，总给诗人沉重的打击：早年求仕，中年离别，暮年因事牵连，仕途不顺的阴霾笼罩着这颗狂热自负的心。即使在李白遭受谗毁而被排挤出长安时，他依然以对人生前途的乐观豪迈气慨，积极浪漫主义的情调书写下传世的名句："行路难，行路难，多歧路，今安在。长风破浪会有时，直挂云帆济沧海。"而他的一生，一如自己的诗歌《大鹏赋》中所比喻："大鹏一日同风起，扶摇直上九万里。假令风歇时下来，犹能簸却沧溟水。"所以，我想悲剧的人生，未必带来悲剧的痛苦，错落的时空，或许只是一种生命的历练。把每个生命的波折，看做命运交响乐中的一个音符，才能把握宇宙跳跃的脉动。

权势或可以得到一时的满足，虚荣也可以让人感觉到尊崇，但人生起伏，犹如险河行舟，谁也无法预测未来之路。我们所需历练的，或许只是如李白一般的乐观。乐观的人，心灵空明澄清，在熙熙攘攘的名利场上，也能感到宁静与满足。身居高位，钟鸣鼎食，掌印管符，可以处乱不惊。远处江湖，简窝陋室，瓢食箪饮，也可以自怡心性，淡泊明志。

如果富有，财富可以润身，可以济贫；如果美丽，"芙蓉如面柳如眉"，美貌可以悦人悦己，也可以让以美馈世；如果贫困，贫困可以励志，可以养心，经过几番磨炼，更能使自己出类拔萃卓尔不群；即便是遇到挫折，山穷水尽，也要坦然的迎刃而上，坐看云起云涌，情满人生自信。这种乐观，直接带来的就是幸福。拥有乐观的人生态度是幸福的支柱，权势或许可以带来"幸福的感觉"，但并不意味着幸福本身。而幸福是乐观抵达的目的地，要想自己幸福，就要首先具备乐观的精神，只有乐观的人，才懂得把握"时空"，在时空中寻找自己的人生坐标。

台湾星云大师说，贪爱愚痴的人，永远不懂得利用时空，甚至错过了时空。[①] 只有懂得利他利众的人，才能把握无限时空。时间要节约，感情也要节约，欲望要节约，生命更要节约，一切心念和行事都要适当节制，不可以放纵泛滥，才是懂得利用时空的人。生活的多姿多彩，源自于时空的不同，幸福就在自己的身边，并不遥远。跟随时空，换一个角度看待今天，生活原来如此的美好。

---

① 　参见星云大师：《星云大师谈处世》，上海人民出版社 2008 年版，第 43 页。

三、现实、理想、浪漫

> 名利是人生"包糖纸"，再漂亮的"包糖纸"也不能改变生命的本质。

弗洛伊德没料到自己死后其学说得到继续发展，在他看来，人的行为多由潜意识所决定，它处于心灵最底层，是一种与生俱来的动物性的本能冲动。"新弗洛伊德"学派的长足之处在于，它指出人类基本需求并非植根于他的本能，而是在人类生存的特殊情境，在于寻找人和自然新的关联性的需求。弗洛姆是"新弗洛伊德"的代表人物，他认为人们的宗教信仰起源于和自然割舍不开的生命本能，一方面每个人都渴望自己的生命被理性主宰，另一方面又渴望回归到"自然神"的信仰状态，所以每个人都是一个渴望被"一分为二"的个体。人本属于自然，但又由于意识的缘故而超越于它，由此打破了原来的与自然一体的状态，于是人们感到无家可归的焦虑，并认识到自己生命的有限。

同时弗洛姆认为，人不单在信仰上存在被"割裂"的受虐倾向，其他的生存境域也有这种"分裂"的状态。比如人的生死"分裂"，一方面是生命的现实存在，另一方面是死亡的倒计时；人的可能性与现实性的"分裂"，一方面人的潜能的无限可能性，另一方面是个体生命的现实有限性；人的群我"分裂"，一方面是在广袤的宇宙中个体生命的孤独感，另一方面是寻求群体的归依。人生就是在两条悬丝中行走，寻找一种平衡。这种危险的平衡，使得生命长期处于压抑状态，每个人需把精神寄托于一个外在的对象，通过这个对象来整合自己的生命过程，所以也就不难理解名利可以成为很多人生命价值的首选。①

————————

① 参见 [美] 弗洛姆：《健全的社会》，孙凯祥译，上海译文出版社 2011 年版，第55页。

　　名利是人生过程的"副产品"，在改造自然和社会实践的过程中，除个体生存需要的满足，社会将一些"附加值"慷慨地赐予个人；同时在社会交往的过程中，不可能每次交往都是"灵魂的交流"，人们发现通过外在形式更容易形成彼此的认同。名利是人被"异化"的一个主要诱因，同时也是"异化"的主要产物。我们总容易被标签化地生活，诸如对于一个尊者的称谓，人们习惯于使用他在名利场上打拼的成果，并固执地认为这是上帝对宠儿的犒赏。人们习惯于被称呼为标签化的名词，这个名词多以个人的职业成果冠名，当然这个名词的使用在社会管理的体制中使用，是无可厚非的，一旦带入到个人私人生活的领域中，人的主体性也就被泯灭了。这种主体原则的丧失带来的直接后果，即是个人价值坐标的失落，导致个人人生目标的丧失。在人生目标被确立为某个具体的"名利"价值时，幸福感也就无从谈起了。

　　"名利"在成为社会判断人的基本标准之后，也进入到了作为可交换资源的领域。本来是作为社会对个人肯定成果的"名利"，成为很多社会资源交往的筹码。"名利"承担起类似商品交易等价物的功能，人的主体性被彻底丧失。人被隐藏在名利的背后，人的社会交往变异成为"名利场"，甚至于在很多社会交往的过程中，人本身完全被"名利"所代替，成为自己创造物的奴隶。

　　仅对"名利"做已看破的态度，或许和社会的主流观点有距离，毕竟任何一个社会都拥有它自己的判断标准。"名利"毕竟要比赤裸裸的物质金钱温文儒雅一些，除了自我肯定之外，"名利"的标准还须考虑到社会的基本价值判断。所以，无须"淡泊名利"，还要积极勇进，这个态度并不是鼓励每个人都要成为"名利动物"，而是要正确看待"名利"，让它成为自己个人人生境界提升的阶梯，成为自己人生厚重的砝码。

　　但为"名利"而活，确实不幸福。纽约罗切斯特大学的研究人员对 147 名大学毕业生进行了跟踪调查，评估分别在被调查者大学毕业 1 年后和首次评估 1 年后进行。研究发现，很多名利双收的人不仅不感到幸福，反而觉得生活没有意义，而真正感到幸福的人是那些实现了"自我价值"的人。研究人员将"自我价值"界定为重视个人能力培养、拥有亲情和友情，以及热心于公益事业等。研究者希望以这组数据来证明，真正的幸福感来自于"精神上的满足"，而非物质欲望的满足。有些人在获得金钱与名利后往往会"身不由己"，甚至产生失落感，而社会对个人价值的肯定并不完全以名利来衡量。

20世纪的哲学向生活世界回归，宏大历史主体不在成为哲学的研究对象，或者说哲学开始重新延续古希腊的"广场传统"，发掘"道不远人"的优良品质。这是西方哲学理论范式发生根本变革的重要标志，这意味着哲学不再忽视和遗忘生活。哲学在成为独立学科之后，一直以超越和理性自居，同时沉湎于本体论和形上学的思维惯性之上，对人类日常生活的探索则意味着哲学研究的转向。这个转向，也意味着作为"学科之母"的哲学，也开始回归到人本的原点上。人是宇宙万物的灵长，只有关注人，关注人的幸福，才是真正意义上的人本哲学。

中华文明作为人类文明发展的"样本"，一直在世界的东方延续流淌。中国传统文化自佛教东传以来，一直是儒、道、佛互补的情况，儒家热心于社会治理，道家关注生命自然状态的保持，佛家关切人生痛苦的解除。所以，总结中国文化的时候，往往说"儒家治世、道家治身、佛家治心"。儒、道、佛三家和而不同，共同撑起了中华传统文化的天空。"名利"之于儒、道、佛三家，都只是实现幸福的一种的方式，并不能带来幸福本身。如道家认为，人是宇宙之贵，唯有长生才是人生第一法则，"名利"是损道的外物；佛家认为，人生诸苦，"名利"也是一苦，超越了名利的羁绊，才能认识到人生的智慧；儒家固然坚持入世，但对于"名利"的看法，也绝对淡然，如颜回尽管生活潦倒，却依然有"孔颜之乐"，此乐成为儒家一大"公案"。

尽管三家之言，多有劝喻之意，多是醒世之举，但社会的普遍看法，总会左右我们的思想，在"众口铄金"的社会大局下，幸福也成为"名利"的附庸。人的节奏，被经济发展的节奏牵引，内心越来越脆弱，精神家园越来越荒芜，核心价值观的坚定性与 GDP 的增长曲线并不成比例，我们逐渐忘却了个人的坚持与历史的操守，也迷失了幸福的追求。按照佛教的学说，人类所有的苦恼皆来自于贪、嗔、痴，在物欲横流的社会中渐渐迷失了那个最初的本我，茫茫然生活在一个概念化的世界里，被对世界和自我的虚假评价所惑，忘了自己是谁。

人们总希望在众多变数中，寻找到一个安定，事实上却总非如我所愿：首先，世相变幻，瞬息万变，我们很难找到一个真正不变的主体，唯有"万变是不变"；其次，世界之发展总是先于个人之思想，我们匆匆忙碌依然跟不上世界的脚步；最后，我们自己的生命也在接受变化的挑战，无论是生命机体，或是个人思想的成熟与进步，均在不停的变化之中。

既然我们不能主宰外在的世界，最起码可以让自己的心性超然。我们每个俗人，世间百年，都要为财、色、名、食而奔忙，钩心斗角，互相倾轧，乃至于纷争、斗争、战争，以强烈之贪、嗔、痴而于世俗中沉浮、困扰而不能幸免。但我们的历史也不乏智慧之人，以甘于淡泊、超脱物欲污染，不与浊世同沉浮的隐士，也向往于山林之修养而融于大自然中，或混迹于闹市朝野而保持淡泊清净的智者。仅将智慧存于个体，并不能实现个体的幸福：这幸福，意味着分享，意味着与众的价值，意味着将与世圆融。功利固然重要，在现实世界中，"名利"也确实能带来世人的尊重。人生苦短，比"名利"更为重要的东西还很多，如果非得给这些"身外之物"下个定义的话，那么它们应该属于"异化符号"。我们的生命价值，被这些"异化符号"所左右，我们称呼富有的人，通过这种符号来实现，称为"百万富翁"；我们称呼位高权重的人，也通过这种符号来实现，称为"某某长"。其实智慧的人生，会看透世间的虚幻，无论在什么环境中，都能拥有一份平静而祥和的心境，也就没有得失的烦恼，所有的名利不过都是过眼烟云，所有的纷争恩怨也能一笑了之。

美国当代哲学家阿格妮斯·赫勒在其著作《日常生活》中，将哲学关注的宏观主题落实到人的日常生活中来，她认为日常生活是每个人个体存在的平面。人的意义也只有在日常生活中才得以实现，这种重复性的劳作，正是一个"自我"发现的经历。因为在这种环境下，人要实现自己的"自在性"是十分困难的。赫勒一方面充分看到日常生活的重要历史地位，所有的社会再生产环节，均在日常生活中完成；另一方面试图揭示和批判日常生活的局限，认为日常生活由于自在性和重复性而具有保守性，常常阻碍人的个性发展和创造性的发挥。在赫勒看来，研究日常生活的意义，并不只是想揭示人的现实活动的异化，更主要的在于寻求日常生活人道化的可能性及其实现途径。人们正是在直接的环境中占有自己的对象化，从而成为人的"自在"的对象化领域，形成日常生活。赫勒研究日常生活的意义，并不只是想揭示人的现实活动的异化，更主要的在于寻求日常生活人道化的可能性及其实现途径。在日常生活的过程中，每个人都在创造"异化"的社会环境，又在避免着被他人"异化"，所以每个人都是伟大的，人人都有获得幸福的天赋。善治的社会也必须为人们提供一个可以为自我存在的空间。这个空间，意味着社会评判标准的多元化，既承认"名利"者的劳动付出，也承认普通人的快乐幸福。幸福不再是一件遥远的奢侈品，而是落实到内在生命的喜悦。①

"天下熙熙，皆为利来；天下攘攘，皆为利往。"（《史记·货殖列传》）"名利"二字承担了太多的罪责，其实"名利"何罪？世人对"名利"的嘲讽，事实上是对名利熏心者的鄙视。人生之路，万千风景，除了名利之外，有太多的东西让我们倍感幸福，人生旅程中的很多里程碑是与名利无关的，人生的幸福更是与名利无关，而只与在保障了最基本的物质需求之后的精神世界成正比。有时候，看看身边的人，越是淡然名利的人，反倒是取得了社会的承认与肯定。这其实毫不为奇，这些人没有了追求名利的浮躁心理，能够静

---

① 参见 [美] 阿格妮斯·赫勒：《日常生活》，衣俊卿译，重庆出版社 2010 年版。

下心来，单纯做事，反而相对容易取得成功，在追求幸福的道路上，获得了"名利"。

现实世界中，每个人都期望自己成为万众瞩目的"钻石"，因为"钻石"不仅意味着人生的荣耀，还有现实的功利；但每个人都需接受"铁锈"的现实，在成为"钻石"之前或成为"钻石"之后，庸常的"非名利"的生活也必须如期开展。中国哲学讲"道不远人"，这幸福之道也不远人，不管你是"钻石"，还是"铁锈"，它就在自己的身边。善于发现幸福的眼睛，更容易恬淡面对人生平庸，锈迹斑斑的人生才是真实的成长历程。

有时候也会反思，为什么"名"和"利"总是捆绑在一起："名"是属于社会意识层面，"利"则是属于社会经济层面，两个截然不同领域的概念，在中国文化范畴中，却被死死地捆绑成一个词。其实，两者关联的原因在于"名"与"利"的相互转化性。在传统的人伦社会中，每个人都要不自觉地承担基本人伦角色，谁谁的儿子，谁谁的父亲，谁谁的先生。从家庭关系，逐步推延到社会关系，从血亲关联，逐步推延到社会关联。这也就意味着，在整个人伦生态链条中，一个好名声，可以转化为现实的利益。比如《论语》中说道："其为人也孝悌而犯上者，鲜矣；不好犯上者而好作乱者，未之有也。"博取了在家庭中的好名声，就拿到社会认可的一张王牌。但当人心的纯真，被异化的外在之物所蒙蔽时，名利就成为一副枷锁，束缚了人的本真。叔本华在《论命运》一书中说：

> 人生无论以何面目出现，构成人生的仍然是同样的要素。所以，无论这一人生是在茅棚、在王宫，抑或在军营、修道院里度过，人生归根到底还是同样的人生。人生的际遇、历险，获得的幸福或者遭受的不幸尽管千差万别，生活仍然就像糖果一样：尽管糖果的形状千奇百怪、颜色多种多样，但都是由同样的糖果浆做成。一个人的遭遇和另一个人的经历，彼此的相似程度远甚于我们根据他人的描述所认为的那样。我们生活中的事件犹如万花筒里的画面，每次转动万花筒都让我们看到不同

的画面，但其实，我们眼前就只是那同一个万花筒而已①。

如叔本华所言，名利不过是人生"包糖纸"，再漂亮的"包糖纸"也不能改变生命的本质。如果说，现实物化为"包糖纸"的话，也须在世间守住一丝浪漫，这丝浪漫是回归本性的稻草，是发觉自我的线索。人生之路，固然也需"包糖纸"的点缀，但识得生命真相之后，还要坚守命运坎坷、生命低处的一份纯净。

四、花开花落，水流不断

　　生如烟花，唯有以生命之姿品味人生，方得幸福真谛。

人生最好的一段岁月：二十几岁，三十几岁，四十几岁。二十几岁，有梦；三十几岁，有力；四十几岁，有量。人生如落花，生命的一刻一旦开始，就注定要陨落尘世，青春无价。

或许幸福是人类寻找自我心灵慰藉的一方灵药，因为认知到了生命的可贵，才会发觉需珍惜这短短的易逝韶华。从人类动力学的角度出发，人的生命历程无时无刻不在经历着抉择，这种抉择来自于人生种种，如眼睛睁开就需计划今天的行程、人在途中就需决定未知的岔口，甚至于到了生命的终点，也需深思不已，考虑自己生命终止之后的彼岸之路。人之生命固然可贵，但可贵之后，却给人生带来了"理性的灾难"：与动物的生理动机选择不同，动物只是简单地对外界刺激作出本能的反应。而人类除了本能反应之外，还需符合社会德行要求，这也就注定了人的每个选择，都不是意志自

---

① 　[德]叔本华：《人生的智慧》，罗烈文译，中国三峡出版社2010年版，第43页。

由的自然选择，而是"取舍两难"。人类并非只能从事某一先决的本能行为，而必须在脑海中斟酌许多可能的行为方式；人类开始思想。他对于自然，由纯粹的被动适应，变为主动的适应：他可以有所创作。他发明了工具，借以支配大自然，他日益地脱离大自然。人的悲剧命运也由此开始：一方面，人来自于大自然，受到自然规律的制约，如生老病死；另一方面，人却是要在与自然斗争的过程中，才可以实现自我的价值，而这种斗争注定是要以自己的生命陨落为代价或作为终结。

所以，这个悲剧性的结局，提醒每个人都要时刻地关注时间的流逝。一路走来，走到终点的每个人都值得尊重。可能生命尽头并不如我们想象般的绮丽，可能这一路历程除了同样的辛苦并无可欣赏的美感，但这流逝的岁月，也如同夜间点放的烟花，尽管孤独，却也凄美。

人生掐指一算，也就这二十多年青春。印度诗人泰戈尔说：一个人的青春时期一过，就会出现像秋天一样的优美的成熟时期，这时，生命的果实像熟稻子似的在美丽的平静的气氛中等待收获。很多人的人生如同被规划一般，从出生到学校，然后进入社会历练，然后组织家庭，把青春的骄傲全部褪掉后，人生也就走向了终结。

人生得失，不过损益。命运无常，无非增减。人生有时候像是一场和自己命运进行的战争，无论是古希腊传说中的俄狄浦斯王，或是中国古典传说中以"飞升"之举摆脱命运的束缚，都意味着人这一生，是和自己命运博弈的一生。因为命运的神秘和未知，所以每个人都希望从未知的世界中，寻找一些"未来的线索"。《周易》作为中国古代的命运解析之书，是中国理性觉醒时代的产物。《周易》也讲宗教，也讲信仰，但这种宗教已经完全不同于殷商的绝对信仰，而是主张"以德配天"。"神道设教"也仅是强调圣人之功用于道德教化。《周易》讲占卜，本身就是一本占卜的基础教材，但占卜之工具已由完全"听天由命"的龟甲占卜，改以蓍草占卜，且将人谋的因素参与到占卜的过程之中。《周易》讲命运，所谓的命运也类似于"天理循环，因果报应"，如"积善之家，必有余庆；积不善之家，必有余殃"，这种因果信仰观不是完全意义上的"天命观"，而是将个人的命运和个人的德性联系起来。由此一来，因果报应有因有据，每个人都自信于每个"突发事件"，否泰、生死，都是无常之中的必然，所以国人能够以超然的态度去看待命运，是为乐天而知命。

哲学起源于好奇。人类作为万物之灵长，或"三才"之秀，其高贵性在于这种对于世界的"诧异"，与人类同样生活在蓝天下、成长于大地上的万物，却因为"诧异"天性之别而失去了独立思考的机会，放弃了深思成长快乐与生命之苦的权利。冯友兰在《中国哲学简史》中对哲学如此定义，哲学就是对于人生的有系统的反思的思想。反思之路，哲人正是由此开始了自己独立的思索与探求，并且，惊讶与疑虑将始终伴随着哲人的沉思①。苍茫大地，草长天蓝，中国的先祖在思考如何利用沟渠抵御异族、如何借助星辰日月的路线记录来种植作物、如何祭祀祖先而保证来年收成的时候，地中海沿岸的民族正在准备一次新的"海洋耕作"，海洋对于他们是一笔财富：无须耕作，只需冒险便可以获得食物与财富，他们也力图安定下来，放弃这种生命悬丝一线的生活，但贫瘠的土地无法支撑太多的人口，而获得生存的主要方式依然是"冒险"，通过海洋冒险或战争冒险。对于人的有限性和生命的单向度之认识，是人类最痛苦的事情，智慧送来了对命运操纵权的把握，也带了为沉思必须支付的孤独和恐惧，"神"成为西方部族寻找到灵魂的安慰剂。从多神到一神的发展过程，人和神之间的权限也得到了越来越明确的划分。

庄子说，"吾生也有涯，而知也无涯。以有涯随无涯，殆已；已而为知者，殆而已矣"（《庄子·养生主》）。历史长河浩浩荡荡，所谓英雄也只能被浪花淘尽、雨打风吹去，英雄尚且如此，何况氓民。如此一来，历史便陷

---

① 参见冯友兰：《中国哲学简史》，世界图书出版社 2011 年版，第 51 页。

入"历史无意义"之论调，生命之意义也随之凋谢。事实并非如此，夫子讲，"贤哉回也！一箪食，一瓢饮，在陋巷。人不堪其忧，回也不改其乐。贤哉回也！"（《论语·雍也》）颜子之乐，所乐并非皮囊享受，也非高官厚俸，而是生命之信仰，人生之过程。历史固然是"是非成败转头空，青山依旧在，几度夕阳红"。但那渔樵之象征何尝不是一个惯看世事演变的智者。每个人的命运，如同"渔樵"：一方面，将个体命运置于历史长河之中，而另一方面渴望成为智者，"洞悉流变"。

在人类诞生之初，生死恐惧就一直伴随，人类的能力连自己的生死都无法掌控，所以古人将自己的命运交给上天。在《周易》之前的夏商时代，"上天"是人类命运的完全主宰者，"受命于天"就被镌刻在钟鼎上乃至先民的心中。西周为实现自己统治的合法性，必然要推翻旧有的天命信仰，把"德"信仰融入到国家信仰的层面；同时知识分子也开始反思人类的命运，比如春秋时候，孔子周游列国，到处推行自己的政治主张，很想干一番仁政事业，结果穷困潦倒，屡屡受挫，孔子尽管高举理性，提倡现世的伦理，但依然有"五十而知天命、六十而耳顺、七十而从心所欲不逾规矩"（《论语·为政》）和"不知命，无以为君子"（《论语·尧曰》）的人生命运感悟。《论语》中对命运之天有多处阐述，如《礼记·宪问》里"不怨天，不尤人。下学而上达，知我者，其天乎！"《论语·颜渊》里"死生有命，富贵在天"。孔子的高足颜回早死，《论语·雍也》里孔子伤感颜回之死说："不幸短命死矣。"孔子对于自己的遭遇，也安之若素，认为是"时"和"命"造成的。儒家是中华文化儒、释、道三家中理性气息最重的，却依然坚持了"命运天定"之说，把"生死有命，富贵在天"融入到现实生活之中，人的努力总有一个无法突破的极限，在儒家看来，这就是"命"。孔子说："获罪于天，无所祷也！"（《论语·八佾》）人若和命运发生矛盾，只能以人的失败而告终。中唐诗人刘禹锡写过一首《乌衣巷》：

朱雀桥边野草花，乌衣巷口夕阳斜。

旧时王谢堂前燕，飞入寻常百姓家。

人事凋谢，世事变迁，富贵荣华也如花开花谢，随岁月的淘洗悄然逝去。其实，富贵在国人眼中不仅是个人成功的标志和社会的肯定，也意味着人生目标的实现，"一人得道，鸡犬升天"。《史记》记载楚霸王项羽攻占咸阳后，有人劝他定都关中，被项羽否决，他说："富贵不归故乡，如衣绣夜行，谁知之者？"刘邦则在打败黥布以后，经过家乡，宴请父老，作《大风歌》，成为后代功成名就之士效仿的榜样。

刘邦项羽是创业之主，但"富不过三代"，这个循环之说似乎一直都在起着作用。有命相之说讲，这个"三"其实是数之终，"道生一，一生二，二生三"，到了"三"这里便再无"生生之理"了。因果循环，天理昭昭，如按西方"能量守恒"之说，社会资源总在一定的时期互调互换。"三代"意味着很多矛盾积累到了一个临界，需要一个突口爆发。《红楼梦》里的四大家族都是有钱有势的人，所载事迹在曹雪芹生活的时代，都能找到影子，乾隆皇帝看了此书之后，讲"此乃明珠家事也"。明珠是康熙皇帝的宠臣，后因贪渎被革职。《红楼梦》中仗势欺人、放高利贷、弄权压人、强买强卖、欺男霸女等行为司空见惯。荣国府从上至下有三百余口人，主人不足二十人，使用的仆役丫鬟约三百人，"银子使得如流水"，生活极其奢侈。等到贾府被查抄，贾母在佛堂忏悔道："后辈儿孙骄侈暴佚，暴殄天物，以致合府抄检。"

命运惹人恼，一方面人定于"命"，再厉害的孙悟空也逃不过如来佛的"五指山"，这个"五指山"如同每个人头上的紧箍咒，一生无法逃脱；另一方面，人又有"运"，这个"运"给我们的幸福追求以幻想，我们无法摆脱定命的束缚，却可以通过自己的智慧把握"时运"，抓住机遇。"时"指的是时空环境，相对于命运而言，"时"不仅是可变的，而且"时"的变化对命运的影响也是显见的，故"时"亦称为时运。"幸福"应当属于功利的范畴，意味着个人财富和个人欲望的满足。当代英国哲学家伯纳德·威廉斯把智慧和情感注入社会道德领域，被认为是改写了晦涩艰深的道德哲学思辨传统，将它引入生动的日常生活。在其《道德运气》一文中，他讲述了一个故事：高更是一个著名的画家，在思想和绘画陷于困境的时候，听说了一个地方——塔希提岛。在这个岛上不用穿衣服，吃的食物是从树上摘的（面包树），正是艺术家的天堂。可是高更还有妻子，还有年幼的孩子，他去塔希提岛，有可能成就自己的艺术，但必然抛弃妻儿。这对于高更来说，绝对是一次可以改变命运的"运气"，如果从个人幸福的角度来说，高更成为知名画家显然是幸福实现的前提。他也完全可以安慰自己，抛弃妻儿是可以原谅的，因为"创造一个伟大画家"对社会的贡献超过"抛弃妻儿对妻儿福利的损害"。可问题来了，如果高更在去岛的半途遇害，那么他的行动是否还是道德的呢？如果他去了塔希提岛，可仍然一事无成呢？这里面太多的因素取决于高更的运气。所以即使是"运气"来临时，也未必是幸福时刻到来之际[1]。

　　南京，旧时金陵，灵山秀水，孕育不了雄武的君王，却在南唐为中国文化史贡献了一个伟大的帝王诗人李煜。如果皇帝仅是个职业的话，显然他不是个合适的继承人，他应该是一个温文儒雅的多情诗人。他所需要的并不是天下财富，四方咸服，而只是简单的一壶浊酒、一盏清茶、一间屋舍、一支破笔。他不适合生于乱世，更不适合做一个乱世的皇帝，南唐短暂的江山便在他的手上走向终结。他把自己的心事都写进诗中，吟唱道："春花秋月何时了，往事知多少。"读史发现，历史总有惊人的相似，推翻南唐的宋朝最后两位皇帝，也都是造诣很高的艺术家或诗人，这种"职业错位"带来的不仅是个人幸福的荡然无存，而且是国破家亡的凄凉。有时候想，含着"金汤匙"出生的人，外人看来确实是幸福的，但就自己来说，则是束缚于一个固有的财富，放弃了自己的自然生命，被规划的人生反而容易产生悲剧。其

---

①　参见 [英] 伯纳德·威廉斯：《道德运气》，徐向东译，上海译文出版社 2007 年版，第 52 页。

实，任何"金汤匙"的魔力，都大不过佛祖的五指山。一直在想，五指山究竟是什么，在吴承恩的眼睛里，居然如此法力无边。其实，人生最大的法力，就是靠自己。幸福也如此，只要努力，便可营造幸福、寻找幸福、体悟幸福。

一花一世界，一叶一春秋。生命没有预约，却有轨迹，我们可以放弃人生的际遇，却不能回避渐渐老去的事实。岁月流逝，留给我们的只是消融在灵魂中的忧伤。"少年不知愁滋味，更上层楼，更上层楼，为赋新词强说愁"，其实少年时候，单薄的生命历程已经体悟到人生的哀伤，也梦想自己成年之后，能够为自己的理想奋斗。生命宛如一篇诗稿，字里行间都充满了淡淡的忧伤，只有真正读过的人是幸福的，这种淡淡忧伤化作一杯浓茶中的袅袅热气，弥漫在空气之中。

人生若如霍去病，也当无悔，23 年的青春岁月之后，天下便再无敌手，这种孤独和寂寞让他的生命之花过早凋谢；人生若如卫青，也当无悔，少年建功，便大隐于市，淡看潮起潮落。当英雄们在年轻的岁月里建功立业时，更多人选择在尘嚣甚上的工业社会中为饭碗奔波，物质成为"异化"人们的主要工具，我们成为被物质"奴化"的结果。150 年前的一个春天，28 岁的梭罗带着一柄斧子独自到了瓦尔登湖边的山林。经过一番挥汗如雨的紧张劳作，在 1845 年 7 月 4 日美国独立节那天，他如愿地住进了自己亲手盖起的木屋。此后的两年多时间里，他在这里耕种、散步、观察、倾听、梦想、沉思，并用独具风格的文笔记录下了他所经历和体验的一切。在林间独居的日子里，他没有做隐士，而是选择与大自然高度融合，在这样的状态下思考生命的本质。在静处山林的日子里，他的思路却轻灵活跃，他独享大自然的音讯，独享醅畅的劳作，独享孤单中的思想狂欢。他把自己的生活经历整理成《瓦尔登湖》①，瓦尔登湖因梭罗而闻名，梭罗因瓦尔登湖而传世。他把自然

---

① ［美］亨利·戴维·梭罗：《瓦尔登湖》，李慕译，上海三联出版社 2008 年版。

中生命的野性带入人们的视野，在紧张的工业文明社会中，追求返璞归真的生存方式。

在《瓦尔登湖》中他并没有描写自己的寂寞与无助，而是将自己的生命归宿于自然，把自己当成这山间世界的一员。环绕瓦尔登湖的大自然是他与众多野生动物共同的乡根乡土。在书中，他饶有兴味地写到了他的那些千奇百怪的邻居们：飞来飞去的猫头鹰发出沙哑而发抖的声音，狐狸无声而快速地爬过积雪，成群的山雀在他的木屋前唧唧喳喳，野兔在草木间悄然出没，浣熊在林中发出了嘤嘤之声，赤松鼠在屋脊上来回奔蹿，鹧鸪在寒风中觅食，水獭隐蔽在暗处，猎狗群吠声不绝。而秋天里，游在湖中央的野鸭则狡猾地与猎人保持着距离，野鼠跳上他的身体爬来爬去品尝他喂的干酪。梭罗的简单生活，犹如海德格尔的诗意之思，在浮躁的时代，他给我们以醍醐灌顶的清醒，简化生活，消解虚伪，回归简朴。

幸福无关风月、无关智齿、无关阅历，只是你的个人历练，个人经历，个人体会。有时候，幸福是一种宁静，如同梭罗一样，尽管远离世俗，身在囹圄，却心静如水；有时候，幸福是一种喧嚣，犹如卫青一样，尽管身处闹市，却静观车马；有时候，幸福可以言说，你可以简单几个小字，道出自己的人生百味；有时候，幸福如此隐喻，想写一首诗、一段歌，却不得不"为赋新词强说愁"。

五、魔鬼与天使

是魔鬼，还是天使。

叔本华曾不无极端地讲，所有两情相悦的感觉，无论表现得多么超尘绝俗，都根源于性冲动。亚里士多德说："在交媾以后，所有动物都会犹豫。"

布鲁诺补充道："无法满足情欲让人痛苦，情欲的满足却让我们悲伤。我们所向往的，只是过渡阶段的那个短暂片刻。"那是生殖器官的肌肉在每 0.8 秒收缩一次时才会有的狂喜幸福。在那以前是痛苦，而在那以后却是忧郁。人的满足是短暂的。

黑格尔说："本能和激情无非是主体的活力，主体就是以它为实践的目标。"

人"堕落沉迷"，从道德的深海游上本能冲动的浅滩，只有在那里，人才能感受他的活力，人才是人[1]。

书读到此，原来一切超验的体验，都建立在多巴胺的基础上。当前对多巴胺与幸福感关系的分析，即是从遗传医学的角度来分析人的情绪来源。多巴胺（dopamine）是一种脑内分泌的化学物质，简称"DA"。它是一种神经传送素，主要负责大脑的情欲、感觉，将兴奋及开心的信息传递。多巴胺能传递快感，能影响每一个人对事物的欢愉感受。用多巴胺理论能解决很多心理问题，如爱情的产生，即是来源于多巴胺分析所带来的兴奋。回味上述所言，结合个人人生的体会，确实言之有理：每当欲望满足之后，确是十足的身心愉悦；每当需求失落时，也是满心的伤感。如真如此，那人生便也没有如此复杂了，把每个人都视为欲望的动物，把欲视为"精神支柱"也就可以了。幸福，就是欲望的满足；不幸，就是欲望的破灭。

事实绝非如此。幸福固然与欲望有关，却不是欲望的同义词，欲望的人生也太容易被击溃了。人生固然有限，也充满着缺陷，但这种缺陷却是幸福的另一种展示方式：当选择静寂的幸福，就须远离声色犬马；当选择功利的幸福，就须远离虚静逍遥。所以，和欲望结缘的幸福，是一母同胞，两个兄弟：感性幸福和理性幸福。感性幸福，来自于人的基本欲望满足，是生存之欲的满足，如口舌，如饥渴，如温饱，如男欢女爱。理性幸福，来自于人

---

[1] 以上引文转引自 [美] 哈罗德柯依：《爱、欲望、出轨的哲学》，商周文化出版社 2007 年版，第 120 页。

的心灵欲望满足，是道德之欲的满足，如助人，如崇高，如牺牲，如舍生取义。

在西方先贤柏拉图看来，人的灵魂或精神世界由三个部分组成：理性、意志和欲望，其中理性是人类独有的，因此是人身上的最高贵的部分。理性追求的是最高的善，其中包含着对于具有普遍性的真、善、美的理念的追求。这种追求属于精神追求。基于这个追求之上的幸福，就是理性幸福。欲望则是让人能够满足生存需要，使人具有健康的身体作为理性的承载物。满足基本欲望的幸福，即是感性幸福。意志的作用在于调节理性和欲望，使得欲望的发展不至于湮灭人性。真正的幸福，是三者的和谐，在这种和谐的状态下，人处于幸福之境。幸福被柏拉图赋予了道德的含义，即真正的幸福是中正公允的社会正义，个人的幸福须得到社会的肯定。

所以，欲望主导下的人生，往往被天生的“魔性”所左右，远离了良善这个“天使”。在物质异化的历史上，原有的结构并没有被完全被肢解，今天对于欲望与幸福关系的认识，与文明轴心时期并无太大差异。在原有的精神结构中，从欲望出发的感性幸福，成为幸福感构成要素中比重最大的部分；从心灵美德出发的理性幸福，成为调剂精神空虚感的一剂良药。而意志也成为欲望增长的催化剂。

强调“丛林法则”的社会，人性欲望中的自私、求奢、冒险、算计等因素，都可以成为获得感性幸福的主要途径，使人能够得到利益最大化，但是却寻求不到到理性幸福。从单纯的经济学角度出发，“幸福”（感性幸福）的获取，可以使用一个方程式来表达：

幸福 = 效用 / 欲望。

幸福和人们的效用是成正比的，和人们的欲望成反比，效用越高，幸福就越高。如果欲望也很强，幸福就会下降。同时，如果经济的增长，能满足个人欲望的提升，即经济效用和欲望是和谐的，那么这个人也是幸福的。

但从社会学的角度出发，“幸福”（理性幸福）的获取则并不意味着经济上的成功，能带来幸福的满足：

幸福＝成就／期望。

从这个公式可以看出，幸福跟成就成正比，跟心理的期望成反比。从这个公式出发，可能得到这样的结果，即尽管成就不大，但个人期望不高，那么这个人是幸福的；相反，如果成就不小，却不能满足个人的期望，那么这个人是不幸的。

这两个公式较为抽象，可以通过一个故事来具体讲述。在佛经里，记载着这样一个故事。

一天，佛陀的弟子阿难外出乞食，看见路边有一坛黄金。佛陀立刻对阿难说："看，毒蛇。"阿难亦应声答道："果然是毒蛇。"师徒俩的对话恰巧被附近一对农民父子听到，便怀着好奇心前来观看。一看之下，不由欣喜若狂，赶紧将黄金带回家中，以为这从天而降的幸运将改变他们的贫困生活。改变的确是发生了，但完全不是他们希冀的那样。当父子俩带着金子去市场兑换时，却被人告到了官府。原来，他们捡到的金子是窃贼从宫中盗出，在逃跑时弃于路旁的。他俩人赃俱获，有口难辩。这对乐极生悲的父子在临刑时，才领悟到"毒蛇"的真正含义。

在佛陀和弟子阿难看来，黄金只是财富的象征，对自己来讲，并不意味着人生的全部，甚至不义之财会带来杀身之祸。从经济学的角度讲，在公式"幸福＝效用／欲望"中，佛陀和阿难已经视财富如无物，无欲无求，所以，"效用＝0，欲望＝0"，经济学的幸福公式，对于佛陀和阿难来讲，没有任何实际意义。从社会学的角度出发，也会得到如此的答案。

但对于拾到金子的父子来说，意味着能立即获得幸福的生活，同时由于忍受长期的贫困，以经济学的幸福公式进行考量，则会带来完全不一样的结果。这个公式的分子"效用"，所起的实际效果，会直接改变生活质量；而分母"欲望"，则是不可控制的贪婪之心。所以，从这个公式出发，父子两人即使没被官府抓到，也不会得到安心的幸福。从社会学的角度出发，该公式用在这对父子的身上，则会显得十分荒谬，即已经所取得的"经济成就"无限大，而"实际期望"则仅为改善生活。就这一点而言，欲望的膨胀，也不能带来实际的幸福。

对于幸福的定义有万千说法，但对于不幸的定义，却往往单一。所谓的不幸，就是痛苦和苦难。西方在中世纪之前，对于不幸的认识，往往归咎于教会所教育的"原罪"说。《圣经》中记载，亚当和夏娃背叛了与上帝的协议，偷吃了苹果，欲望驱动下，导致了不幸的萌生。教会的如此教育，固然是在培养一种犯罪感，但这种教育也给世人提供了一种摆脱不幸的途径，即是通过信仰来完成个体的"理性幸福"。在这种神光的感召下，人与上帝的关系是一种信赖与爱心的关系，而不是怀疑与恐惧的关系，正如同一个农夫或一个市民，很少走出属于他们的小生活圈一样，宇宙也是有限的，凭单纯是可以了解的。大地与人是宇宙的中心，天堂或地狱是未来生活的地方，由生到死的一切行为，在它们的因果关系中，都是明显易见的。这种因果关系的构建，一方面使得人被束缚于神权之下，然而不可否认，也给每个人提供了一种共性的"理性幸福"。此后，新航路的开辟，新世界的发现，在某种程度上讲，是对"理性幸福"的冲击，在信仰的感召下，人的自我意识尚未觉醒，灵魂也交由上帝完成神圣的过渡。工业化驱使下的近代，人的价值实现已被异化为外在的物质，欲望主要表现为对物质的诉求，如果说原始的自然欲望尚可以容易得到满足，那么万千物质之欲则穷其一生，也不可能享受千分之一。在这种欲望的支配之下，幸福成为"纸醉金迷"的代名词。

回到欲望的本源上来，欲望是人的意识重要组成部分。现代医学认为，在多巴胺的支配下，人的欲望不过是一种本能的释放。人的自我意识觉醒之后，自己不再是懵懂的"自然之子"，而成为自然的敌人，在欲望的推动下，人不断通过改造自然，占有客观的对象。所以，"欲望"的欺骗性很强，从表面上，人类社会历史是在欲望的推动下进步的，欲望竟成为社会进步的"原动力"。一方面，社会对于人的欲望期望是"无欲则刚"，强调个人的修为无非是"清心寡欲";另一方面,社会又不断刺激个人欲望,在社会学看来,人的消费欲望和需求水平,不但受可支配收入的影响,而且也受社会因素的影响。其中,人与人之间的相互攀比和竞赛,是促成欲望起飞的一个重要的社会动因。这种从社会攀比的角度来解释欲望形成的理论,这种攀比的欲望,也是近代以来工业社会不断发展的心理解释机制。

欲望由此以来,从纯粹的单纯的生理之求,转化成为社会背景下的"需要"。这种"需要"不再是单纯的一种主观需求了,需要是客观的、社会的,是与当前社会的发展水平及需求心理相适应的。弗洛伊德也认识到这个问题,他提出本能是历史地被决定的。当"欲望"成为一种需要的时候,本能被嫁接上理性的"光环",伴随着社会的发展而不断改变,将理智、文明都融入进本属于原始意识的"欲望"之中。欲望在当下,成为自然欲望、社会欲望和人文欲望的复合。

所谓的自然欲望,即是与生俱来的本能需求,最基本的实现特征是需要和索取。事实上,人对自我自然欲望的承认,并不是给自己的"自然堕落"寻找一个合适的理由,相反,这是在承认人的"自然权利"。自然欲望的存在,给人类寻找自由意志提供了一个有效的途径。幸福根源于自由,而自由是天赋的一种自然权利,自然欲望也不过是人类寻找自由天性的一种表现,人的幸福权也是天然的、纯粹的。每个人自然欲望的满足,也是应该得到尊重的。

所谓的社会欲望,即是在社会发展过程中,对社会产品的占有需求,是社会理性的产物,最基本的特征是"不想"和"不要",这种不想和不要,并不是没有欲望,而是有了否定性的欲望,明确自己的肯定性欲望。康德认为,人类理性的立法有两大目标,即自然与自由,因而不仅包含自然法则,而且包含道德法则,这两者开始被表现在两种不同的体系中,但最终则在唯一的哲学体系中得到表现。如果说自然欲望是给人的幸福诉求提供了合理性的依据,那么社会欲望则是给人的幸福诉求提供了合目的性的依据。人的自由追求，应该限制在社会法则之内，只有合乎社会发展的幸福，才是真正的幸福。正如康德所说，判断力以其自然的合目的性的概念在自然诸概念和自由概念之间提供媒介的概念，它使纯粹理论过渡到纯粹实践，使从按照前者的规律性过渡到按照后者的最终目的成为可能。因为通过它，最终目的的可能性才被认识，而只有它最终目的才能在自然里以及在它和自然诸规律的和谐里成为现实。社会欲望给人的"欲望"贯以理性之名，也为人的社会幸福实现，指明了一个基本方向。

所谓的人文欲望，即是在人的自我觉醒基础上，个人人生境界觉解的诉求，对未来人生的深思、对死后人生的规划，综合来说就是人的生命延展的欲望。欲望是生命之源，自然之欲是生命诞生的根本原因；欲望是生命之路，给人的欲望以社会的认可与尊严。弗洛伊德指出的，本能是历史地被决定的。欲望作为人类本能的一种，从感性或理性的经验出发，都不可能超出历史的结构，欲望本身就具有自我成长性，欲望的过度释放则会造成破坏的力量。但人文欲望则不然，它根源于"天人合一"的人性，将人的生命本质归结于自然的生命成长，展示以衣、食、住、行、性、尊重、认可、快乐、自信、幸福、自由等物质或精神的需求形式。人文欲望如同生命之源，是"天地之始，万物之母"。

欲望并非是万恶之源，在很大程度上的确是社会发展的驱动力。自然欲望，主宰着人的基本生理发展方向，实现着人的基本尊严；社会欲望，则是社会和谐、社会正义实现的基础；人文欲望，则在前两者的基础上，对人的价值实现提出了更高的要求，一方面承认了人的自然性，另一方面又实现了人是自然之子、自然之秀的地位。

人的生命有限，注定不能享受所有的幸福，即使是欲望佛家说，人有七情六欲。六欲，据《大智度论》卷二记载，系指凡夫对异性所具有之六种欲望：色欲、形貌欲、威仪欲、言语音声欲、细滑欲、人相欲；或指眼、耳、鼻、舌、身、意等六欲。生命的存在过程，不过是不断展示欲望的过程，因为欲望的千姿百态，复杂多变，使得人生之路千百曲折，峰回路转。墨子曾言："吾闻之曰：'非无安居也，我无安心也；非无足财也，我无足心也'"（《墨子·亲士》）。非被欲望主导的人生，才可以是真正的魂归之处。几千年前的墨子告诉世人，江湖四海都可以为家，人并不是在选择一个房子，而是要找到一个安定的心，作为自己的家；五谷杂粮皆可以为食，人并不是如同饕餮一般，豪饮朵颐，只是想在衣食之欲中，找到一颗满足的心。欲望的满足，只是幸福的表象，主宰幸福的，是隐藏在欲望之后的那颗心。

六、权无疆、钱无够

世间安得两全法，不负如来不负卿。

中华民族是个严肃的民族，即使是在盛世，也须时时提醒自己"安逸亡国"、"忧患兴家"。人是个向往安逸的动物，毕竟每日的忙碌，让短暂的人生太过匆忙，未曾细细品味，便已度过一生。这种严肃，往往体现在民族的自律性上，对于些须欲望的苗头，都要予以否定、批判乃至灵魂深处闹革命的反思。宋朝其实是中国市民经济最为发达的一个时期，从时人张择端的《清明上河图》就可以体会彼时风土人情，有酒肆、有乐坊，但"儒家的原教旨主义"的基本主张"存天理，灭人欲"，也是在彼时提出。

"存天理，灭人欲"之说，世人多以为或为二程、或为朱熹所言，但翻遍二程及朱子著述，也未寻得此句，只在《朱子语类》卷四中有"明天理、灭人欲"一语：

> 孔子所谓"克己复礼"，《中庸》所谓"致中和"、"尊德性"、"道问学"，《大学》所谓"明明德"，《书》曰"人心惟危，道心惟微，惟精惟一，允执厥中"，圣贤千言万语，只是教人明天理、灭人欲。

　　然朱子此语亦有所本，当承于二程，二程亦有言："人心私欲，故危殆；道心天理，故精微。灭私欲则天理明矣。"二程之语亦有所承，当源于《礼记·乐记》："人化物也者，灭天理而穷人欲者也。于是有悖逆诈伪之心，有淫泆作乱之事。"

　　后人多谬以为宋明理学是"以理杀人"之说，看来事实绝非如此。原文为"明天理、灭人欲"，后人谬为"存天理，灭人欲"，原文是在主张天理明了的基础上，克制欲望，天理人欲是个梯次关系；后人则谬为一存一灭，天理若存，人欲须灭，天理人欲是个两难选择问题。

　　事实上，这个天理，就是社会欲望中的道德法则，是可以内化的外在法则；人欲，则是自然欲望中的个体选择，是天然的自然的官能感觉。在社会欲望和自然欲望的关系问题上，中西方哲学家都展开了同样的讨论。如康德在《实践理性批判》一书中，提出个人人生方向的选择，不能单纯地依赖自然欲望（在康德的哲学体系中，他使用"感性欲望"一词），用感性的经验和欲望作为这种原则是不行的，因为基于感性欲望的原则只能引导到快乐主义。同时，从自己生命个体的体验出发，以感性上的痛苦或快乐作为人生的准备，也不具备普世性。康德举例说，如一个人为了满足自己的私欲而否认曾向别人借过钱，适合于他的"借钱不还"的准则却不可能成为一条普遍法则，因为它如果成了普遍法则，就不会再有人借钱给别人。所以，康德十分强调道德法则（即社会欲望），决定人的选择的基本动机，只能是从社会的基本需要出发，克制自己的自然欲望，服从个体的社会欲望。从这一点上讲，康德的哲学体系体现很强烈的反意志性。①

　　与康德的担忧相同，宋明儒者也在强调社会欲望的重要性。"明天理、灭人欲"不过是强调社会法则的另一种说法。理学要"明理"，大学之道要"明明德"，其实都是在讲个人的自然欲望要符合社会欲望的基本原则，理学

---

① 参见［德］康德：《实践理性批判》，人民出版社 2004 年版。

所要去除的"人欲"不是当前世人所理解的个体生理欲望,而是强调个体的自然欲望要符合天人之道。

宋明理学不反对情爱之欲,儒家传统也一直不具备"反人类"的传统,在儒家传统的立场上,男欢女爱不仅是人伦的正当表现,甚至具有天地合德的本体含义。理学家反对的是出自于个人的自然欲求,不顾社会伦理的私欲。哲学的魅力即在于此,它并不是提供一个类如法条的繁文缛节,而是提供一个基本原则。这个基本原则的主要作用在于调整紧张的个人与群体、个人与自然的关系。社会欲望范畴的作用也在于此,它是理性与感性冲突的产物,在这种冲突上显示的选择张力,正是人的高贵性的体现。

人生匆匆,百年过隙。因为时间太过匆忙,所以我们总是双手紧握,想在有生之年,寻求一点带给自己安全感的东西。可漫漫人生路,谁又能知道"抓"到的一定是幸福,丢掉的一定是烦恼。握手紧"抓"的欲望,如同一架没有方向飞驰的马车,不知道危险在何处,所以人生有时候,要学会放手,学会松手。终究什么要"抓",什么要放,多情的六世达赖仓央嘉措也曾因此疑惑:

> 曾虑多情损梵行,入山又恐别倾城,
>
> 世间安得双全法,不负如来不负卿[1]。

至情至性的喇嘛,为寻得人生的真谛,抛弃至尊的教权,但出家修佛与追求爱情生活的矛盾,终不可两全,于是无奈之中问天:哪有双全之法,教我既不负了修行,也不负了你?仓央嘉措如同来自天国的仙子,仅在人间逗留二十五年,这二十五年也颇多坎坷,身为教宗的仓央嘉措并没有接受清规戒律的约束,相反他以独行为这个冷漠的世界,留下了上百首情意缠绵的诗作。

他让这个世界的每一人了解爱情的伟大,理解人世的真理。他的诗歌

---

[1] 苗欣宇:《仓央嘉措诗传》,江苏文艺出版社 2009 年版,第 74 页。

中，不乏初识乍遇的羞怯，两情相悦的欣悦，山盟海誓的坚贞，还有失之交臂的惋惜，负心背离的幽怨。但他不是凡人，他不能把自己等同于恣意妄为的浪荡衙内，所以他的一生只能体会爱怨别离的人生苦楚和求之不得的无奈。"涉江采芙蓉，兰泽多芳草。采之欲遗谁？所思在远道"（《古诗十九诗·涉江采芙蓉》），情字最是惹人恼。圣者如仓央嘉措尚且不可忘怀，更何况我等凡夫俗子。

如果说圣者对于爱情是抱以"暧昧"态度的话，哲学家的情爱则是理性、明晰的。哲人柏拉图认为，当心灵摒绝肉体而向往着真理的时候，这时的思想才是最好的。而当灵魂被肉体的罪恶所感染时，人们追求真理的愿望就不会得到满足。当人类没有对肉欲的强烈需求时，心境是平和的，肉欲是人性中兽性的表现，是每个生物体的本性，人之所以是所谓的高等动物，是因为人的本性中，人性强于兽性，精神交流是美好的、是道德的。

柏拉图师从苏格拉底。苏格拉底被公认为古希腊学识最渊博的哲学家，但他却认为自己本来没有知识。由此以来，产生了两个悖论：首先，别人认为他有知识，他却认为别人和自己一样无知；其次，苏格拉底从事的工作是教师职业，无知的人显然无法担当重任，而苏格拉底已经知道自己是无知的，却依然要从事教师职业。这两个悖论，一个否认了世俗对他的看法，另一个否认了世人给他的职业。关于这两个悖论，苏格拉底是如此解决的：他认为人生而有知，这些知识是先天的、超验的。每个人在生命孕育的时候，就已在心上怀了知识的"胚胎"，不过自己还不知道。苏格拉底的工作，就是知识的"助产婆"，帮助别人产生知识。苏格拉底的助产术，集中表现在他经常采用的"诘问式"的形式中，以提问的方式揭露对方提出的各种命题、学说中的矛盾，以动摇对方论证的基础，指明对方的无知；在诘问中，苏格拉底自己并不给予正面的、积极的回答，因为他承认自己无知。这种方式一般被称为"苏格拉底的讽刺"。这种消极的否认，也是西方哲学史上最早的辩证法的形式。

同样是有关"情爱"的问题，同样是讽刺式的"助产术"。有一天，柏拉图向他的老师苏格拉底讨教："什么是爱情？"苏格拉底微笑着说："你去麦田里摘一株最大最好的麦穗回来，在这过程当中，只允许摘一次，并且只能往前走，不能回头。"柏拉图按照苏格拉底的话去做，很久才回来。苏格拉底看到柏拉图回来后，微笑问道："我亲爱的学生，你的麦穗呢？"柏拉图摇摇头说："开始我觉得很容易，充满信心地出去，但是最后空手而归！"苏格拉底继续问道："什么原因呢？"柏拉图轻轻叹了口气说："很难得看见一株不错的，却不知道是不是最好的，因为只可以摘一株，无奈只好放弃；于是，再往前走，看看有没有更好的，可是我越往前走，越发觉不如以前见到的好，所以我没有摘；当已经走到尽头时，才发觉原来最大的最饱满的麦穗早已错过了，只好空手而归咯！"这个时候，苏格拉底意味深长地说："这就是爱情。"苏格拉底认为，所谓的"爱情"就是芸芸众生借以慰藉自己的一副心理良药，人生如海，能找寻到契合自己心灵的另一半，既是幸运的，也是人生的一个梦想。

情爱是人生之欲，有了情爱，才使得整个人类社会不断处于"可能到潜能到发展"的循环之中。即使爱情上升不到先秦文明中的"天地合德"的境地，它也是一个人生命责任的拓展、一种文明不断延续的基础。情爱使得人类在冰冷的社会法则之下，寻得了自我存在的价值，由此也就不难理解真爱无价的意义。情爱即是在欲望驱动下的灵物，对它的探讨也须纳入到欲望研究的体系之中。

自然欲望支配下的情爱。人生之爱，如自然花开花谢，爱情发生也是一朵花开。世间本无花，情爱使得"无中生有"。爱情来自于天然，是自然的产物，歌颂爱情的诸多诗歌，也应如是，《诗经》中有大量的诗歌主题与爱情有关，所以孔子说："诗三百，一言以蔽之：思无邪。"（《论语·为政》）"思无邪"肯定了情爱的纯真：遇见一个心爱姑娘在水边采荇菜，为她的美貌所感召，勇敢地呼出自己的心声："窈窕淑女，君子好逑"；前去追求她时，她却故意不见，让年轻的人儿，"爱而不见，搔首踟蹰"，为爱煎熬吧；终于有一天，在熙熙攘攘的集市中，在"有女如云，有女如荼"的人群里，依然找到了她，就决定"死生契阔，与子成说；执子之手，与子偕老"；人生之路漫长，这一生还要经历几多坎坷，几多风雨，"风雨如晦，鸡鸣不已；既见君子，云胡不喜？"这是真正的爱情之路，平凡之中寻找到一丝甘甜，忙碌之中寻找到几分慰藉。《圣经》说，上帝用六天的时候创造了天地万物，第七天创造了男人。这个男人很伟大，对着宇宙高喊：我为孤独而来。因见男人独居太寂寞，上帝便在他沉睡的时候，取走他身上的一根肋骨，造成了一个女人给他做配偶。女人是男人的骨中骨、肉中肉。

《史记·司马相如列传》："相如以子虚，虚言也，为楚称。乌有先生者，乌有此事也，为齐难。亡是公者，无是人也，明天子之义。故空藉此三人为辞，以推天子诸侯之苑囿，其卒章归之于节俭，因以风谏。"小故事讲司马相如作《子虚赋》，假设子虚、乌有、亡是三先生，讽谏时事。我想，对于人生权欲、情欲、财欲的追求来说，也可假作寓言之事，借以言事。权欲难填，良知易蔽，千年之后，不过落得"权无疆"的骂名；金钱无罪，但若以金钱作为人生第一要义，距离幸福要旨也太过遥远，不过落得"钱无够"的笑柄。这"权无疆"、"色无尽"、"钱无够"，如同悬在自醒君子头上的三把达摩克利斯之剑，背后是无尽欲望的驱动。

当情爱为社会欲望所支配时，人的生命会呈现返祖的假象。中国思想体系的发展，是建立在"天道自然"的理论预设之上，人间之法则须依从自然法则。天道自然，人道趋利，司马迁在著述《史记》的时候，就曾提出"人各任其能，竭其力，以得所欲"，在司马迁看来，人性一有求利的动机，二有享乐的欲望。所谓求利的动机，就是指个人追求财富积累或改善自己经济状况的一种本能。为了实现求利的目的，人们往往不怕劳筋骨、冒风险。所谓享乐的欲望，就是人都有追求肉体或精神欲望的满足，这种享受欲望的满足，就是"幸福"。司马迁是将情爱等同于欲望，而事实上情爱固然是欲望的一种，却与单纯的欲望不同，这种欲望不再是追求满足之后的快感，而是为人生构建了一种爱感的图景，这个图景不是自然欲望支配下的动物性的向度，而是意识生命成长基础上的社会向度。

从整个社会的自然发育来看，动物生命的延展性很狭窄，只能是本能的、物质的、生命的、生理的，动物的生命固然与自然同步，但这种同步发展却未取得经验性的体验。人类的个体生命的延展则不同，在纵向上要实现文明的承载，在横向上要实现与人类族群的意识链接。情爱在社会欲望的层面，展示了个体生命与社会发展的同根性，同时赋予了欲望满足的社会学意义。情爱的这种社会欲望性，使得爱情在社会结构中，具有了基本的善恶性和道德性，爱情也创造了美。爱情使人对美的感受能力敏锐起来，促进人对世界的艺术化认识，把性别关系赋予了某种特殊的审美感受，使世界充满崇高性。

人文欲望支配下的情爱。情爱的特殊性在于，它不仅是自然欲望的表现，也是社会欲望的结晶。情爱的认识之路也是一个复合，一方面它要强调人的理性，要理性地认识情爱的社会属性，要理性地看待自然的本能；另一方面，它却更强调理性基础上的直觉反观，如果爱情只是理性的，来自于思想，它就永远不能振奋心灵，它的生命力就会枯竭。倘若爱情只出于本能，只具有生物性，而且不合乎理性，它就会只表现为一时的激情，而不蕴涵精神文明的魅力。爱把本能和精神美、理性与非理性结合在一起。

情爱满足之后的幸福，体现在这种幸福感是人生自我的一种超越，追求了现世的情感满足，同时也丰富了自己的彼岸追求，因为这种情爱是可以与天地永恒的。历史造就了英雄，但大部分人不是英雄，在英雄史观的面前，我们未必能寻到自己的价值。人的价值之寻找，在于发现自己永恒的闪光点，西方哲人所言，死亡面前人人平等；中国哲学却讲，除了死亡之外，幸福面前也是人人平等，孔子的高足颜回尽管"一箪食，一瓢饮"，却依然乐在其中。情爱的满足，是幸福实现的主要途径，所以说情爱促使了自我的觉解，促使了普通的生命与万古永恒同存：今人的幸福与三千年前《诗经》中的"思无邪"同存，卑微的人生与《长恨歌》中的帝王佳人同存。

七、平行需求说

人的需求，不是顺序发生的阶梯，而是同时发生的平行。

深受佛教文化影响的老挝，以佛教立国，五百多万人口的小国，仅注册备案的正式僧人就有三万多人。老挝的僧人生活，既不同于印度的苦修，也不同于中国的"隐修"，而是在繁华的都市、人口密集的商城，铸建一座座象征着信仰皈依的寺庙，让人们在浮华生活之中，时刻回归自己的灵魂。老挝的佛教供养，依然与传统的宗教供养方式类似，主要是靠僧人化缘取得，就这一点而言，也和中国禅宗供养机制不同。中国禅宗曾经提倡僧人直接从事生产劳作，如唐朝百丈怀海禅师，在继承开创丛林的马祖道一禅师的基础上，创立了一套系统的"百丈清规"，倡导"一日不作，一日不食"的农禅生活。在老挝的朗勃拉邦，每天早晨都会有成群结队的僧人，穿行在古老城市的大街小巷，橘红色的僧袍，流动的僧群，如同一条跳跃的红色丝带，游走在历史的时空之间，让浮躁的尘世感受到宁静与平和。

金庸小说《天龙八部》中的鸠摩智形象，即是以《金刚般若波罗蜜经》的译者鸠摩罗什为原型，其所译《金刚经》开篇第一章云：

> 如是我闻：一时，佛在舍卫国祇树给孤独园，与大比丘众千二百五十人俱。尔时，世尊食时，着衣持钵，入舍卫大城乞食。于其城中次第乞已，还至本处。饭食讫，收衣钵，洗足已，敷座而坐。

金刚经开篇所著，即讲释迦牟尼"化缘"，并没有讲到佛陀所论精深道理，而是陈述佛陀也去"化缘"。按照佛经所示，佛陀法力无边，无须饮食，但佛陀化缘是为与众生结缘，居高处低。《法华经》上讲："诸佛世尊唯以一大事因缘故，出现于世"，也是在强调佛在众生面前显现这些平凡的形象。《金刚经》中讲到"次递乞已"，事实上是在讲化缘的时候，僧人应当清净自活，乞食也应该"不越贫从富，不舍贱从贵"，此即佛所显现的次第乞食。乞食具足持戒、修福、降伏我慢、具足惭愧等功德。

作为南传佛教的重地老挝，至今还保持乞食的传统，早晨比丘们着衣持钵外出化缘，求福的施主们更是提早准备丰盛的食物等着供养，通常比丘会把满钵的食物带回寺院食用，中午就不再外出化缘。午食后，佛自己收衣、洗钵、洗足，然后铺好坐垫端坐，住于正念之中。而城市中的居民，总会在每天早上准备好糯米饭、糕点、饼干等拿到离家最近的街上，虔诚等待着化缘的僧侣到来，这样的形式已经是朗勃拉邦市民们生活的一部分。

这种有尊严的"乞食"，事实上是对马斯洛寻求层次论的一种否定，在马斯洛看来，人为了幸福即"高峰体验"的实现，需要通过种种需求层次的剥离，逐步实现个人的幸福。他认为人作为一个有机整体，具有多种动机和需要，包括生理需要、安全需要、归属和爱的需要、自尊需要和自我实现需要。马斯洛在设计这个需求层次理论的时候，事实上有一个理论假设，即人的价值实现，是建立在需求刺激的基础之上的，任何一种特定需求的强烈程度取决于它在需求层次中的地位，以及它和所有其他更低层次需求的满足程度。激励的过程是动态的、逐步的、有因果关系的，人的需求通过低层次的满足之后，才能逐步像更高级别的层次发展，也就即如同中国春秋时期政治家管仲所言："仓廪实则知礼节，衣食足则知荣辱。"但事实上，即使是马斯洛本人也意识到这种等级关系并非对所有的人都是一样的，社交需求和尊重需求这样的中层需求尤其如此，其排列顺序因人而异。

人与其他生命不同之处在于，人不仅有生存的欲望和需求，更重要的是要将自己的价值实现，呈放在自我生命的超越性上。马斯洛在晚年时，对自己早期的需求理论，进行了修正。认为当一个人的自我满足实现之后，在心理状态上会出现一个短暂的"高峰体验"，这是人在抛弃了现实的需求满足之后自我的超越，是个人主观世界与客观世界的融合。在这种"高峰体验"中主客体合一，既无我，也无他人或他物；对于对象的体验被幻化为整个世界；意义和价值被返回给审美主体；主体的情绪是完美和狂喜，主体在这时最有信心，最能把握自己、支配世界，最能发挥全部智能。①

马斯洛"高峰体验"的提出，与其说是对之前需求理论逻辑架构的"修订"，倒不如说是一种"颠覆"。按照马斯洛的理论，诸如"舍生取义"、"杀身成仁"这种对理想的执著、对人生的超越，应该是建立在最高的需求层次之上的，但事实上并非如此，如孔子所说"三军可以夺帅也，匹夫不可夺志也"，即使是温饱尚未解决的民族，在忍受外来民族欺凌的时候，也会奋起抵抗；即使是乞讨的乞丐，也不会甘心接受没有尊重的施舍。所以，人生道路上，不可能是某个时期、某个阶段，即被某种需求所左右，呈现出阶段性或阶梯形的欲望，而事实上，各种需求是交织无序、平行呈现的，人生即在不同的需求支配下，呈现出生命的多样性。

人生有多种需求，表现为人生的诸多欲望，如食欲、性欲、情欲、受尊重欲、求知欲、成功欲等。按照马斯洛的解释，人的各种欲望表现为需求，每种需求都是阶梯性呈现的。但事实上，每种需求发生时，很难区分是否是单纯的单一需求主宰，如在食欲发生的同时，人也有诸如性欲或其他欲望的发生。同时，人是高度社会化的动物，人欲望的满足通常得依靠人与人之间形成的各种社会关系才能实现，在社会关系中成长的人，自然需求与社会需求很难提出。同时，人的需求也需经受社会道德的考验，一般来讲，道德风气好的社会，人们生活的幸福感自然就高。

人的需求应该是平行发生、即时发生的，按照需求的方向与目标的不

---

① ［美］亚伯拉罕·马斯洛：《动机与人格》，许金声译，中国人民大学出版社 2007 年版，第 121 页。

同，人的需求可以划分为动物性需求、人性需求和神性需求。所谓的动物性需求，即社会标签之下人的需求，如性需求、食物需求、攻击需求、保护需求等，这些基本需求是人作为自然产物的标志性需求；所谓的人性需求，即作为社会标签的人，在社会教化过程中，为展开正常的社会交往而实现的需求，如规范需求、道德需求、劳动需求、价值需求、名誉需求、成功需求等；所谓的神性需求，即人为自我超越的实现而所备的需求，这些需求往往是通过具体行为才可以实现，如通过诸如自由、贡献、牺牲、追求不朽、理想塑造、"明知不可为而为之"、艺术、美学等形式得以表现。

这三种需求，都是人的需求方式，而非层次，在每种行为发生的过程中，很难剔除某种需求的存在，只能强调某种需求的强化或弱化。同时，这三种需求在同一社会行为中发生，呈现出即时性、同发性及交叉性，从另外一个角度也侧面证明了，人的行为均有追求个体神性自觉的表达。

三种需求呈现的不同强度，也直接证明了所生存社会的文明程度。结合人的需求链条，尝试对三种需求层次及由此建立的社会模式进行分析，其中符号"+"意指需求程度，试以下图印证上文：

社会类型	动物性需求	人性需求	神性需求
社会 A	+++	+	+++
社会 B	+	++	++
社会 C	+	++	+++

在社会 A 中，人的动物性需求强烈，对诸如食物需求等基本生存需求要求较多，人性需求较为平实，证明社会发展正处于建设初期，同时人的神性需求较强，这种神性需求往往是建立在生产力较为低下的蒙昧状态，通过造神、信仰塑造等方式，实现部落的凝聚，可以猜想，该社会或处于人类初民时代。

在社会 B 中，人的动物性需求平实，人性需求及神性需求较为正常，社会规范较好，法纪严明，同时人与人之间交往较为密切，社会价值观规范。另外，对诸如人的永恒性问题，亦有理性反思，强调理性看待人对社会的贡献，重视社会艺术等，可以猜想，该社会或处于人类理性时代。

在社会 C 中，人均有正常的动物性需求，人性需求较强，社会规范较好，社会承认人的劳动所得，并重视社会名誉建设。但神性需求强烈，强调社会贡献及个人超越，艺术及社会科学发达。在该阶段，作为社会公民，动物性需求、人性需求、神性需求在某一社会行为发生时，均交叉、即时存在，同时呈现等级增加的态势，也就意味着人对永恒性命题有较多思考，社会理性强。可以猜想，该时代或处于人类幸福时代。

禅宗有一则著名的公案，唐朝赵州禅师问一位新到寺院的僧人："你以前到过这里吗？"答："到过。"禅师说："喝茶去。"又问另一位僧人，回答是："不曾到过。"禅师说："喝茶去。"事后院主问道："为什么到过说喝茶去，不曾到过也说喝茶去？"禅师就叫："院主。"院主应答，禅师说："喝茶去。"我想，赵州禅师的智慧在于，启迪学禅的人，不要尝试"以道证道"、"以禅证禅"，禅就是生活，每一个细节，就是每一个玄机。

其实，在赵州禅师看来，我们每个人都有一个大大的"自我"，这个"自我"是我存在的方式，也是我存在的目的和方向，因为"自我"的意识，人生却充满了烦恼。赵州禅师讲的"喝茶去"，尝试通过另一种方式，促使人的神性自觉。神性需求中所谓的超越，并不是如同宗教中所讲的肉体解脱，而是内在的超越，是立足于现世的解脱，在现实的人生中成就解脱，而不是彻底否定现世，否定人生。这或许也可以作为"孔颜之乐"的一个答案。

幸福也应如此，在现实生活中，很多人似乎拥有了一切物质意义上的东西，但除了感觉上的快乐，似乎很少感受到灵魂深处的宁静，在我们谈及"幸福"这一主题词的时候，总能强烈地感到某种焦虑感、某种不满足感、某种继续深入探索感，这一方面侧证了人的神性需求，另一方面，也让我们看到人们对幸福的渴望。

本章中所述种种烦恼、种种欲望，归纳起来无非是动物性需求、人性需求及神性需求，这三种需求不是次第发生的，而是同时存在的，呈现出需求平行性的特征。对任何一种需求的漠视，在某种意义上讲，都是对现实的否定。人不可能摆脱需求的烦恼，只有通过对需求的理性修炼，才能实现自己的幸福。

作为幸福社会的公民，对幸福的追求，除了满足基本的动物性需求，即衣食住用行的基本需求之外，还需重视人的价值实现，人与人之间财富和社会地位可以有等级，但是价值须对等：富豪有富豪的社会责任，平民有平民的基本快乐。同时，社会重视对人的神性需求满足，在拥有充分自由的前提下，每个人都可以在社会肯定的理想方向范围内，塑造自我、实现自我、超越自我。

第 2 章

幸福之理

　　人是矛盾的复合体：是伟大与渺小的复合体，江海固然体现自然的魅力，舟楫却是渺小人类的伟大智慧；是死亡与存在的复合体，死亡面前人人平等，谁都无法逃脱死神的魔掌，却可以向死而生，在自己的有生之年，活出精彩，活出价值；是真理与荒谬的复合体，短短百年，我们都在尝试寻找人生的真谛和宇宙的真理，最后却发现连最熟悉的自己都无法了解，只好回归直觉。

　　这种复合性并没有给人类带来灾难，相反在理性之光的照耀下，自然历史的发展才获得秩序性的描述。这种复合性，也使得人类摆脱了"丛林法则"的束缚，弱肉强食的之外，也看到了人类温情脉脉的一面。理性认知下的复合型，使人类对于幸福的定义，往往归结为"中道"，如儒家传统所倡导的"中庸"，亚里士多德所倡导的"中道"。在亚里士多德看来，幸福是灵魂的善，这种善不是一种主观的心境，也不是一种生活的状态，而是德行的关照，是"中道"的耕耘①。

　　与西方哲学传统相比，传统儒家幸福观除坚持"中道"之说外，更加强调"德福一致"，美德对于幸福的重要性，认为一个人如果没有美德，就不可能获得幸福，人生的幸福体现在个人的善行之中，人们不断提升个人美德

---

① 参见苗力田：《西方哲学史新编》，人民出版社 1990 年版，第 23 页。

的过程就是追求幸福的过程。同时，中国传统文化也一直都有"发明本心"的传统，儒、道、佛三家都特别排斥"异化"，外界之物假借于我的并不是我的生命本质。德行并是外人的期许，君子更要有"慎独"之志，颜回所过的"一箪食，一瓢饮"的生活，并不是苦行僧的自修，而是强调有美德的人，即使是生活在逆境之中，对于幸福的追求依然是甘之若素。同时，儒家的幸福文化，更强调对群体的奉献，如先贤均有独乐自乐、先忧后忧之辨，儒家的"仁"精神体现的是"自我独乐不如与民同乐"的幸福境界，推己及人，将心比心，老吾老以及人之老，幼吾幼以及人之幼，最终实现普天下人的共同幸福。

幸福是天赋的本能，"天地一气"，人是禀气而生，与自然同源，却又是五行之秀，人的幸福应该是自谦的高贵，既认识到人命的高贵性，又觉悟到众生的平等。无论是儒家的"孔颜之乐"，或是佛教典籍中涅槃之法，都是人生圆满、自我觉解之意，幸福之源是人生"二元"的融一，从外在的生理生命进入到自我的心理生命，再反复到精神生命的层面。真正的幸福感，或许不是物质满足之后短暂的感官满足，而是通过自己选择的行为方式体验不同生活价值的快乐感受，所以幸福感不会是 单纯的个人本己性的精神状态，而是融入到社会奉献之中。人生种种遭遇，不过是"苦"，人生百味，"苦"是最厚道的一味，唯有"苦后之乐"，方是幸福之味。由此，本章"幸福之理"也重在解释博取幸福的合理性。

一、三才一气

天地生人，与天等贵。

中国文化一直有安贫乐道的传统，孔子说："饭疏食饮水，曲肱而枕之，乐亦在其中矣。不义而富且贵，于我如浮云。"（《论语·述而》），又说："一箪食，一瓢饮，在陋巷，人不堪其忧，回也不改其乐。贤哉回也。"（《论语·雍也》），尽管衣食粗疏，弯胳膊以为枕头（因困苦而无枕头），但却仍然无心于不义之财，而自有发自德性深处的生命之乐。在孔子看来，一个真正幸福的人，即使他在贫穷的环境中也是快乐的，孔子和颜回所乐的并非是贫穷本身，而是幸福。

《宋史·道学传》载，宋明理学的先驱周敦颐让受学于他的二程"寻孔颜乐处，所乐何事"，"二程之学亦由此而发源"。"孔颜乐处"从此随着理学的产生、发展而逐渐家喻户晓。周敦颐认为"孔颜乐处"是"大"，这个"大"是成为圣贤的理想，有了这种理想，人才能超越现实物质条件的束缚。

颜子"一箪食，一瓢饮，在陋巷，人不堪其忧，回也不改其乐"。"夫富贵，人所爱也；颜子不爱不求，而乐乎贫者，独何心哉？天地间有至贵至爱可求而异乎彼者，见其大而忘其小焉尔。见其大则心泰，心泰则无不足；无不足，则富贵贫贱，处之一也。处之一，则能化而齐，故颜子亚圣。"（《通书·颜子第二十三章》）

有了"大"的理想，才可以与先贤"神交"，体悟宇宙流行的神妙之处。"先立乎其大"也成为"陆王心学"的修养法门，王阳明在《大学问》论"明明德"一条中阐发"大"意，曰：

> 大人者，以天地万物为一体者也。其视天下犹一家，中国犹一人焉。若夫间形骸而分尔我者，小人矣。大人之能以天地万物为一体也，非意之也，其心之仁本若是，其与天地万物而为一也，岂惟大人，虽小人之心亦莫不然，彼顾自小之耳。是故见孺子之入井，而必有怵惕恻隐之心焉，是其仁之与孺子而为一体也。孺子犹同类者也，见鸟兽之哀鸣觳觫，而必有不忍之心，是其仁之与鸟兽而为一体也。鸟兽犹有知觉者也，见草木之摧折而必有怜恤之心焉，是其仁之与草木而为一体也。草木犹有生意者也，见瓦石之毁坏而必有顾惜之心焉，是其仁之与瓦石而

为一体也。

在阳明看来因为天地万物本于"一",所以"大人"也如宇宙仁心,将自己的"仁"德由内而外,步步展开,最后达到与天地万物为一体的至大境界。作为中国传统价值教育的主流,儒家一直坚持"榜样"教学的模式,宋明理学从周敦颐开始就认为,人的幸福旨要就是成圣成贤:外可安邦,要以伊尹为榜样致力于国家的治理;内要自省,要像颜子一样去追求圣人的精神境界与实现个体身心的和谐,这就是儒家所强调的"内圣外王"之道。有了这个"道"的追求,就可以找到自己与外界和自然的和谐,找到一个身心俱佳的归宿。"孔颜之乐"是圣贤的"得道之乐",是浑融无间的圣贤之境。只有这种得"道"以后,与道浑然一体的"乐",才有这种享受的价值和意义,才能有这种忘我的状态,才能让颜子不"改"其乐。

如上短短数语,却已涉及了几个中国哲学史的问题:一个儒家"公案",孔颜乐处,所乐何事?两个哲学路径,主理性的理学、主情感的心学。程朱理学尽管也讲究心性,但终究落实在一个天地生人之理上;陆王心学也强调宇宙之理,但终究嫌程朱理派支离、外在,先立起大者,只是立一个心,或曰直指人心。事实上,理、心之同,同于对自然法则的认同,异于认同基础上的方向选择,目的都在于寻找到人存在的合法性。

天地异于人,天地无情、天地客观、天地永恒。人则不同,人有自己的意志生命,拥有保全自己的社会体系,同时也强调在有限的生命历程中,寻求到永恒的意义,此为人的生命幸福。生命于人的意义在于,是人的幸福的载体,所有的幸福也必须在人的生命基础之上,方可以实现。孔颜之乐,所乐在于以自己的短暂生命,体会到生命之价值,体会到宇宙的大化流行。心学和理学之争,各执其端,也是在寻求以生命之载体,寻求人生幸福的终极指向所以,心学在求得自然生命的幸福,以己心而体贴天地之脉动;理学所谓"明天理、灭人欲",是在强调人异于禽兽,要进入道德生命或价值生命的幸福;而孔子颜回之乐,所乐于与天地交融、与宇宙合一,以有限求无限、以短暂求永恒的"大"幸福，这个"大"幸福是延展了个人生命的整体格局，所以心学强调要"大其心"；这个"大"幸福，跟要从小做起，扫洒应对、举手投足，都是一个天道天理的遵循，所以理学要强调功夫、强调格物。从幸福的角度来看，先秦儒家、宋明理学、阳明心学均是在寻求人生的幸福旨归，是大相同而小不同。

中国古代一直都有以"气"解释宇宙生成的传统。这个"气"，符合了中国人认识世界的思辨习惯：从视觉形式上看，这个"气"是看不见、摸不着的；从物质本质上说，这个"气"却是实实在在的。"气"在形态上，是至大而极小的，小到是微观世界的基本构成，大到宇宙万物皆由其组成。"气"是虚实相生，万物从虚实互动中来，从潜能到现实转化，从可能性到现实性转化。人生亦如是，生命在时光中流逝，不过是宇宙长河的一粒沙砾，生命有限，短短几十年，人生固然须一天一天地度过，但人生如梦，人生如戏，短短人生却可以永恒，本我的生命也可以通过血脉的传承，实现本我意志。人生最大的魅力在于可能性，我们无法预知自己的生命，无法预知明天发生的可能，无法寻找人生的一个终极确定性，这种可能性也给人类社会的成就提供了"质料因"。生命的存在，是幸福可能实现的基础，也是实现幸福的载体，所以对幸福的探索，要进入到理解生命的形而上层次的角度。在我看来，幸福与生命的关系，大体可以划分为自然生命的幸福、价值生命的幸福和宇宙生命的幸福三个层次，这三个层次并不是以高而低的序列，而是不同的生命领域的幸福体会。

自然生命的幸福。结合雅斯贝尔斯提出的"文明轴心期"理论，中华文明的特质在于大河流域的农耕文明，这种文明形态的特质在于，以天道预设来假定人间法则，以自然融合作为和谐人间建设的理论基础，所以中国思想体系无论儒、释、道三家，皆有甚是浓郁的自然主义倾向。中国气学的集大成者宋代学者张载提出宇宙论与本体论并建的哲学体系，重建了儒学天道本体，他继承了中国哲学的气论哲学思想，提出了气化宇宙生成论。认为"气"

是天地生物、人伦构建的基础，太虚即气，人性也来源于这一范畴。"合虚于气"才能"有性之名"（《正蒙·太和》）。人性与物性一样，都是禀气而生，人性之分有"天地之性"与"气质之性"。

所谓"天地之性"，在于肯定人性的天然性，人人都是天地生物，是自然的产物，就这一点来说，承认了人性的先天性。子产说："哀乐不失，乃能协于天地之性，是以长久"（《左传·昭公六年》）。《中庸》也讲"天命之谓性"，使得"天性"有了人性论的意义。东汉的王充则更进一步指出："人禀天地之性，怀五常之气，或仁或义，性术乖也。"（《论衡·本性》）在王充看来，人性之仁义，之善恶，都是与生俱来，"气"是本源。张载作为气学传统的集大成者，其人性论更为精细，他指出人性有两层：一是天地之性；一是气质之性。天地之性，是先天的天性，是人性之善的来源；而"气质之性"则是人人之所异常之处，每个人的个性是由于禀受阴阳二气的不同而形成的特殊本性。人的欲望也是"气"之所动，"气"是阴阳合体，彼此互动，张载把这种互动称之为"攻取"："攻取，气之欲；口腹于饮食，鼻舌于臭味，皆攻取之性也"（《正蒙·诚明》）。人的欲望是"气"的互动，欲望本身是无善无恶的，但欲望如果一味攻取，会伤天地和气，所以要复性，回归天地之性。

天地生人，以人为贵。人的自然生命之高贵，这种高贵是与生俱来的，是参与了天地育华，至大的尊严。《孝经·圣治章》说："天地之性，人为贵。"《春秋繁露·立元神》："何谓本？曰：天、地、人，万物之本也。天生之，地养之，人成之。"人具有智慧，是万物之灵。中国哲学在先秦时期已经确立了人是自然的目的，而非是"神"的目的。人的幸福，来自于自然的天性，同时人的幸福也是自主的，可以通过自己的内化来实现"与天地参"。人有情有感，有血有知，气动阴阳，攻读有度，这些都是天赋的基本人性，所以幸福在本源上说，是天然的人性，这是在承认幸福的"合法性"。这种"合法性"不是在外的，而是自然内化于人的生命，也就不难理解孔颜之乐的达道了。

　　价值生命的幸福。人是自然的神灵，是社会的产物。先秦的哲学家认为，人和禽兽都源于自然，不同之处在于人是社会的群居动物，懂得礼义廉耻。如荀子认为："水火有气而无生，草木有生而无知，禽兽有知而无义；人有气、有生、有知亦且有义，故最为天下贵也"（《荀子·王制》）。朱熹认为，人生来就具备四端五常，"人之异于禽兽，是父子有亲，君臣有义，夫妇有别，长幼有序，朋友有信"（《朱子语类》卷五七）。幸福在实现了个体的天然之得后，个人的幸福感是建立在群体的幸福之上，是在觉悟了社会之后的幸福价值的体验。人的生命，如果仅停留在自然生命的状态，这种幸福是不会得到社会的肯定，即使是主张归隐的道家，也提出"大隐隐于市"，原因或在于此。

　　先秦两汉的思想家一直都主张"入世"，"入世"意味着个人的政治主张得到社会的肯定，也意味着个体的生命价值得到肯定，即使是洒脱洋溢的"魏晋风度"也是以一种变相的手段，来实现个体的社会责任。张载主张学者具有关怀社会、心忧天下，"民胞物与"的博大胸怀，以社会和谐、国家富强、天下安泰为己任，积极参加治国平天下的经世济民的活动。

　　张载在《西铭》开篇即提出："乾称父，坤称母，予兹藐焉，乃混然中处。故天地之塞，吾其体也；天地之帅，吾其性也。"天人一体，"民吾同胞，物吾与也"。在气学的理论基础上，张载提出有关社会学的讨论，提出"大君者，吾父母宗子，其大臣，宗子之家相也，尊高年，所以长其长，慈孤弱，所以幼吾幼"，认为社会宗法伦理的合理性也是建立在自然法则之上。人生幸福之实现，也应顺其自然，"富贵福泽，将厚吾之生也；贫贱忧戚，庸玉女于成也。存吾顺事，没吾宁也"。所以可以看出，张载的气学思想，是建立在"天人合一"的内在理论基础上，是抽象的宇宙精神和道德精神的统一。

　　宇宙生命的幸福，在张载的思想体系中，"气"是自然的本体，在此基础之上建立了"天人合一"的理论体系，"一阴一阳之谓道，继之者善也，成之者性也"（《周易·系辞上》）。为人"成性"，是"大心之知"状态，儒家所讲的修身养性，是在涵养"圣人气象"的理想人格。这种理想人格，带给人以终极的安全感，这种理想人格辐射到社会，对社会建构及社会理想实现起到帮助作用，是为"内圣外王"，这个体系在张载看来就是"为天地立心，为生民立命，为去圣继绝学，为万世开太平"，这个体系也成为儒家的文化使命纲领。

"天地之性人为贵"，人为天地之贵，所以人人皆可为尧舜，人人皆可有佛心，尧舜或佛心都是人的超越，这种超越性成就了人的幸福。人是社会俗物，高贵的人也不过是道德上善良之人，但人却在自己局限性下追求自我的超越，追求自我的提升，将自己的有限性融合到宇宙的无限之中。儒家的"圣贤境界"，事实上就是从"天人合一"的角度揭示了圣贤境界的内涵，形成了宇宙万象与人的交相呼应，彰显了一种强烈的人文主义情怀，君子由己及人，由内而外，也是在提升人自身价值的同时也提升了宇宙社会及万物的价值。在张载看来，人存在的价值就在于对"天地之性"的真实展现，人人都应以成就圣贤为目标，自觉确立自己的历史责任感。它要求人超越物我，进而开创宇宙人生辉煌的未来，这既是天赋予人的神圣使命，也是人生追求的理想境界，与天地万物为一体的天地境界，这种宇宙生命的幸福，是人的真正幸福，是超越了外在神灵崇拜的自尊，神的预设不过是为了证明人的伟大，社会法则不过是内化的道德律的外在体现。

幸福是"形上"与"形下"的结合，是道术之别：所谓的形上之道，是指人与自然的和谐，生命来自于自然，也要将生命与自然融合，天人合一的喜悦，是内心最为醇正的踏实，是宇宙生命的幸福；所谓形下之术，是指人与人之间交往过程中的伦理，以及自我积极心态的暗示，它可以训练，可以培养，而这一切的目的都是为了实现自我价值的肯定，这种幸福就是自然生命和价值生命的幸福。幸福就是身置五行中，有点超然心。

我将自己的生命体会，与气相结合，草就了一篇《气铭》，作为自己对自然生命、价值生命及宇宙生命幸福的体会：

> 气生万物也。万物皆由气而生，蒙初有道，太和氤氲，阴阳俱在其中也。有生于无，无自于虚。故天地本于一元，阴阳和合分份，清气成天，浑气成地，万物生于天地之间也。人禀气而生，清气精血，浑气肉身。故曰：修身养气，以通清正也。

> 气通千古也。万古流长，生生之意，气一二三，折冲回合，以成万物。气象升腾，往来回复，平陂有端，过之为亢，不及为卑，君子持中，以通天人也。方略之行，无非气之反正；钧策之鉴，本为气之夤缘。故曰：观万物长，以知生生之意也。

> 气化万象也。以微知著，欲大窥小：气于微时，萌有生意；气衔四海，黔首天地也。君子以辅气，和气生聚，静气养心，清气寿命，正气治国也。达观思变，以是求真，盛世思危，显时顾悲。故曰：参省吾身，以养浩然正气也。

> 观气之生意，以知天地之德；察气之周行，以悟宇宙之道：盈虚之动，张驰之功，仁生，物聚，国盛，天下一也，世界同也。

二、创造自然

顺应自然，征服自然，和谐自然，创造自然。

中西方的伦理学史有很多关于幸福的论述，如先秦典籍《尚书·洪范》指出人的五福分别是"一曰寿，二曰富，三曰康宁，四曰攸好德，五曰考终命"。长寿、富足、健康平安、爱好美德、善终正寝这五方面内容构成了幸福的要件。活得长，身体好，有钱花，能平安，帮助人，无疾终，这些都是中国人对幸福的认识和看法。五福之说，有对生命之外的体认，如讲到了寿命、富贵，亦有道德内化之把握，如"攸好德"。人生无常，寿命或已天定，人生而寿命即有不同，或健康或病态，或长寿或短禄。但人的自主性却可以体现在内化的道德之上。人生如初，假使仅以天命为导向，这一生未免太多无聊，命中已注定，便无需再求。但人生之魅力即在现实中寻求可能性，寻求自我潜能的发挥，人生之路如果顺应自然之性，合乎道，就能得到最大幸福，所谓"与天和者，谓之天乐"（《庄子·天道》）。

人是天生之物。在儒家传统中，"天"有自然之天的含义，是传统意义上的本初状态，人生于天，天人关系是中西哲学最高关系范畴。在人类早期观念中人与自然之间并不存在一种价值关系意义上的紧张和分裂，无论是中国的儒教、道教和佛教还是古希腊的哲学自然观，都在以不同的理解和诠释的方式，将人性纳入到世界的自然性之中。如天人合一、道法自然，或是古希腊人的"小宇宙"之说，都在用不同方式来表述这种人对自然的认同。人的幸福源泉也来自于此，人是自然的一部分，因草长莺飞而幸福，因潮起潮落而幸福，顺应了自然的秩序，顺应了宇宙的秩序，这种生活就是德行的、高贵的、幸福。早期的幸福伦理学，多有自然主义的味道，这种人与自然的一体意识，给人的灵魂安顿提供了一个秩序。

人与自然的关系，自人类有史以来，大体经历了顺应自然、征服自然、和谐自然、创造自然之历程。人的幸福，无论是西方亚里士多德的"中道"说，或是中国儒家传统的"中庸"说，都是在强调"和谐"，这种"和谐"是内在的道德律与外在的社会法则的平衡，是人的自我认知与价值终极追求的平衡。除"和谐自然"是人与自然的应有之义外，人亦可创造自然。这种"创造"，是人对"生生之理"的体会，是对"天"的反哺。故人与自然两者的张力之间，"天人合一"的关系模式，大体经历了一体互动、二元两分、三才融合三个阶段，人与自然的关系在这三个阶段不断变化，人的幸福根源也在这种张力变化中不断变化。一体互动，意味着人与自然的和谐，在这种和谐中自然呈现出至高的善，人在这种自律的善德与自然之善交相呼应，这是人的内在安定感。二元两分，是人与自然的本质断裂，在这种状态下，人只能借助外在的信仰，寻求幸福的根源，这时的幸福多有"神学"的感性。三才融合，则是将自然、社会与自我融合于一，在人与自然的分裂之后，重新实现了复原。幸福即是在这个正反合的过程，在追求自我德行的圆满以及与自然社会的交融。

一体互动。人类社会在蒙昧之初，人与自然的关系是和谐一致的。中国传统的"天人合一"思想，不仅反映了人类社会重要的生态智慧，并且肯定了人是自然界的一部分，高扬了宇宙生命的统一论。"仁者以天地万物为一体"，提倡尊重生命价值，兼爱宇宙万物；"辅相天地之宜"，把遵循自然规律，追求人与自然的和谐发展，作为最高的道德旨趣和人生理念。这种智慧是中华民族最朴实的、最根本的觉悟。

当代美国哲学家、自然中心主义的生态伦理学的代表人物之一泰勒，在纵观世界诸多生态理论的基础上提出了"尊重自然界的伦理学"。强调尊重自然界所有的生命有机体，认为"伦理的基本原则是敬畏生命"，"生命没有等级之分"，主张把尊重生命与保护人类的福利结合起来，提出了环境伦理的四条基本规范：不伤害原则、补偿正义原则、不作恶原则、不干涉原则。这四条基本原则，在他的《尊重自然》一书中，具体总结为提出"生命中心主义"。这个"生命"并不单指人的生命，而是世上万物生灵的生命。泰勒认为人类的贪婪，毁掉的是整个世界的和谐，丧失了对自我价值的尊重。泰勒在《尊重自然》一书中写道："采取尊重自然的态度，就是把地球自然生态系统中的野生动植物看做是具有固有的价值的东西。"人来自于自然，是自然的一分子，在经历了与自然的分裂、自我的反思及自我的主观评价之后，人的价值的回归不过是自然价值的"二次觉醒"[①]。

有同样思考的张载，在《西铭》一文中也有形象的比喻和表述，他提出：

[①]　参见 [美] 保罗·泰勒：《尊重自然：一种环境伦理学理论》，雷毅译，首都师范大学出版社2010 年版。

"乾称父，坤称母，予兹藐焉，乃混然中处。故天地之塞吾其体，天地之帅吾其性。民，吾同胞；物，吾与也。"天地氤氲，万物始成，充塞于天地之际的气，是宇宙万物的统一体，它构成了天地的实体，也构成了我的身体；统帅天地变化的是天地的自然本性，它也是我的本性。民众百姓都是我的同胞兄弟，宇宙万物都是我的亲密朋友，人与天地万物有统一而不可分割的密切联系。人的幸福，也来自于这种互动，我来自于自然，我的价值是建立在自然的基础之上的。

哲学和幸福的伦理学，在诞生之初的时候，都具有自然主义的倾向。作为一种哲学的语言，自然主义是以自然为本质要素，建立对幸福的认同。从幸福萌动的心理机制上，把自然的回归，作为幸福感产生的根本原因，唯有在自然中才找到自我的价值；从幸福感的形成上，将对幸福的审美建立在自然的语言之上，幸福感的功利实现也是建立在自然的意义之上，人类社会的和谐是建立在人与自然的和谐基础之上。这里所说的自然，是指一个整体统一的客观物质世界，即宇宙间整个的无机界和有机界、非生物和生物的总和。我只是自然中的一个分子。幸福是人的价值生命，是相对于人类而言的，正是因为由于人类的产生，由于人类的生活的存在，自然界的日月星辰、江河湖海等诸多自然现象，才实现属人的意义和价值。人的幸福，来自于自我价值的实现以及内心的安定，这种安定不能建立于自然决裂的基础上，人与自然是一种天然的、固有的血缘关系，血缘般的联系使人类总是与自然存在着一种向心的现象：人类总是愿意返回自然，在大自然的怀抱里成长。

二元两分。人与自然的分裂，从某种角度上说，是人的自我意识不断觉醒的产物。如果在"一体互动"的阶段，人的幸福可以通过自我价值的认同来实现。随着自我意识的觉醒，人将自我"异化"出自然，将自己置放到自然对立面上，在自我价值的认同上，实现了人类中心主义，同时以"物化"的标准作为实现幸福的主要方式。

自然的概念，在古希腊或中国哲学中，都蕴涵着丰富的生命意味。如古希腊以"生长"、"涌现"作为自然的根本含义；中国古代以"生生之德"作为自然的根本属性，两种文明都从不同侧面论证了人的价值与自然的圆融一体。随着人的自我意识的觉醒，人不再倡导人与自然的统一和谐，不再在自然宇宙的背景下认识人与自然的同一性，也不再将自然作为人的自我价值实现的基本条件。相反，把自我置于宇宙的中心，夸大人的主观能动性，认为人可以按照自己的意志在任何程度上改变世界上的任何事物和状态。从这一点上讲，是把人与自然的关系紧张化、二元化。人的主体意识得到了前所未有的张扬，客观上促进了社会的进步与人类文明的发展，但人的幸福却需要重新寻找新的家园。幸福的寻求之径，从内化的自然转向到外在的证明。人类中心主义直接导致的后果，并不单纯是人对自然的破坏，而是造成人与自然关系的日益恶化，将人与自然的关系推向了对立的两极。

对于这一问题，康德是有觉察的。他试图通过将自然内在化来解决这个分裂。一方面，他把物质和意识都看作是自然的一部分，在《纯粹理性批判》中，他明确提出，自然由外感官的对象和内感官的对象共同组成。外感官的对象就是物质，"即有形自然"；内感官的对象是灵魂，即"根据一般灵魂的基本概念而来的思维着的自然"。他看来，物体是"有广延的自然"，灵魂是"能思维的自然"。康德尝试通过变换对"自然"概念的理解，建立对自然理念的重新认识，通过自己的理性经验，重新反思人与自然的割裂关系。①

二元两分的人与自然关系，是人类不幸的根源。人的幸福的证明，要实现从内在的觉醒，到向外物寻找，人必须借助异化的自然来实现自己的价值。人的自我觉醒，从某种意义上说，将人从自然宇宙一体中独立出来，似乎解放了人类，争取了人的尊严。但这种理性的尊严，是建立对自己生存之

---

① 参见［德］康德：《纯粹理性批判》，人民出版社 2004 年版，第 121 页。

源所谓的"征服"的基础之上。

二元两分在完成了人与自然的分裂之后，这种分裂继续开展，逐渐实现了人与社会的分裂。在蒙昧时代，人的自我意识与群我意识没有区别，进入资本主义时代之后，城市生活意味着每个人须假借自我的劳动力，换取生命存在的基本物质条件。证明自己的幸福，无需牺牲的伟大，仅仅依靠个人的奋斗与物质的成功就可以实现。社会成为个人幸福的条件和手段，而不再是目的和目标。人在当前社会生活中，尽管方方面面都要与社会发生关系，但是发生关系的中介只能是物化的形式，而不能进入到灵魂幸福的境地。

在尼采宣布"上帝死了"之后，二元两分的分裂继续拓展，落实在人与自我分裂之上。在种种物质欲望的驱动之下，人不再是自己，人证明自己的价值方式更加堕落。笛卡尔所说的"我思故我在"并没有带来理性的和谐，而是信仰坍塌之后的"窘困"。这种"窘困"导致种种矛盾无法在现实中抽身，迫使人寻求还原性的超越的途径，借助异化的物质的力量，实现自己的精神满足。

在经历了人与自然、人与社会以及人与自我的分裂之后，人的完整性被彻底肢解。人开始反思这三者的关系，力图将已异化的社会与本初的自然及自我融合，进而寻找到幸福的根源，即是"三才融合"。把人与自然、与社会、与自我的关系从生存层面上升到精神领域，重新赋予这三者幸福的价值，并通过回归自然来提升人的精神世界，达到个人满足感获得与社会良知伦理的统一，解构了在社会发展的过程中形成的"二元两分"的紧张关系，重寻幸福之源。

"二元两分"的社会模式，解构了人与自然的存在同一性，从而造成了人类自我的迷失，使人类无法准确确认自己在宇宙中的合理位置，误把对自然界的宣战、掠夺和奴役视为人之为人的象征。继续崇尚"丛林法则"，在社会运行的过程中，外在异化力对人进行压迫、撕扯，导致了原本有利于人发展，与人和谐地融为一体的状态，与人发生了分裂，走到了与人敌视的对立面上。在异化的过程中，人固然发现了自我，但这种异化也是不断地否定自我的过程，人被自我否定，幸福毫无可言。

"三才融合"意味着维护自然界整个生态体系的内在平衡。张载把兼爱万物，"民胞物与"作为人类普遍的道德原则，是儒家坚持"天人合一"，尊重生命价值，仁爱自然万物思想的生动体现。在尊重自然生命的基础上，坚持天道与人道的统一，即将对天道的理解，介入到对人间法则的运用，如儒家的"与天地合其德"，道家的"道法自然"，墨家的"以天为法"，都是强调"天道"与"人道"合一，这种融合，不单是与自然的消极相对，更是对自然的创造，对"天地之大德曰生"的内化。人生在创造中成长，创造在生生之理中实现。

文明的进程与人的异化进程是同步的，社会的进步伴随着人类的堕落。文化发展的过程，也是传统价值、社会有机整体分化瓦解的过程。现代文明带来了物质财富的繁荣，却也加剧了贫富两极的分化，更重要的是它加速了内在人性的分裂，甚至可以说文明的进步是以人的自我分裂为代价的。无论是中国的儒家文明，或是西方的宗教文明，都有"天人合德"的暗示，人的幸福来自于自我的皈依，这种诡异是建立在美德的基础之上的。这种皈依意味着一切的外物，都是实现幸福的手段，认识到这一点，也就理解了"辅相天地之宜"，"曲成万物而不遗"，把自己的生命融入到宇宙的生生之流中，体会到直观与生动的幸福。

三、独乐，还是同乐

随喜随缘，随缘随喜。

一直认为孟子是个具有独立精神的知识分子，与同时代的苏秦、张仪的不同之处在于，他不仅强调国家之利，而且关注个体的独立和平民的幸福。孟子主张"民为贵，社稷次之，君为轻"（《孟子·尽心下》），在两千多年前的中国，就异端地提出"民贵君轻"，的确为统治者不容。明朝开国皇帝朱元璋在建立庞大的帝国之后，开始对儒家经典进行删改。洪武五年（1372年），朱元璋偶览《孟子》，当他看到"君之视臣如土芥，则臣视君如寇仇"（《孟子·离娄下》）时，不禁勃然大怒，骂道："使此老在今日，宁得免耶！"洪武二十七年（1394年），朱元璋又命翰林学士刘三吾等人对《孟子》进行删节。刘三吾等人揣摸皇上的意思，共删掉《孟子》八十五条"有问题"的内容，几乎占全书的三分之一，并将剩下的内容编为《孟子节文》一书。刘三吾完成"删孟"任务后，朱元璋立即颁发诏书，规定"自今八十五条之内，课士不以命题，科举不以取士，一以圣贤中正之学（指《孟子节文》）为本"。朱元璋以暴力夺取天下，并没有将天下与众人共享，反而屡屡诛杀大臣，一生权柄操持，身殁之后，子孙操戈相惨，为历代皇室之祸最烈。

其实，朱元璋误解了孟子的本义，孟子并没有傻到规劝统治者放弃政权，与众共享，他只是强调"与众同乐"，当幸福来临的时候，也与大家随喜分享：

孟子见梁惠王，王立于沼上，顾鸿雁麋鹿，曰："贤者亦乐此乎？"

孟子对曰："贤者而后乐此，不贤者虽有此，不乐也。《诗》云：'经始灵台，经之营之，庶民攻之，不日成之。经始勿亟，庶民子来。王在灵囿，麀鹿攸伏，麀鹿濯濯，白鸟鹤鹤。王在灵沼，于牣鱼跃。'文王以民力为台为沼。而民欢乐之，谓其台曰灵台，谓其沼曰灵沼，乐其有麋鹿鱼鳖。古之人与民偕乐，故能乐也。《汤誓》曰：'时日害丧？予及女偕亡。'民欲与之偕亡，虽有台池鸟兽，岂能独乐哉？"（《孟子·梁惠王上》）

孟子希望这种"喜悦分享"能带来政权的长治久安。社会国家的基本构成其实是每个最为普通的百姓，孟子没有从"历史大义"的角度劝诫梁惠王，而是告诉国王"与民同乐"的最大益处在于，民众与之国家共享太平，才能真心为国家服务。幸福只有在分享中，才能真正体会，这种幸福可以是个人的体验，也可以是国家的层面。

追求幸福，是人的天性使然。幸福是人生的终极目标，其他一切都是实现幸福的手段。任何一种政治制度，都是为实现人类的幸福而设计；任何一种思想资源，也是为安宁人心，解决人类幸福诉求而成为研究体系的；经济富足，也是为实现幸福提供先决条件的。孟子的智慧在于，开篇就承认人的幸福欲，承认人的欲望合理性，但欲望如果不加以引导，人本身就成为被欲望异化的工具。幸福追求的原本方向，就会发生偏离，欲望成为幸福的假象。欲望，在一定的程度，是幸福实现的前提。比如每个人幸福的前提尽管不同，但当欲望满足的时候，人们在情感上就会得到满足，就会幸福充盈，这种欲望可能是美色、金钱、权力等，然而这些东西并不属于生命本身。真正的幸福，是从生命本性的自然流露，它源于自己的精神内部。自然而然地顺乎人性，是幸福人格的内涵。欲望的满足只能带来病态的享乐，当欲望（包含着贪求、贪婪、渴望、热望、贪恋、恐惧、挫折感、自负、烦恼、愤怒、焦虑以及寻求欲、获得欲、享受欲、贮藏欲、消费欲等）得不到满足的时候，人们就产生了痛苦，这种痛苦给人生带来的连锁反应是继续寻找新的刺激。但当短暂的幸福与众人分享时，带来的就是一种持续性的快乐，这种持续性的快乐，会转变成平和安宁的幸福，会转变成如同阳光一般的安宁。

快乐并不是肤浅的感官的满足，而是建立在对自己充分认识基础上的自得。古希腊哲学家伊壁鸠鲁认为，人生的目的就是快乐，快乐是人生最高的善，这种快乐不是纵欲、不是享乐，是精神的快乐，是在遵从理性和德性基础上的快乐。伊壁鸠鲁是给人的快乐赋予了道德和理性的内涵。伊壁鸠鲁对快乐本身也进行了细致的划分，认为快乐包括身体的快乐和精神的快乐，快乐的敌人是恐惧，人能摆脱对将来的恐惧，勇敢地面对将来，并相信将来的愿望能够满足，人就能够获得"宁静"这个最佳状态。这就是他所说的"不动心"，"内心的宁静"。所以，伊壁鸠鲁很强调内心的安宁，在这一点后世往往对其误解，认为他的哲学观点就是享乐主义。在伊壁鸠鲁看来，肉体的快乐虽然是必要的、合乎自然的，但它是暂时的、不稳定的、浅薄的，只有精神的快乐才是持久的、稳定的、深刻的；因为它能回忆过去、预想将来，使人享受心灵的愉快和幸福，而这种愉快和幸福是肉体快乐所达不到的。对于人生来说，真正的快乐不在于肉体，而在于精神的快乐。所以，伊壁鸠鲁强调人要过一种相对简朴的生活，知足就是幸福。

从伊壁鸠鲁的幸福哲学可以看出西方哲学的一个传统，即是以个人作为哲学研究和伦理学的切口，将社会的构建放置到个人之外，这也是西方哲学一贯的"二元"理性的传统。但事实上，对于任何一个哲学问题的研究，都须研究其发生的基本机制，须研究其"内生性"及"外生性"，快乐的产生不仅是一个个人问题，快乐必然产生于社会氛围之中，就这一点而言，中西方哲学之间是有相同之处的。快乐是一种个人的生命感受，个人的生命须在社会中成长，快乐也是一种社会情绪，对快乐的社会属性进行分析，有助于社会整体快乐氛围的培养，同时赋予社会理想以合法性。快乐有四个基本层次：怡然自乐、后众人乐、随喜之乐、天下同乐。

怡然自乐。德国哲学家叔本华说，幸福不过是欲望的暂时满足。在他看来，人生是一个摇摆的时钟，一端是痛苦，一端是无聊，由此以来，人生的本质是痛苦。这种痛苦，并不单是对幸福的不可把握，更在于人无法逃避死亡，从生下来那一天起，就要和死亡作斗争。生命就如同布满暗礁和漩涡的海洋，人生有如怒海行舟，虽然他总是小心翼翼地、千方百计地避开暗礁和旋涡，但最终等着他却是再也无法避开的死亡。人类生命痛苦的背后则是欲望，欲望就是这样一种东西，它的满足却总是暂时的、有限的。当愿望满足、幸福旋即消失之后，新的欲望就会继之而起，欲望总是满足一个又引起十个，永无终止，这样欲望就永远无法得到满足，人生就又陷入了无尽的痛苦。

唐朝的"开元盛世"，先被玄宗皇帝的个人欲望蒙蔽，"春宵苦短日高起，从此君王不早朝"（《长恨歌》），而后又被武夫安禄山的一己私欲打断，"渔阳鼙鼓动地来，惊破霓裳羽衣曲"（《长恨歌》）。唐玄宗天宝十四年（公元755年）冬天，安禄山矫旨带兵，进京亲王，聚集劲卒15万，号称20万，烟尘千里，鼓声喧天，一路向首都杀来。由于"海内久承平"，"百姓累世不识兵革，猝闻范阳兵起，远近震骇"。（《资治通鉴》卷二百一十七）加之河北等地一直处于安禄山管治之下，所过州县，望风瓦解，并由此开始长达七年之久的"安史之乱"。

乌飞兔走，硝烟不在。"安史之乱"留给历史的只是一段"欲望"的证明，天津蓟县，曾经安禄山治下的首府，给后世空留下一座"独乐寺"。安禄山当年起兵叛唐，在此誓师，这个时候的安禄山已不再是"胡儿能唱"了，而是"拔剑四顾"的一代奸雄，夺取天下的目的并不是建立一个"天国王朝"，而是"思独乐而不与民同乐"，"独乐寺"因此得名。这场以欲望膨胀为开端的叛乱，最后以父子相残、手足相煎而结束。一座"独乐寺"在北方古城，独自陪伴沉沦的夕阳。

既然人生逃避不了欲望的控制，不如珍惜短暂的幸福，勇敢地与众人分享，因为分享幸福很简单，所以幸福也很简单：比如可以与朋友雪夜小斟一壶，追忆往事；可以与家人在院落里晒晒太阳，慵懒地享受无聊的时光；可以与天下众生分享春的妩媚，夏的热烈，秋的成熟，冬的浪漫；人生的感悟，成长的快乐，生活的精彩，读书的收获，都可以作为自己的"精神食粮"，奉献与大家共享。孟子讲"众乐"，讲与众人分享快乐与幸福，然而事实上，更多的时候，人们总被叔本华所说的"欲望"左右，我们总喜欢把一点幸福，一点欲望独自观望。"怡然自乐"成为许多人的本能选择。

后众人乐。中国的士大夫精神，一直强调"后乐"，个人在对待与他人、集体及国家的关系上，中西有极大的不同。中国人关注他人，承认更多的社会责任，追求"精忠报国"、"先天下之忧而忧，后天下之乐而乐"、"舍生取义"，富有为国为民为道义的献身精神，崇尚"扶危济困"的义举和"点水之恩以涌泉相报"的感恩。所以，尽管在快乐的本源上，或许中西方哲学上没有太大差异，但是在快乐的衍生问题上，却有着的本质区别。

中国几千年来的农业传统，使得中华民族的文明类型，更加侧重于将个人的幸福感受，建立在社会幸福的基础之上。幸福在西方的哲学范畴中，属于个体伦理，但是中国一直强调个人与社会的关联度，个人幸福与社会幸福是统一的，没有整体的幸福就没有个人的幸福，个人追求幸福的愿望只有在社会幸福不断增长中才能得到实现和保障。中国古代的传统文化主张"存公去私"，"明理灭欲"，公义与私利之争历来是中国幸福观的重要内容，而主流的价值倾向则是去利存义，去私存公。这种传统，为社会规定了一种道德理想，使个人从属于社会，为中华民族提供了强大的凝聚力。这种个人的快乐，是建立在社会责任感的基础之上。

随喜之乐。《二十四章经》中说，随喜之举，"譬如一炬之火，数百千人，各以炬来分取，熟食除冥，此炬如故，福亦如之"。赠他人玫瑰，手留余香，将自己的喜悦传递，给自己多留一方晴空、一片碧海。给他人一张笑脸，自己的生活也就充满阳光，随喜的回报也将是温馨的笑脸和善意的空间。朱熹讲到天地只是一个"理"，这个"理"存于万物，如同天地共享一轮明月，"月印万川"。幸福也是如此，一个人的快乐，与众人分享，就会把幸福传染，成为众人之乐。朱熹讲"月印万川"，是典型的禅宗路径，他在幼学时期，长时间出入佛老，在讲述自己理学思维的时候，引征了玄觉的《永嘉证道歌》：

一性圆通一切性，一法遍含一切法。

一月普现一切水，一切水月一月摄。

　　理之大，充盈宇宙，这种充盈是实在的，如同月光一般，每缕月光都普现于万物之上。快乐也应如是：每一个个人的快乐，其实是属于天下"大大"的快乐；每个幸福，都是因缘所生，都与众人有缘，我的幸福，其实是你的幸福，所以我的幸福，要与你的幸福共享。当我快乐的时候，自然要与众人随喜分享。与众同乐的"随喜"，绝对是"一本万利"。有一个在深山中苦修的老禅师，有天晚上，从劳作的天地回到住处。走到茅屋庭院的时候，听到庭院中窸窸窣窣的声音，原来是一个小偷，正在撬门。

　　禅师静静地在庭院里看着小偷的举动。小偷已经破门而入，但茅屋里也没什么值钱的东西，从茅屋里走出来，准备离开的时候，惊愕地发现禅师正在慈祥地看着他。一时间，小偷手足无措，正在感到惊慌的时候，禅宗说道："感谢你走这么远的路来看我，总不能让你空手而归呀"，说着就把身上披着的外衣，脱了下来，披在了小偷的身上："夜里寒气重，你把这件衣服穿走吧。"

　　小偷显然知道老禅师是附近闻名的大善人，十分惭愧，披着衣服，低着头溜走了。

　　禅师看着小偷的背影，感慨地说："可怜的孩子，但愿我能送一轮明月给你！"

　　清晨温暖的阳光，随意地洒照着茅屋，禅师推开门便看到昨晚送给小偷的那件外衣，整齐地叠放在门口。禅师喃喃地说："人人皆有佛性，你我共一轮月。"

　　把自己的喜悦与幸福，传染给他人，随喜随缘，皆大欢喜。古希腊传说中的皮格马利翁，是古希腊神话里的塞浦路斯国王，他是个伟大的雕塑家。但有一天他发现爱上了自己雕塑的一个少女像，并且真诚地期望自己的爱能被接受，这种真挚的爱情和真切的期望感动了爱神阿芙狄罗忒，就给了雕像以生命，然后两个人幸福的生活。古希腊神话多以悲剧终结，带人进入无限的沉思，但它所颂扬的爱情，多以善果出现，可见古希腊的诸神也有"随喜"

之心。虽然这只是一个神话传说，但却有现实的研究意义：美国心理学家曾做过这样一个实验，一家心理研究所的研究人员提供给一个学校一些学生名单，并告诉校方，他们通过一项测试发现名单中的学生，智商都高于同龄人，都是未来的天才，只不过尚未在学习中表现出来。其实，这是从学生的名单中随意抽取出来的几个人。令人惊讶的是，这些学生在今后的学习中，真的表现优异。

当我们随喜喜悦，随喜欢欣，随喜幸福，随喜积极的时候，"皮格马利翁效应"就会发生作用，每个人都在紧张的空气中传染幸福、传播幸福。同样在唐朝，唐太宗的自律与"随喜"，让盛世情怀传递。《资治通鉴》第197卷，记录了贞观六年十二月发生的一件事：

> 辛未，帝亲录系囚，见应死者，闵之，纵使归家，期以来秋来就死。仍敕天下死囚，皆纵遣，使至期来诣京师。

在第二年，也就是贞观七年的九月，死囚们竟然一个不差，全部回来了，于是唐太宗大赦天下，把他们全免罪，放回家了。《资治通鉴》记载如下：

> 去岁所纵天下死囚凡三百九十人，无人督帅，皆如期自诣朝堂，无一人亡匿者；上皆赦之。

唐太宗如此自信，是因为他秉持"朕不负卿，卿亦不负朕"的信条。对于此事，历史上有截然两种意见，后世欧阳修认为此事荒诞，一则不经信，二则唐太宗本人的做法，类似"炒做"，如此大赦，实为"违宪"。但假如我们仅将此事作为一个故事来看，则可以看出唐太宗是以一个明君的胸襟气度，将信任传递，而死囚无一亡匿，则是"随喜"之报。白居易在《新乐府》中也纪实道："怨女三千放出宫，死囚四百来归狱"。可见此事不虚，太宗与死囚的约定竟然坦荡如斯，难怪人们将信将疑，疑问"死囚何以能视死如归，何不逃之夭夭？"

皇帝的随喜自然是个"大礼包"，常人的随喜可能只是一草一木、一茶一水，但这种幸福的功德不亚于皇帝。在幸福面前，每个人都是平等的，请看一个老和尚和一个小和尚的故事：

酷热的三伏天，庭院里的草地枯黄了一大片。小和尚看了心急，对师傅说："等天凉快些，咱们撒点草籽吧！"师傅挥挥手，"随时。"

这天，师父买了一包草籽，准备播种。秋风乍起，草籽边撒边飘。小和尚说："师傅你看，草籽都被风催走了呀。""吹走的是秕糠，种子都留下了"，师傅说："随性。"

刚撒完种子，几只饥不择食的小鸟儿跑来啄食。小和尚嚷道："师傅快看呀，种子都被鸟儿吃完了呀！""被吃是救生，长芽是造化，"师傅说："随遇。"

这天晚上电闪雷鸣，小和尚怎么也睡不着觉，敲开师傅修行的禅房："师傅，这下子真的完了，这么大的雨，种子肯定全冲走啦！""冲到哪儿，就在哪儿发芽吧，"师傅说，"随缘。"

雨过天晴，原来光秃秃的地面，居然长出许多青翠的草苗。无人问津的角落，也泛出了绿意，整个庭院充满了生机。小和尚高兴得直拍手，师傅微笑着说："随喜！"

天下同乐。先秦儒家重视社会群体幸福价值取向的思想，集中体现在孟子所论述的蕴涵政治意义的众乐或同乐的问题。在《孟子·梁惠王》中，孟子通过"独乐乐"不如"与人乐乐"、"少乐乐"不如"与众乐乐"的说明，强调王之乐与民之乐的统一问题。认为只有追求"与民偕乐"，才能行王政或施仁政。中国传统的幸福感，其社会责任的味道很浓郁，不似西方求得个人逍遥即可。中国人一直强调修身出世。出世入世之"世"，颇有些方外的语气。佛教思想与中国文化能融合的一个基本原因，就在于佛教的世界观与儒家文化的世界观有沟通之处，比如佛教讲究出世入世，中国文化则在几千年前就提出了"内圣外王"。《庄子·天下篇》中提到："内圣外王之道，暗而不明，郁而不发"。孟子则说："规矩，方圆之至也；圣人，人伦之至也。"① 这个"内圣"，多少有些出世的味道，儒家强调个人的修为与对人伦关系和准则的领悟、把握。宋明理学家将"内圣"之道，发挥为对天命之性的保持，对气质之性的扬弃。"外王"则是将自己的修为，应用到为人处世上，儒家是事功之学，学术研究的目的是为政治服务的，将学问引向事业之途，与化万民。儒家强调的伦理修为，并不是要做"道德先生"，而是要把"内圣外王"之道成为"格物、致知、诚心、正意、修身、齐家、治国、平天下"的指导思想。其实，从"内圣外王"的思想体系来看，首先是对自己的严格要求，"己欲立而立人"，在这种强烈的责任感的感召下，进而入世为社会服务。

出世的目的，不是为"出世"而出世，而是为了更好地融入到社会中来。中国的士大夫一向有两条道路，一是入仕为官，一是退隐田园，如孔子所说"用之则行，舍之则藏"（《论语·述而》）。所以，很难定义中国的士大夫就一定是儒家情怀的虔诚教徒，因为他同样有道家的浪漫作为精神的支柱。王安石少年得意，早年入仕。但这并非他的初衷，做官的主要原因是由于希望通过俸禄之养，来支持整个家族的生息。大宋皇祐四年（1052 年），这年的王安石只有 32 岁，他回江宁为父亲和长兄王安仁扫墓，亲人生命之凋谢，让他悲思万缕，大概是从父兄虽然学问卓越、志节高尚，却穷老仕途、英年早逝的惨淡经历受到触动，引发了他潜藏于心中的归老田园、渔樵为生的意愿。事实上，在王安石的心目中，无论是仕是隐，都应当合乎道义，仕与隐本身并无高下之分。尽管日后，他身居相位，但对于自由生活的向往使王安石始终不乐富贵。王安石并没有因为个人的归隐志向，而放弃社会的责任，相反他一直投身于轰轰烈烈的社会改革中，将自己的生命价值发挥到极致。事实上，入世和出世只是两种生活的方式，并不意味着积极与消极。安守着生命的本分，就没有出世和入世之说，该拿起的拿起，改放下的就放下，这

---

① 朱熹：《四书章句集注》，三秦出版社 1998 年版，第 72 页。

就是最好的人生。

一滴晶莹透彻的水滴，如何才能不干涸？释迦牟尼说："把它放到江、河、湖、海里去。"晶莹透彻固然是智慧所显，但依然躲避不了烟飞云散的命运，如果只是躲藏于一隅，没有利众的情怀，再伟大的水滴也会消失。这种个体得悟性的幸福，只能成为孤芳自赏。唯有投身到世事中，快乐从善，与人共享，才能品位这种幸福。

四、知止不辱

损舍是人生之德，知止不辱。

幸福之所以可以作为一个哲学的命题进行研究，在于它是形上问题与人生实践的复合体。

幸福首先是一种人生理念。先贤亚里士多德在其著作《尼各马科伦理学》中，对幸福展开了谈论，重点阐述幸福与善、幸福与德性、幸福与快乐、幸福与思辨活动的各种关系，指出幸福是一种善，是一种合于美好德性的现实活动。亚里士多德认为，幸福就是一种至高的善，是一种终极的满足。亚里士多德认为，人生除了可以作为至高理念的"善"之外，一切人生过程，都只是手段。在亚里士多德看来：一切技术，一切规划以及一切实践和抉择，都以某种善为目标。因为人们都有个美好的想法，即宇宙万物都是向善的。在逻辑上，幸福是先验的，是先于人类生活而存在的。事实上，这一点在诸多文化中也有类似认同，最明显的如宗教、神话，均热衷于人造一个"天国"的概念，不吝人间众多美景，为这一"天国"梦想锦上添花，从而寻找人类社会构建的合理性。

在幸福的本源问题上，亚里士多德继承了其师柏拉图"哲学王"的意识，在他看来，所有事物必定属于那种最高程度的普遍知识的人，智慧的人不应接受命令，而且他不应服从别人，相反，较少智慧的人应当服从他。而唯有拥有哲学意识的人，才配有以上的"资格"。这种哲学意识，使得思索者能够理解幸福的真谛，同时将这种理解纳入到自己的日常生活中来。

所以，幸福又与其形而上的理念不同，幸福本身就是一个人生实践的过程。哲学中的很多范畴，如天道、如天命、如逻辑等，都很难在生活中得到实证。但有关幸福的表现范畴，如善德、如美满、如自足，却可以在人生的过程中就得到认同。在亚里士多德看来，完善的幸福是人的沉思活动，因为在沉思活动中可以获得自足、愉悦、闲暇、无劳顿、享福祉。但是他清醒地意识到，这只是一种神性的生活，人类的幸福之实现，必然在物质生活中开展，即使这种物质生活是外在的、仅仅以实现手段的形式表现。在各个时代追求幸福目标的驱动下，人类历史实现了持续发展。所以，幸福是一个内在驱动表现为人的神性（即追求人生超越性和无限性）与外在驱动表现为人生实践的复合。幸福是一种沉思，但沉思的生活也离不开现实的物质世界。亚里士多德认为："人的幸福还需要外在的东西。因为，我们的本性对于沉思是不够自足的。我们还需要有健康的身体、得到食物和其他的照料。"① 社会幸福的实现，是多种要素综合考量的结果，须将社会的发展与全体社会成员的幸福值结合起来加以考察。

如果幸福仅仅停滞在理念的层次，幸福学的发展走向可能会是宗教信仰。但哲学家却把幸福从高高在上的形上学理论，拽回到人间的道德法则，将幸福作为人生价值圆满的一种象征。幸福是自我生命的圆满，之于一个社会来说，幸福也是社会正义实现的基本标志。

同时，幸福是人生拓展的主要形式，是在个体生命的有限性中，寻求自我存在无限性的唯一途径。康德把人看成是既具知性又具感性的双重性动

---

① ［古希腊］亚里士多德：《诗学》，罗念生译，人民文学出版社 2008 年版，第 121 页。

物："我作为知性世界成员的活动，以道德的最高原则为基础，我作为感觉世界成员的活动则以幸福原则为依据。"[①] 知性主宰人的道德生活，感性主宰人的自然生活，如果按照这种方式对人进行划分，那么人是分裂的。唯有通过一个综合项的中介，将人的知性与感性、道德生活与自然生活糅为一体，人的存在才实现了其价值。幸福无疑即是此中介，幸福是天性基础上的知性、是道德的自然生活。作为感觉世界的角色，最终应该符合道德规律。康德在讲幸福原则时，是将其置于道德原则规定之下的。

回顾亚里士多德的幸福理论，幸福即是至高的善，须首先对"善"进行分析：善就其形式而言，大体来说有三种：一种是外在的善；一种是灵魂的善；另一种是身体的善。而"灵魂的善是主要的、最高的善"，灵魂的善就是"灵魂的实践和活动"的幸福，就是善的生活、善的实践。幸福赋予了人的日常生活以哲学的含义和价值，在有限的生活时空中与万古人物同享幸福理念、与天下众生共分幸福之乐，人的生命也在有限的时间中寻求到了无限和永恒的意义。

幸福是人生之得，是人生意义，是人生目的。人们生活的目的是多种多样的，其中有一些是我们为了其他目的而选取的，例如钱财、长笛是被我们作为达到其他目的的工具。但是"如若在实践中确有某种为其自身而期求的目的，而其他一切事情都要为着它——那么，不言而喻，这一为自身的目的也就是善自身，是最高的善"[②]。只有最高的善才是某种最后的东西，只有那由自身而被选取，且永不为他物的目的才是最终的。那么一切行为的最终目的、最高善到底是什么呢？亚里士多德认为这就是"幸福"。只有幸福，我们是为了它本身而选取它，而永远不是因为其他别的什么。所以，亚里士多德对幸福的认识，即幸福就是它本身，是目标与实现方式的统一，是终极目的与选择过程的统一。

---

① 　[德] 康德：《道德形而上学原理》，苗力田译，上海人民出版社 2012 年版，第 53 页。
② 　[德] 康德：《道德形而上学原理》，苗力田译，上海人民出版社 2012 年版，第 54 页。

　　幸福是一种生活方式，伴随人生的过程。人生的过程，就是一个不断选择的过程。选择本身，就意味着有取有舍，同时人的理性绝对在选择的时候，必须介入"机会成本"的范畴。"机会成本"是西方经济学里的一个成本比较范畴，它不是生活中的实际支出，而是作出一项决策时所放弃的其他可选择的最好用途。经济学家认为世上没有免费的午餐，人在得到 A 的同时实际上等于放弃了 B 和 C。换言之，放弃的 B 和 C 就是获得了 A 所必要支付的机会成本。孟子讲道："鱼与熊掌不可得兼"（《孟子·告子上》），两个好东西，必须舍弃其中的一个，才可以得到另外一个。这种选择，其实是一个理性的预见，同时和"招投标"的选择不尽相同，多是由自己的选择权所决定。

　　选择"鱼"或"熊掌"，需要进行理智的考量，从某种意义上讲，智慧的选择、正确的方向，可以更大程度地实现自己的幸福。由选择自由所带来的幸福，其实是和"现有机会"成反比例的，而是要通过自己的理智来预见未来的机会，与"预见机会"是成正比的：

　　自由（幸福）＝理智＊预见机会／现有机会。

　　有一个老套的故事，一个富翁，在商场上拼搏了一辈子，终于享受到地中海的阳光。身边有个乞丐，在晒太阳。乞丐问富翁的人生经历，富翁告诉他说自己拼搏了一辈子，现在身份地位都有了，终于可以在这里晒太阳了。乞丐沉思了一会儿说，哦，原来就像我这样呀。单看这个故事的表面，好像是富翁奋斗了一辈子，最后得到的肯定只是和一个乞丐一样。但事实上，背后则是一个"机会成本"问题：首先，富翁可以"自由"地选择当个乞丐，但乞丐至少目前成为不了富翁；其次，就人生阅历而言，富翁是一个经历丰富的实战家，而乞丐则可能只是井底之蛙；再次，富翁本人的安全感和自我肯定意识，要比乞丐强。所以，从"机会成本"的角度出发，富翁的自由度和幸福感还是要超过乞丐的。

　　富翁和乞丐，在人生阅历之初，或许差距并不大，人生在起跑线上固然有先后，但同一个跑道，不同的跑轨，也都可以活出自己的精彩。可以肯定的是，富翁选择了创造社会财富这一条路，而乞丐则选择了好逸恶劳。人生处处都面临着不同的选择，在"机会成本"面前，每个选择都会带来不同的发展之路。人生的机会成本有时会很高，机会成本越高，选择也越困难，因为任何人都不愿轻易放弃可能得到的东西。比如富翁在成为富翁之前，肯定有机会过着更为安逸的生活，但他以现有的条件为砝码，理智取舍，主动降低现有的机会成本，甚至降低至零，然后作出人生新的选择。在这个故事中，富翁在经过当年取舍（预见机会／现有机会），获得社会的肯定，他目前的选择是自由的选择。

人生的魅力在于现实性与未来性的统一，人生的痛苦在于须从有限性中寻求无限性、永恒性，人无法决定自己的命运，却可以实现自己的永恒，诸如"三不朽"，诸如"天人合一"。这种永恒，是万古同流、我心即宇宙的澄明。如上文所赘述的小故事，人生的过程是一个不断选择的过程，须放弃当下的、求得永恒的，放弃物质的、求得精神的，放弃有限的、求得无限的，这种过程是个"损益"的过程，以代价换取幸福。幸福是现实的存在，是知性的灵光，是群体意义的呈现。所以，幸福必然是舍自由而求自在，舍小智而求大智，舍个体而求全体。

舍自由而求自在。人是一个自由的精灵：这种自由，不仅体现在个体人身自由上，并且体现在意识自由之上。庄子在中国文化史上的形象，一直是一个彻底的"自由主义者"。他可以通过自己的修为，达到"堕肢体，黜聪明，离形去知，同于大通"（《庄子·大宗师》）的状态，进入"坐忘"境界，甚至于庄子是中国自由主义的一个"图腾"。这个"图腾"是中国智慧的象征，可以做到既不"入世"，又不"避世"，且能"游世"（"不傲睨万物，不谴是非而与世俗处"），同时也是中国文人仕途受挫之后最好的精神归宿。庄子在《逍遥游》一章中，阐述了自己的自由观，他把不受任何束缚的自由，当做最高的境界来追求，认为只有忘绝现实，超脱于物，才是真正的逍遥。所谓的自由，就是"无所待"，即不依赖外在条件。尽管鲲鹏可以击水三千，背云气，负苍天，飘然远行，翱翔九万里之高，然而却仍有所待，要凭借风力方可达到腾飞之举。真正的自由，是"无所待"，即"坐忘"达到与天地同心的境界。《大宗师》一章，则开宗明义说：

> 知天之所为，知人之所为者，至矣！知天之所为者，天而生也；知人之所为者，以其知之所知，以养其知之所不知，终其天年，而不中道夭者，是知之盛也。虽然，有患。夫知有所待而后当；其所待者，特未定也。庸讵知吾所谓天之非人乎？所谓人之非天乎？且有真人而后有真知。

在庄子看到，即使通过自己的智力，达到认识"真理"的境界，也不是真正意义上的自由。因为通过智力认识世界的过程，本身就将个人的理性因素掺杂其中，得到的并非是本初状态的真理。人类掌握的所谓的"知识"，也是"我执"的产物，只有忘却知识、纯任自然的"真人"，才会有"真知"。庄子所谓的"真人"，是道的化身，与道同体，都具有超越、逍遥、放达、解脱的秉性，实际上是一种精神上的自由、无穷、无限的境界。但在现实生活中，这种"真人"是不存在的。"真人"的自由在于，他可以全无束缚地自由选择。但事实上，完全无束缚的自由才会带来真正的绝望。

法国存在主义哲学家萨特强调：人注定是自由的。在萨特看来，没有上帝，也不存在什么历史规律，没有先验的价值标准，人是彻底自由的，这种自由来自于人自己的属性。这种"自由"带来的窘境即是，人拥有完全的选择自由，最后导致彻底的不自由。人被逼迫到自由选择的境地，不选择仍然也是一种选择，所以人生就陷入到荒谬的境遇。但经历第二次世界大战的萨特，在自己人生的后期开始反思自己对自由的界定，经历了"绝对的自由"到"相对自由"的变化，把价值判断、追究意义与衡量标准等引入到自己的理论中来。①

---

① ［美］托马斯·R：《存在主义简论》，莫伟民译，外语教学与研究出版社2008年版，第72页。

无论是庄子的"无待"，或萨特的"自由"，其实都在尝试将人的选择权，建立到完全自主的境界。无论是自由，或是相对自由，现世的自由只能是人的一种理想状态，唯有正视这种自由，将其视为"存在"之物，才能放弃因渴望自由而带来的绝望。

舍小智而求大智。楚汉相争之时，以项羽兵力最为雄厚，刘邦人马纷纷叛逃。当时刘邦的幕僚萧何向刘邦推荐了韩信，但刘邦并未重用，韩信也当了逃兵，演出了一场"萧何月下追韩信"的历史剧。韩信归营后，刘邦才真正重视起来，向韩信征求胜楚的计策，韩信分析道：

> 惟信亦为大王不如也。然臣尝事之，请言项王之为人也。项王喑恶叱咤，千人皆废，然不能任属贤将，此特匹夫之勇耳。项王见人恭敬慈爱，言语呕呕，人有疾病，涕泣分食饮，至使人有功当封爵者，印刓敝，忍不能予，此所谓妇人之仁也。项王虽霸天下而臣诸侯，不居关中而都彭城。有背义帝之约，而以亲爱王，诸侯不平。诸侯之见项王迁逐义帝置江南，亦皆归逐其主而自王善地。项王所过无不残灭者，天下多怨，百姓不亲附，特劫于威强耳。名虽为霸，实失天下心。故曰其强易弱。今大王诚能反其道：任天下武勇，何所不诛！以天下城邑封功臣，何所不服！以义兵从思东归之士，何所不散！且三秦王为秦将，将秦子弟数岁矣，所杀亡不可胜计，又欺其众降诸侯，至新安，项王诈阬秦降卒二十余万，唯独邯、欣、翳得脱，秦父兄怨此三人，痛入骨髓。今楚强以威王此三人，秦民莫爱也。大王之入武关，秋毫无所害，除秦苛法，与秦民约法三章耳，秦民无不欲得大王王秦者。于诸侯之约，大王当王关中，关中民咸知之。大王失职入汉中，秦民无不恨者。今大王举而东，三秦可传檄而定也。（《史记·淮阴侯列传》）

韩信对刘邦和项羽双方进行了"机会成本"的分析：首先，项羽是个很小气的人，能与基层官兵关系很好，但是和中层领导干部关系搞不好，想让马儿跑又不让马儿吃草，是妇人之仁，假仁假义；其次，项羽尽管兵强马壮，但是不得民心，秦末民众最大的愿望就是迅速结束战争，但项羽是乱战的主儿，爱好战争，在战争中才能体现自己的价值，所以民众不可能支持他；再次，之前项羽就曾造孽，坑杀秦国投降的士兵 20 万人，还继续延续秦朝的严刑峻法，老百姓苦不堪言。所以，只要刘邦能"反其道而行之"，就可以实现天下统一。其实，韩信和刘邦进行的一场"机会成本"分析，就是典型的"流氓主义"，赤脚的不怕穿鞋的。自己的机会成本等于零，失败了也没什么损失，大不了从头再来。成功了，就赢得了一个天下。尽管在双方的博弈中，看似项羽占据了绝对优势，但他不懂"舍得"，浪费了大量的资源。而刘邦在这场战争中，轻装上阵，以无进有，实现了天下的一统。

韩信是对刘邦进行了一场"灵魂深处的革命"，完全颠覆了之前的战争观，萧何识人有术，也让天下苍生少受了几年战乱之苦。刘邦因为对"机会成本"分析比较彻底，当然也就掌握了战场上的主动权，实现了自己的"自由"，在战场上可以自由地调配资源，游刃有余。如果说人生是一场战争，未免牵强，因为人生惨烈之处，或许比战争更为残酷，现实主义者讲"人生的每天都在进行战争"，彻底的现实之余，也值得玩味。幸福可能是阡陌之间杨柳春色的平淡，也可能是丈夫立于天地之间的豪迈，可能是风尘仆仆的征途风景，也可能是万里杀敌的建功立业。给自己的灵魂做一次手术，寻找内心最本真的自我，才能找到真正的幸福。人所凭借之力，无非体力智力，在茫茫宇宙面前，人力智力皆似多余。人生最深刻的把握幸福的，只能是与幸福神性相似的"智慧"，唯有把握了这种智慧，才可以发明本心，识得幸福。

舍个体而求全体。幸福是个进化的"游戏"。每个人都需在人类进化的道路上，寻找到自己的角色，适应这种角色并胜任的，体会到生命真谛，所以是幸福的；而一直无法入戏，游离在角色之外，则无法感受自我存在的价值，自己的生命只能成为一种附庸，所以无法体会到幸福感。幸福尽管无法精确量化，但也确有大小之分，如同样的一顿饭，对于饥肠辘辘的人来说无疑是天下美食，而对于富翁来讲，只能算是充饥之物。幸福也有时空，每个时代的人，拥有不同的幸福观，即使是同一个人在不同的时间和空间也有不同的幸福观。幸福也有虚实，除了技术层面的分析之外，还有对幸福品质的要求。很多人在富足之后，并没有享受到真正的幸福，反而会回味致富过程中的"苦难"。

塞涅卡是古希腊斯多葛派的代表人物，以其雄辩和才华著世，他的言论也被后来《圣经》的作者大量吸收，《道德书简》一直被公认为是必读的书籍。如同斯多葛派的信仰，他也公开宣称摈弃财富的。但事实上他却是个敛财的高手，本人富可敌国，其主要敛财的方式是在大不列颠放高利贷获得的，结果是导致了保狄西亚女王的叛乱，最后被他的学生尼禄皇帝赐死。塞涅卡的人生悲剧可以说是注定的了：他本人早年的才华，成就了他的地位和命运，最后也因为个人权力的滥用而导致丧命。面临死亡的时候，他一脸凛然，对亲属们说，你们不必难过，我给你们留下的是比地的财富更有价值得多的东西，我留下了一个有德的生活的典范。

塞涅卡传世作品较多，其中《面包里的幸福人生》是他写给朋友吕西里阿的 42 封信辑录，这 42 封信涉及生活的很多方面，以友谊为主线，谈及诸如生死、思索、痛苦等人生问题。英国思想家培根说，塞涅卡致吕西里阿的信是分散的沉思录。由于塞涅卡的时代仍然属于哲学全盛时期，所以"哲学王"的梦想是很多学人的追求，哲学成为追求幸福的旨要。赛涅卡认为，只有哲学才是真正的学问，哲学家要承担的不仅是教育众人，还要告诉人如何生活。他说：

> 哲学并非盛行的职业，从事哲学研究也不是为了自我吹嘘。哲学关心的不是词语，而是事实，研究的不是怎样在娱乐之中打发日子，也不是如何在清闲安逸之中排遣烦恼。它是要磨炼和锻造人的个性，整饬人的生活，规范人的行为，向人证明应该做什么和不应该做什么。当人在危险丛生的大海中抛来抛去之时，为人领航掌舵。没有哲学的指点，人的生活就不能去除恐惧和忧虑。人生的每时每刻都有无数事情发生，需

要良心忠告，而这种忠告我们是只能从哲学中得到的。[1]

其实，斯多葛学派的主要观点，符合当前伦理学的研究范围。它主张世界本身就是一个理性的实体，个人只是这个理性实体中的一分子。由于整个世界是和谐的理性，所以每个人都要遵从这种理性，在社会生活中斯多葛派强调顺从天命，安于自己在社会中所处的地位，恬淡寡欲，只有这样才能得到幸福。斯多葛学派也主张"天人合一"，他们把宇宙看做是美好的、有秩序的、完善的整体，由原始的神圣的火种演变而来，并趋向一个目的。人则是宇宙体系中的一部分，是一个小火花，所以人应该协调自身，与宇宙的大方向相协调，最终实现这个大目的。在中国的春秋战国之际，墨家学派也主张节制欲望，墨子节欲观中所反对的是侈欲："为其目之所美，耳之所乐，口之所甘，身体之所安，以此夺民衣食之财，仁者弗为也"（《墨子·非乐上》）。

据史书记载，墨子及其弟子的一生正是节侈欲、重苦行的一生，其德行极受后人的敬仰。墨子本人的事迹记载在《史记》中仅有数十字，学者考证可能是墨子篇遗失，或因墨子学派类属"江湖游侠"，故隐而不作。但墨学在春秋战国时期确为"显学"。墨子及墨家的主要史事记载于《庄子·天下篇》中：

不侈于后世，不靡于万物，不晖于数度，以绳墨自矫，而备世之急。古之道术有在于是者。墨翟、禽滑厘闻其风而说之。为之大过，已之大顺。作为《非乐》，命之曰《节用》；生不歌，死无服。墨子泛爱兼利而非斗，其道不怒；又好学而博，不异，不与先王同，毁古之礼乐。

墨子虽独能任，奈天下何！离于天下，其去王也远矣！墨子称道曰："昔者禹之湮洪水，决江河而通四夷九州也，名川三百，支川三千，小者无数。禹亲自操橐耜而九杂天下之川；腓无胈，胫无毛，沐甚雨，栉疾风，置万国。禹大圣也，而形劳天下也如此。"使后世之墨者，多以裘褐为衣，以跂蹻为服，日夜不休，以自苦为极，曰："不能如此，

---

[1] 参见〔古罗马〕塞涅卡：《面包里的幸福人生》，赵又春译，天津人民出版社1989年版。

非禹之道也，不足谓墨。"

庄子讲到墨家的起源，认为墨家学派是受到大禹治水过程中筚路蓝缕的启发，提出了"俭节则昌，淫佚则亡"（《墨子·辞过》）的节用崇俭消费观，认为节用能"兴利"、能使"国家去其无用之费"（《墨子·节用》）。墨子具有朴素的人伦意识，主张"兴天下之利，除天下之害"，认为要"有力者疾以助人，有财者勉以分人，有道者劝以教人"（《墨子·尚贤下》），建设一个民众平等、互助"兼爱"的社会。墨子后世多以秘密的宗派组织行事，进入主流政治集团的弟子并不多，后来影响逐渐消亡。

塞涅卡和墨子都意识到了一点，即仅靠物质的帮助，并不能实现群体的整体幸福。整体幸福的实现，不仅要对人们进行利益上的救济，更重要的是伦理德行上的整体提升。正因为如此，塞涅卡认为自己留给世界的不仅是财富，更为重要的是自己的德性之光。墨子则以亲力亲为之举，在诸侯大兴奢靡之风的时候，提出要"节用"，这种"节用"不仅是物质上的节俭，更是道德上的提升。

柏拉图在其著作《理想国》第七卷的篇首，有一个著名"洞喻"的故事。囚徒们一直生活在地洞里，他们的脖子和腿脚都捆绑着，不能动，也不能扭头，眼睛只能看着洞穴的后壁。在后壁上能看到如同"皮影戏"一样的表演，认为这就是真实的生活。大家如此生活，并不觉得悲哀，有一天一个囚徒突然挣脱了绳索，回头看到"皮影戏"的操纵者，又走到了洞口，见到了真正的阳光。他庆幸自己摆脱厄运的同时，也在为同伴们悲哀。他觉得自己有种责任，即向同伴说明什么是真正的生活，但当他返回洞穴时，却遭遇了更大的困难，原来的同伴不信任他说的每一个字，他本人也有丧命之虞。[①]

事实上，柏拉图的"洞喻"之说，是为其"哲人王"领导国家的政治蓝图服务的。柏拉图认为，哲学有"道济"世人的责任，要用哲人的心性品质

---

① ［美］N. 帕帕斯：《柏拉图与理想国》，朱清华译，广西师范大学出版社 2007 年版，第 152 页。

引领社会的精神风向，哲人与民众的关系乃是一种教化的关系，克服世俗的力量。但事实上绝非如此：哲学家的生活和民众的生活之间有着难以消弭的裂痕，哲学家的人格和境界也不为民众所接受，柏拉图的老师苏格拉底也死于民众的审判。哲学家本人也不可找到合适的方式来证明自己的做法是正确的。哲学家陷入了"自作多情"的两难境地：一方面，他本人认为民众的生活是不幸福的，或是不符合德行的，他本人认为自己有责任领导民众改善这种生活；另一方面，民众并不认为哲学家的生活方式是健康的或是幸福的，同时不接受哲学家对自己生活的领导。从历史哲学的角度出发，"哲人王"符合中西方政治美学的要求：拥有内在的智慧，同时以利济人，可以解人燃眉之急，授人以道，照亮他人的灵魂。

所以，人要有敢"舍"的德性，如同人的美德、道德、品德一样，还须增加一味"舍德"。拥有"舍德"的人生，明确了人生进退的摆渡，寻找到了自我内心幸福的安定。人生如同旅途，何时是个究竟，如尽头之处仅是生命的终结，那么人生也太过凄凉。我想，幸福的人生就是"知止不辱"，《大学》说："知止而后有定，定而后能静，静而后能安，安而后能虑，虑而后能得。"有所止，并不是消极地等待，而是知止地入定，扫除妄念，专心一境，认知幸福。自由也非绝对的自由，而是"明止"之上的快乐。

五、源头活水

引导神、保护神、供养神。

幸福既然在很大程度上作为一种感觉存在，所取得的幸福感也会有类似量化的"支持"。比如，通过奋斗之后所获得的幸福感，自然要比容易得来的幸福感强烈，"梅花香自苦寒来"。美国加利福尼亚大学河滨分校的心理学家索尼娅·柳博米尔斯基，在经过多年的研究之后，认为成功是幸福的结果，而不是幸福的原因。那么事实上，也就承认了只有通过个体奋斗的努力，所获得的幸福才是真正的幸福。从心理学的角度出发，所谓人类的快乐，就是专注地融入某件自己喜欢做的事，全力以赴、尽情发挥，完全忘记其他所有不相关事物的存在。这种状态的出现，并不是在休闲或娱乐的时刻，相反却通常发生在完成对个人而言很有挑战性、很有价值的任务时，此时此刻身心都达到了极限。法国著名作家、诺贝尔文学奖得主安德烈·纪德也曾经讲过：获得幸福的秘诀，并不在于为追求快乐而全力以赴，而是在全力以赴中寻出快乐。

很多人认为幸福是由"高回收"铸造的，比如高收入、高地位，但事实并非如此，很多高收入人群对生活会比较容易满足，但并不会因此而觉得比其他人幸福，相反他们要承受更大的压力。同时，收入对于人生来说，最终是由时间决定的，短时期的高收入并不意味着一生就不会发生改变，所以通过收入来衡量一个人是否幸福是不理性的。由此可以看出，幸福的"大小"，并不能由拥有的财富来决定。幸福的大小，事实上是个等价的交换，即是与付出的程度成正比。在获取幸福的路上，付出了多少，就意味着收获了幸福多少。生命的真实性也在于此，通过个体的劳动，才能体会到生命的可贵。

如前文所说，人性中有"神性"的一面，这种"神性"决定了人生总有高扬于形而上的一面。中国传统文化强调"元气"，所谓的"元气"就是根源于天地，这种"元气"也是生命健康的来源。东晋道士葛洪曾将这种"元气"作为长生成仙之基，《抱朴子内篇》卷五认为：

> 夫有因无而生焉，形须神而立焉。有者，无之宫也。形者，神之宅也。故譬之于堤，堤坏则水不留矣。方之于烛，烛糜则火不居矣。身劳则神散，气竭则命终。

姑且将宗教信仰的成分抛置一边，个体幸福的获取确实需要内在的精神动力与外在的引导。葛洪看到，人的生命必须依托于身体而存在，需要满足身体的各种欲望，没有了身体，就不会有所谓的心理上的快乐幸福，故将身体作为获得幸福的物质基础。由此以来，生命才可以享受到真正的幸福。幸福是人对生活境遇的一种体验与感受、一种追求与理想，幸福的实现也必然需要得到"内外双修"的提升。

事实上，相对于世界的客观性来讲，生命在本质上都有一种"神性"。这种哲学上的"神性"，与宗教含义的神性不同，它不是单纯的人格神，而是人的神圣价值。与普通生命不同，人的命运总要承担一定的使命和责任，生命现象的终极意义是为了实现自我的超越，即使每个人都依然知晓自己终极的死亡命运，却仍在无奈的结局下以自己的意志力，与命运抗衡。死亡并没有陨灭生命的意义，但终其一生的旅途，却在死亡的里程碑下宣告结束。每个人都会有自己的墓志铭，这种对生命意义的渴望，让旁观者发笑，但这种令人发笑的执著，使整个世界充满肃然起敬的庄重。

人的神性，赋予了时间以人文的意义。时间对于众生来说，如同死亡一般平等，或者说死亡只是时间的一种特殊生命形式。时间本身并无意义，是宇宙的物理流动，因为有了人的神性，时间不再是能量的传载，而是文明的积淀。这种积淀意味着人类的善良和美德的自觉，意味着人的生命和不可逆转的时间走向之间的博弈，意味着历史存在正义的可能。生命成为承载这种神性的载体，在不断地否定自我之中，走向并不知道的未来。未来历史的神秘，也是建立在这种神性之上。一代一代的责任，通过人的神性得以表现。

人在追求幸福的过程中，也是人的神性的表现。人的意志在希望和绝望之中煎熬，一方面渴望自己的善德圆满，另一方面自然的属性却处处作祟。矛盾的关节点在于，对于人身上的动物性本能和欲望，人是持着一种厌恶和恐惧的态度，希望人能够摆脱这种兽性的束缚，走向神性，由此走向永恒。借助这个概念，引入人在幸福追求过程中的"神性"表现：每个人生需要引导，"引导神"提供了幸福路径的方向；每个人在起步阶段需要保护，"保护神"则提供了每个人生存所必须的组织；我们都不是饮风食雨的神仙，都需要有物质生产的供应，"生产神"给幸福的获取提供供养。

"引导神"决定了幸福的方向，同时也决定了幸福的层次。人类历史萌发之初，是一个"人神不分"的时代，中国最早以"德性"切入，将人从神的世界中拽到了现实。从这时期起，神性弥漫的社会走向注重现实、关注现实，在发展到凸显人性，完成了由神性向人性的回归。当然这种回归是以中国独特的社会发展为基础的，同时这也是中国文化"早熟"的一个表现。这种由神性最终向人性的回归，奠定了中国文化在以后发展的模式，使中国走上一条与西方完全不同的道路，即注重现实世界，而较少关注彼岸世界。中国的圣贤一向认为生死之事大焉，故不可妄谈生死。在夫子看来，"未知生，焉知死"（《论语·先进》），对"生"的问题没弄明白，谈死又有什么意义呢？就这一点而言，也与西方不同，西方社会要么把生死交给上帝，要么直视死亡，从死之绝望中观照生之意义。

一个人的幸福，无非是物质上的满足和精神上的实在。幸福的"引导神"发掘人的智慧自觉，幸福作为人生价值的实现是一种的主动性和创造性过程。一个人若能去掉了贪婪嗜欲之心，变得知足知够，就会通情达理，身心健康，心灵净化，智慧升华，幸福永驻。"知足"是一种智慧，"常乐"是一种境界。"知足"是"常乐"的前提，"常乐"是"知足"的结果。两者相辅相成，互为因果。"知足常乐"作为一种心理调节能力，可以帮助人在无穷的欲望和有限的资源之间达到平衡，让人们在生活中常怀一颗感恩的心，感受快乐，享受幸福。

"保护神"所带来的安全感，是每个人幸福的必要条件。每个人都生活在一定的组织之中，这种组织给每个人的成长，提供了必要的组织保护。组织的保护，给每个人提供了"安全感"。"安全感"作为一个重要的概念，最早见于弗洛伊德精神分析的理论研究。弗洛伊德（Sigmund Freud）很早就注意到个体的弱小、男孩的阉割焦虑以及自卑情结对一个人成长及成人以后心理健康和神经症的产生有着重要的影响。弗洛伊德假定：当个体所接受到的刺激超过了本身控制和释放能量的界限时，个体就会产生一种创伤感、危险感，伴随这种创伤感、危险感出现的体验就是焦虑。由此弗洛伊德提出了"信号焦虑"、"分离焦虑"、"阉割焦虑"以及"超我的焦虑"。[①]

事实上，这种安全感的缺失，也是影响幸福的关键因素。对于具有安全感和具有不安全感的人，马斯洛从多个方面进行了对比。其中，缺乏安全感的人往往感到被拒绝，感到不被接受，感到受冷落，或者受到嫉恨、受到歧视；感到孤独、被遗忘、被遗弃；经常感到威胁、危险和焦虑；对他人抱不信任、嫉妒、傲慢、仇恨、敌视的态度；悲观倾向；总倾向于不满足；表现出强迫性内省倾向，病态自责，自我过敏；罪恶和羞怯感，自我谴责倾向，甚至自杀倾向；不停息地为更安全而努力，表现出各种神经质倾向、自卫倾向、自卑等；自私、自我中心。而具有安全感的人则感到被人喜欢、被人接受，从他人处感到温暖和热情；感到归属，感到是群体中的一员；对他人抱信任、宽容、友好、热情的态度；乐观倾向；倾向于满足；开朗，表现出客体中心、问题中心、世界中心倾向，而不是自我中心倾向，自我接纳，自我宽容；为问题的解决而争取必要的力量，关注问题而不是关注于对他人的统治；坚定、积极，有良好的自我估价；以现实的态度来面对现实；关心社会，合作、善意，富于同情心。

"供养神"决定幸福的给养。人活着必先生存，物质条件必不可少，物质条件是获得幸福的必要条件。但"供养神"只能提供幸福的供养，并不能解决幸福的方向。当我们无力改变现实的时候，唯一能改变的是心境，应该学着放松心情。就像爬山，如果你的体力只能支撑你爬到山腰，而你逼自己登上山顶却无力继续往上爬，不仅身体累，而且心也累。如果你放低要求，对自己说："爬到山腰就足够了。"然后悠闲自在地在山腰上欣赏风景，将会拥有不一样的心情。

"供养神"尽管是保证了幸福的获取，但幸福感和物质条件不成正比，

---

① 参见 [美] 弗洛伊德：《梦的释义》，张燕云译，商务印书馆 2007 年版，第 43 页。

并不是越有钱就会越幸福。人们常常会犯一种"舍本求末"的错误。赚钱，是为了让自己生活得好一点，过得开心一点。可是，有的人却因为逼自己拼命赚钱而痛苦。学着放低对生活的目标和要求，不是让一个人放弃对理想的追求。做一个积极上进的人没有错，每一天都尽自己的全力努力拼搏，才不会浪费生命、浪费才能。

幸福的实现，必然要有生产力发展的维度，任何幸福如无生产力的基础，都是镜花水月。生产力和幸福度是手段和目的的关系，表面看来，作为目的的幸福度比作为手段的生产力更加重要，但生产力对于提高幸福度来说，比其他手段（例如心理的、文化的、精神的因素等）更具有本源性和物质性。正如恩格斯所说："追求幸福的欲望只有极微小的一部分可以靠观念上的权利来满足，绝大部分却要靠物质的手段来实现"①。如果没有一定的生产力提供满足人们日益增长的物质需要，所谓幸福度的提高就会成为无源之水和无本之木。但在追求幸福的过程中，生产的指标会导致人的异化。异化的幸福，导致对幸福感的曲解，通往幸福的最错误的途径，莫过于名利、享乐和奢华生活。所以，幸福的"供养"，必须要实现其"神性"。尽管所有的幸福都是建立在生产的基础之上，但"供养神"的真正意蕴在于，唯有"无中生有"的创造，才符合幸福的本质含义，符合幸福对人生的拓展价值。

六、百味之王

苦中有乐，苦难长生。

人生之路，百感交集。生老病死，爱恨情仇，悲欢离合，阴晴圆缺，坎

---

① 《马克思恩格斯文集》，人民出版社 2009 年版，第 293 页。

坷迷离，伤痛落失，众叛亲离，流离失所，人因五行而生，有欲则痛，众行皆苦。佛教说人生计有八苦：

生苦是人生第一苦。生生死死，轮回无尽，脱离母体的第一个声音就是大哭，为未知现实哭，为生命的注定陨落哭，为即将开始的人生哭。

老苦是人生第二苦。韶华易逝，青春不在。昨日之我已去，今天之我已老，赤子之心在红尘中老去，岁月如同一把杀猪刀，所有的美丽都会被无情地削割。

病苦是人生第三苦。人吃五谷杂粮，有七情六欲，有旦夕祸福。颠沛于残酷的现实之中，流离于五湖四海，病苦是自然证明自己魔力的绝对权杖。

死苦是人生第四苦。死亡对于活着人来说是不可实现的，因为我们不可能去经历死亡，谁都没有死过的经验。但死亡的恐惧却如同悬剑，永世不得安宁。

爱别离苦是人生第五苦。恨是两分，爱是一体；恨是互动，爱是融合；恨是解体，爱是综合。因爱而生苦，问世间情为何物，直叫人生死相许。

求不得苦是人生第六苦。人的欲望不能与欲望的对象聚合为一体，欲望就像拉长的橡皮筋找不到挂靠的地方就会弹回来打中自己，痛苦。追求着痛苦着，同时也在失去着。

怨恨会苦是人生第七苦。因爱生恨，因情生缘，因欲生贪，因私生恋。爱而求不得，就会生怨愤之情，因恨而生苦。

五蕴过盛是人生第八苦。愚蠢苦，聪明也苦，世人皆愿生儿聪，也有人希望孩子愚钝，无灾无难，平安一生。色、受、想、行、识，所看到的、听到的、想到的、遇到的、感受到的，或许都是不实之物。太过聪明，太过敏感，被假象所惑，就会迷失自我，陷入痛苦。

人生太苦。在叔本华看来，生命之拓展是由生命意志做决定，在生命意志的住宅之下，人的欲望不断产生。欲望与现状的矛盾，导致人生永远局限于欲求的循环不止。欲求的无限，使痛苦也无穷无尽。即使欲求的实现带来了满足，它也是暂时的。纵然欲求得到了完全的满足，它所带来的又是孤寂、空虚和死寂，它也同样是一个充满痛苦的过程。人的欲望在心理构成上，形成了情绪和感觉。人的情感心理发达，所以对于外界的反应更加敏感：愈是接触外物，愈是倍感痛苦。人生就是欲望主宰的一个钟摆，在欲求之间、痛苦和无聊之间不停地来回摆动。从这个意义上说，人生是痛苦的、悲观的。但在现实的人类社会生活中弥漫的，又都是对生命意志的肯定，对欲求的不断渴望和追逐。当人们抱着这种理想和目的去努力实现以后，他们发现得到的是更大的痛苦。它体现了一种更为强烈的生命意志。同时欲求的发展是一个不断上升的过程，因此生命意志所带来的痛苦也必然随之不断加深。欲壑难填，使人痛苦、无聊无限。

世人多对叔本华有误解，认为如此一来，人的痛苦是一切悲剧的来源。但事实绝非如此，叔本华认为人生越是痛苦，越是证明生命意志的强大。人不是为痛苦而生的，痛苦只是生命意志的表现。痛苦不是一种生理现象，而是进入生命意志状态的个体伟大，即使知道自己的命运，依然与命运抗争，这是人类社会得以发展的根本原因。

"苦"是人生第一真谛，苦后方知甜。正因为这世间的一切感受皆苦，所以人活着才能真正感受一切都是幸福。只有把人生的起点调整到最低，才会觉得自己的些许努力换来的成绩，是最值得骄傲的。生死无常，处处变化，失去时会苦，得到时会苦，持久时会苦，短暂时会苦，只有"苦"是长长久久，一生永伴，所以人生要破苦，把一切苦境视为常态，才能品味最深刻的幸福。人生如同一个美丽的糖果，外面包装的都是一样光鲜的快乐，糖果纸的里面或许并不是蜜糖，而是酸酸的话梅、苦苦的艾果、辛辣的芥末。苦随生来，苦是常态。

地处亚洲大陆的中国，以农耕产业为宗，由此而衍生的文明形态，也是乐感的儒道文化。尽管汉唐时期，佛教逐渐融入到国人的民间生活中，但中国人骨头里还透彻着儒家的入世和道家的隐逸。中国文化一直有一种乐观乐感、积极向上的精神，如夫子的高足颜回，尽管生活贫瘠，但孔子依然对其期许很高："贤哉，回也！一箪食，一瓢饮，在陋巷，人不堪其忧，回也不改其乐。贤哉，回也"（《论语·里仁》）。孔子对颜回的赞叹，也成为宋明理学的一个"公案"，后世儒生也多玩味于此。儒家文化对于物质之追求，大抵止于此，以"安贫乐道"作为精神生活之诉求。在很多人看来，这个"乐"是儒家的精神真谛，但却未尝读出，这个"乐"事实上是来自于"苦"。孔颜的快乐，来自于"三月不违仁"，这个过程固然也如清教徒一般，是承担着生理的痛苦与精神的磨砺。对于"孔颜之乐"，如果仅仅看到了"乐"，而忽视了"乐前之苦"，是对儒家文化的误读。

以"苦"为宗，这人生也有三大境界：众生皆苦，苦中作乐，世不离苦。

众生皆苦。叔本华在《论人世间的痛苦》中说道：

> 我们的生存是完全没有目标的，除非遭受痛苦是人生直接和即刻的目标。眼看世界上无处不在的大量痛苦，都起源于与人生密不可分的生存欲望和需要，好像只是出于偶然，根本没有目标可言，实在很荒谬。每一单独的不幸来临时，似乎无疑是某种例外，但总的说来，"不幸"却在人生中占有统治地位。

> 大多数哲学体系都提出，"不幸"具有负面性质，我不知道是否还有比这更荒谬的事情了。不幸自有其积极意义，它能使自身的存在被感觉到。莱布尼兹尤其想为这种谬论辩解，他用一种完全不值一提的诡辩来为他的立论助阵。不幸是负面的很对，换一句话说，幸福和满意总是意味着某种欲望的实现，或某种痛苦状态的结束。①

叔本华认为，由于欲求的连续无限，痛苦也无穷无尽。整个人生充斥着痛苦。同时，由于欲求内容的加深，痛苦的程度也必然会加深。但是我们已经知道，连续永恒不断的欲求中充满着无数的间歇，这意味着痛苦也是充满

---

① ［德］叔本华：《悲观论文集》，范进译，青海人民出版社 1996 年版，第 71 页。

间歇的过程。如果这些间歇也同样是充满痛苦的，那么我们就可以说痛苦是连续永恒的。依照按叔本华的理论，欲求的满足只能带来短暂的部分的满足，即使是得到了完整的满足之后，随之而来的也是痛苦、孤寂和厌倦。也就是说人们无法感受到真正的幸福和快乐。

事实绝非如此，从生命的纵向和深度上看，欲望的满足会带来短暂的快乐，这种快乐尽管是短暂的，也会持续，就如同痛苦的持续一样。即使从叔本华的理论出发，人生也不该仅有痛苦，至少一半是快乐的。对于生命不能苛求，生命的一半处于快乐之中。如果说痛苦是永恒的，那么快乐也是与生相伴的。

从生命的横向和广度上看，欲望之发展必然匹配一定的目的，叔本华的痛苦说仅是关联到了个人的私欲。私欲满足之后，或是短暂的快乐，或是精神的空虚，并不能持久。但人是社会化的人，结合人的欲望的社会性，为公利而追求的人，这个路径不过是个人梦想实现的一个通途。在这个过程中，作为个体的主体，融于社会，融于自然，在追求中实现了自我的超脱。

孟子讲，人心有"四端"，这"四端"是对人生之苦的深切品味，每个人都活得不容易，所以看到邻人之祸，也有恻隐之心。墨家主张"节用"，要人节衣缩食，过着如苦行僧的生活，但为止战，却能赴汤蹈火，为国赴难。中国人骨头里的侠客精神，事实上是对人间万象的慈悲心，是讲他人之苦，与我的苦关联，以身赴苦，也就体会不到苦的味道了。

苦中作乐。中国人在这方国土生活数千年，看惯了王朝更迭，看惯了沧海桑田，所以即使在逆境中，也能忍耐，也能潜伏，隐忍是国人的一大品质。可将苦闷寄情山水，几笔勾画，即是万千浮绘；可将苦难寓意诗歌，七绝佳句，也是百感交集。"苦中作乐"是中国人的一种幸福哲学。正是这种哲学，支撑着中国人一代又一代顽强地生存着、繁衍着。人是自然的产物，老天也是雷霆雨露，人这一生，简单如宇宙大河中的一朵浪花，品苦之后，也就寻得苦中作乐。

痛苦是人类神性的代价。人的痛苦事实上来自于灵肉的分裂。只有分裂才会产生二元认识，如快乐与苦恼，如幸福与痛苦。本初的哲学，都是富含自然主义的韵味，人与自然之间的关系是混沌的和谐。人的好奇，促使了人与自然的分裂，这次分裂的结果是导致了人的骄傲。骄傲的人反观自然，认识到自己与众生的不同，认识到自己的高贵。

如果说好奇是人类的天性，那么骄傲则是人的第一种情绪。骄傲的人类与自然直接发生交往，凭借自己的肌体与恶劣的自然环境抗争，逐渐地靠一些简单的工具获取一些现成的食物以充饥、生存。与自然分裂之后的人类，无法再反元到本初的自然之中，畏惧和痛苦随之而来，在这一阶段，人的主要心理状态则是"观照"：观照自然的残酷无情，观照人类的自我发展之路。

人与自然直接的斗争，当处于一定的局限之中，人往往是胜利者，如狩猎、如小农业、如家庭建筑，等等。当人的活动区域超出自己的生活视野，尝试构建社会的时候，必须重塑人的价值、社会的理想以及历史哲学，人必须呼唤自己神性的回归。这一阶段为人的"反思"。幸福哲学所追求的最终目的也在于此，即重新认识人的存在、人的价值，并对人与自然的关系进行新的解释，从而确立人在整个宇宙中的地位，回归人的神性。

苦中作乐，是对人的神性回归，是对永恒的信仰。在这种信仰的支配下，将幸福内化，使自我融于社会、自然之中，达到意志的超然，痛苦才会真正的永久的解脱，幸福才会永恒。

世不离苦。除了死亡之外，痛苦应该是人类最忠实的朋友，痛苦如影相随，相伴一生。一个悲观主义者，可以享受不到幸福，但他绝对知道痛苦的魔力；一个乐观主义者，可以开怀于众，但他绝对明白痛苦时时袭来。贫困潦倒、饥寒交迫是痛苦，遭人排斥、怀才不遇是痛苦，事业受阻、功败垂成是苦，存亡之危、身处绝境是苦。一个人可能一无所有，但不会没有苦。苦强烈如天崩地裂，微弱若袅袅梵音。苦大如浩浩宇宙，小似点点粉尘。人的一生，可以说是苦的一生。

苦和善不同，善是完美的道德。对于苦的研究，哲学家仅把它作为生命意志的表现，并没有上升到哲学的高度，唯有佛教哲学的释迦牟尼通过对人生现象的深刻观察与反思，把人生的一切都看成是苦，这是他创立佛教的理论根本。基于对生命痛苦现象的直观，释迦牟尼通过对人生价值以及人类精神解脱方面的痛苦思考并最终创立佛教。"苦谛"是佛教对世俗人生价值的基本判断，认为世俗的一切都是变动不居的，没有常驻不变的本性，这也就是佛教所谓的"无常"。释迦牟尼认为众生为无常患累所逼迫，不能自我主宰，因而必然造成心理上的压抑和痛苦。佛教的全部理论都是讲人生的痛苦与解脱，它最终以生死轮回追求来世幸福，达到对人生痛苦的一种精神解脱。

西方的尼采对生命的本质进行探索，从酒神和日神的角度来分析生命的价值。尼采对古希腊的神话进行考察，认为人的精神世界是由酒神和日神共同作用的结果。阿波罗是希腊传说中的日神，它代表着那种创造和谐与适度之美的力量。狄奥尼索斯是一个古希腊传说中的酒神，代表着酒醉般的迷狂与破坏一切形式和偶像的力量，这两种力量的冲突产生了美，美是日神战胜酒神的纪念碑。这种结合是一种受控制的激情，尼采以此来反对宗教对激情的扼杀，张扬着人类蓬勃的生命。尼采认为，痛苦是生命的常态，比如健康，健康并不意味着没有疾病，健康是克服疾病的力量，是那种对任何痛苦的承受力。缺乏才能激发创造热情。悲剧代表着对变幻莫测的命运的不屈，对痛苦的勇敢宣战，以及对生命的欢呼，这生命不管看起来多么无常、脆弱而易于毁灭，在其深处却永远充满着不可摧毁的坚强与真正的快乐。不管历史和自然的环境有多么恶劣，人们总是可以坚强不屈地肯定生命本身，美根植于对疾病的挑战。痛苦让人生变得美丽，人生的魅力就在于此。①

人法地，地法天。人是自然之子，是天地的灵物。大自然鬼斧神工，

---

① 参见 [德] 尼采：《悲剧的诞生》，杨恒达译，译林出版社 2008 年版，第 132 页。

万千年的历史，造就山川大河。人生也是如此，欲与天地同流，仅物我两忘，尚不能全，还需做到"世不离苦"。人的口味如此之妙，最美的饮品，莫过于中国茶，南美咖啡，法国红酒，这几味皆不离苦，众口难调，却均乐此不疲。苦是人类文化中最深刻的一味。

　　这个时代，有太多的理由，将"苦"扭曲；也有太多物质，将"自我"异化。如此沉重的历史，唯有进入到"苦"的深蕴中，才能体会到清澈的回响；如此闪瞬的人生，也唯有进入到"世不离苦"的境界中，才能品味到最深刻的幸福。

第3章

幸福之在

人这一生，总在生死两端游走。

活着的时候，在幻想死后种种，幻想死后永恒，幻想自己生命的轮回，幻想死后的诸多荣耀。活着的事情，可以用伦理学来解决，死后的事情，就只能用哲学来解决。

哲学问题，就是有关死亡的练习题。虚妄真空，玄学形上，渴望真理，追求永恒，这些问题，无一可以在现世得到解决。哲学就是教导人们如何经历未知的死亡。人总在渴望永恒，而唯有死亡可以达到永恒，所以哲学家都有种殉道的冲动。苏格拉底在狱中，没有辩解，没有申诉，拒绝了学生救他出狱的请求，在接到毒酒的杯子时，面色和表情没有任何改变，像平常一样问："我想从杯子里洒出一点祭神，你说可不可以？"

哲学家眼睛中的现世、此在，总是缺憾的、遗憾的。海德格尔认为，人的日常生活，没有发现"此在"的智慧，真理的客观总被世俗的琐事所遮蔽。人生就是烦恼，就是烦躁，与物相处，烦心；与人相处，烦神。人在此世，把自己沉沦进闲谈、好奇和踌躇。人只能生活在沉落之中。

所以，人给自己制造了梦想，无论天国或"彼岸"是否存在，它都是人类自我完美追求的折射，美丽的天国让更多无奈的世人心存希望，也因希望给残酷的现实一口气松。宇宙真如"哈勃"望远镜那般冷酷，几十亿光年之外也只是星云，并无神仙居所；地表之下，也尽是岩石岩浆，找不到一条通往"地狱"的入口。但"彼岸"的梦想，却如一盏希望的灯，照亮每个人曾经漆黑的心路。"吉檀迦利"在印度语中是"献歌"的意思，即献给神的诗歌。伟大的印度诗人泰戈尔曾以此为名，向他心中的真理献歌，并歌颂人们对"彼岸"的追求，在80年前的《吉檀迦利》中他写道，人生的幸福就在于对完美的追求，追求之路就是尘世的幸福：

> 无论天上还是地下，无论仙界还是凡尘，都没有绝对的完美，残缺是永恒的，所以才激励人类去追求完美。在追求中生生不息，繁衍不绝。那圆满中失去的一角，是最珍贵也最美丽。那追求不到的东西才是最具诱惑力的。因为她丢了，世界失去了一种快乐，这正是上帝特意的安排，抑制着众生那种乐极生悲的发生。失去了一种快乐，是昭示月满则亏，水满则溢之原理，残缺的完美正笼盖着一切。①

一、人生风景

> 当面临死亡的时候，无论是有神论者所追求的天国，或是无神论者所追求的价值，都是在今生建立一个永恒世界的尝试。

人生太短，白驹过隙，乌飞兔走。《四十二章经》中，佛问诸沙门曰："人命几何?"沙门答曰："数日之间。"佛曰："子未知道。"又一沙门答曰："饮食之间。"佛曰："子未知道。"又一沙门答曰："呼吸之间。"佛曰："善哉！子知道矣！"人生只在须弥，只在刹那。李白诗曰："君不见高堂明镜悲白发，朝如青丝暮如雪。"美人儿不愿照镜子的原因就在于经受不起岁月蹉跎的折

---

① [印] 泰戈尔：《吉檀迦利》，林志豪译，天津教育出版社2008年版，第21页。

磨。人人惧死，死是孤独，死是寂寞，死亡之路是一人独行，是真实自我的独自面对，人只有到了这个地步，才会和家庭、集体、社会彻底割裂，濒临死亡的体验是一种极大的"畏"。极大的"畏"如影随形，人总是生活在极大的"畏"的阴影之下，唯有死亡才可以得到真正的解脱，这是人生痛苦的真正根源。所以，人生的解脱，绝不可以寄托于来世。人生由多苦而离苦，由离苦而解脱，这是真正的幸福之道，在当下，在现世取得自己梦想和理想的实现。

绝对的自由，意味着永恒，追求自由，是人的天性。将人的生命羁绊于牢笼之中，幸福是很难获得的。诗人北岛曾经说过，自由就是枪口和猎物之间的距离：一边是生死的考量，一边是战战兢兢的生存。每个人都必须在一定的环境中生活。在一定的环境中生活，如同自然界的食物链，即使"身在琼楼最高层"，也获取不了绝对的自由。生活在体制下的个人，自由是相对的、有限的，人类自建立社会以来，从来就没有什么"绝对自由"，"绝对自由"只存在于理论之中，存在于人们的渴望之中，存在于彼岸世界之中。此在的世界，必须将哲学落地到生活世界。

幸福哲学本身就是一种生活哲学。哲学固然是探讨纯理论的形而上之道的，但它又不应是远离人们现实生活的。哲学对形而上之道进行探索，这种探索并不是束之高阁的高高在上，而是应对人们的现实生活有切实的指导作用。哲学是对时代问题的回应，是对时代精神的反思，尽管哲学抽象现实、高于现实，但哲学应当广泛地去关心现实社会和人生中所提出的各种问题，并积极地去指导它、解决它。事实上，哲学一直也在强调对生活世界的指导，如儒家传统强调的"道不远人"，追求"极高明而道中庸"（《中庸》第二十七章）的境界，以及反复倡导的上学下达、知而能行、知行合一等。佛教则一直强调离俗谛即无第一义谛，出世间法不离世间，建设人间佛教。基督教则讲"因信称义"，爱所有的人，包括自己的仇敌。将自己所有的事情都交给全能的上帝，任何时间、任何事情都能与人同在。

哲学来自于世界，是对幸福诸相抽象的结晶。"世事洞明皆学问，人情练达即文章"，人生如同一个巨大的迷宫，我们找不到最后的出路，唯一通向光明的路径就是人生的觉解，以未体验实现体验，以未经历体验经历。生命以生活的形式展示给我们，生命唯独在生活的世界中得以实现，人间生活是生命呈现的唯一载体。对幸福哲学的研究，必须落实到生活世界中来。根据人的生活的展示，世界大体可以划分为四个维度，即主日常生活的庸常世界，主道德生活的伦理世界，主真理生活的本真世界，主智慧生活的永恒世界。

庸常世界，主要是指生命的拓展展示为日常生活。如海德格尔所说的"沉沦"。"沉沦"是海德格尔哲学名著《存在与时间》一书中的一个重要概念。海德格尔认为，"此在"日常生活在常人之中，而常人是中性的东西，它是一个平面，抹平一切"此在"之个性（的凸起），使其失去本真，跌落于常人的常驻状态，这就是沉沦。沉沦是一种人生的无奈，无法超越，只能在现实之中生活，以闲谈、好奇和踌躇的形式，逃避对死亡的恐惧，因为唯有死亡是真正的问题。沉沦导致了人的异化，人最本初的善良被烦躁、烦神遮蔽。①

阿格妮斯·赫勒（1929— ）是当代著名哲学家，1955—1958年作为卢卡奇的助手，完成了自己的博士论文。1985年移居美国，被聘为纽约新社会研究学院政治学和社会学研究生院的哲学教授。在其著作《日常生活》中，将哲学关注的宏观主题落实到人的日常生活中来，她认为日常生活是每个个体存在的平面。人的意义也只有在日常生活中才得以实现，这种重复性的思维和重复性的劳作，正是一个"自我"发现的经历。因为在这种环境下，人要实现自己的"自在性"是十分困难的。赫勒一方面充分看到日常生活的重要历史地位，所有的社会再生产环节，均在日常生活中完成；另一方面试图

---

① 参见 [德] 海德格尔：《存在与时间》，陈佳映译，三联出版社1987年版，第54页。

揭示和批判日常生活的局限，认为日常生活由于自在性和重复性而具有保守性，常常阻碍人的个性发展和创造性的发挥。赫勒研究日常生活的意义，并不只是想揭示人的现实活动的异化，更主要的在于寻求日常生活人道化的可能性及其实现途径。在日常生活的过程中，每个人都在创造"异化"的社会环境，又在避免着被他人"异化"，所以每个人都是伟大的，人人都有获得幸福的天赋。善治的社会也必须为人们提供一个可以为自我存在的空间。

每个人都期望自己成为万众瞩目的英雄，因为英雄是至高的功利实现，它不仅意味着现世的荣誉，还意味着历史的永恒，英雄在历史中呈现为历史的符合，是"异化"的最高形式。但每个人又必须接受自己的庸常世界，接受日常生活的考量。幸福和死亡具有同质性，幸福从死亡的含义中来，是活人对死亡的觉解，所以庸常世界中的日常生活，是真正意义上的幸福载体。

伦理世界，主要是指生命的拓展展示为道德生活。柏拉图曾把灵魂分为理性的与非理性的，灵魂的分享不仅体现在人的身上，世界万物都有这种灵魂，不同之处在于人的灵魂是理性的灵魂。单纯生命的生长功能、营养功能，连植物也具有，而且一切动物都有感觉功能，人的特殊功能就是理性的现实活动，人的德性生活就体现于灵魂的理性之中。在亚里士多德看来，最高的善是幸福，幸福不是一种品质，而是现实的活动，是灵魂的一种活动。最后，亚里士多德归结说，人的善就是合于德性而生成的灵魂的现实活动。

伦理世界中，评价一个人是否幸福，基本标准就是看他的生活是否合德性，德性是全善的，德性和快乐是完全相融的。事实上，人的生命来到宇宙之中，本身就是惬意的、喜悦的。以良知为牺牲，以善德为代价，以欲望之满足作为实现幸福的代价，人生才会进入无边的苦海。在物化的社会中，人被异化为物质的符号，证明一个人的价值只能用物质来证明，享受舒适必须合情合理，绝不可陷于物质的迷惑，以免失掉幸福及人生的意义，外在有形的物质不会缔造真喜乐，心灵深处的满足才是幸福的基础；权势、地位不会造就圆满的人生，人格修养才是幸福的根源。

荷尔德林说，只要善良、纯真与人心同在，人便会欣喜而诗意地栖居在大地上。诗人的语言只能是美好的表述，世界的基本法则依然被物质消费的欲望所左右，当伦理世界的作为幸福的一个表征被消失后，人的精神缺失的时代也就到来。极度的道德价值的缺失，高科技和经济的发展带领我们走向的也许是一扇"地狱之门"，因为人的能动性，人的潜在的能力足以能够将我们人类自己毁灭。只有将善良和纯真深深根植于人的内心，让人普遍具有良知，并以此形成具有社会普遍意义的理性和公德，才能够真正让我们在物质、金钱、权力、科技面前实现有效的自控，才能使人们的内心精神与外界相对完美的和谐，最终实现社会的和谐。

本真世界，主要是指生命的拓展展示为真理生活。对现实功利的摒弃，事实上是为了寻求至高的功利性，就是寻求到人生的发展目的。本真世界，即人生欲求中对真理的索求，这一问题之解决，为人生真相至高问题之彻悟，或为对生命起源的认知，或为宇宙大流的通晓。宗白华先生在《说人生观》一文中，系统地提出了自己的人生观：

> 世俗众生，昏蒙愚闇，心为形役，识为情愫，茫昧以生，朦胧以死，不审生之所从来，死之所自往，人生职任，究竟为何，斯亦已耳。明哲之士，智越常流，感生世之哀乐，惊宇宙之神奇，莫不憬然而觉，遽然而省，思穷宇宙之奥，探人生之源，求得一宇宙观，以解万象变化之因，立一人生观，以定人生行为之的。[1]

透过庸常世界、伦理世界，认识本真世界。真理是个体人生的真实体会，真理本身如《周易》之太极一般，是流动的、变易的，真理的载体必然是庸常世界、伦理世界，同时一切真理都以经验的形式得以体现。所以康德认为，尽管一切知识都从经验开始，但它们却并不因此就都是从经验中发源的，存在"一种独立于经验，甚至独立于一切感官印象的知识。人们把这样

---

[1] 《宗白华全集》，安徽教育出版社 2008 年版，第 48 页。

一种知识称之为先验的知识，并将它们与那些具有后验的来源，即在经验中有其根源的经验性的知识区别开来"①。经验不能提供真理的必然性和普遍性，庸常世界和伦理世界对真理的展示，多是偶然的、片面的，必须进入到真理的世界，才能洞悉幸福的真相。

以本真世界之知识，指导人生精进。中国传统文化主张将"精义"、"利用"、"崇德"结合起来，主张精研事物的义理，进入神妙的境地，唯有认识世界，才可以健身安适，提高道德。真知，方有实行，中国一直强调行知关系，如荀子曾言："不闻不若闻之，闻之不若见之，见之不若知之，知之不若行之。学至于行之而止矣。行之，明也。"（《荀子·儒效》）本真世界的境界达到，其目的是为实现对生命实践的指导。

幸福不仅是知，更重要的是行。朱熹强调知是行的基础，主张知先行后。他所谓的"知"是明心中固有之理；而他的所谓"行"是道德伦理的践履。王夫之提出了"知行相资以为用"、"并进而有功"的知行统一观。王夫之认为行先知后，肯定人生实践的优先性，"知行相资以为用"，由行得知，由知知行，行先知后，知行相资相用，先后互相促进，这就是知行并进而有功。所谓"进"是知行不断得到发展的意思，知行是循环往复、无穷发展的过程，人生即在循环的知行中不断精进。

永恒世界，主要是指生命的拓展展示为智慧生活。人生短暂，春秋如水，昨天不可追。但人的生命并不仅局限于此生。当面临死亡的时候，无论是有神论者所追求的天国，或是无神论者所追求的价值，都是在建立一个永恒世界的尝试。短暂的今生，它的存在必然有其存在的合法性，当对这一问题进行讨论的时候，可以看到它的存在必然与过往的历史和将到来的未来发生关联。历史是时空的流行，本来仅是物理世界的时空流行，因为人的行走，而被赋予了历史的价值。历史的魅力就在于此，一方面强调要活在当

---

① ［德］康德：《纯粹理性批判·导言》，邓晓芒译，人民出版社 2004 年版，第 34 页。

下，脚踏实地；另一方面也肯定永恒，丧失了对永恒的追求，人的历史必然进入虚无主义的陷阱，人类的历史将丧失存在的意义。

唯有物理的时间是永恒。从这个角度出发，现实的功利、寿命的长短、地位的尊卑，都是无常，恒定的是时间，只有物理的时空于你我公平。永恒的生命，即是在有限的时空生命中，寻求到永恒的境界：沧海桑田，不过转眼一瞬；千年万年，只是苍老红颜。

所以，生命可以简化为时间生命和人文生命。时间生命只是生命在人间的一次旅行，人文生命却因为生命的价值而万古长青、永恒存在；时间生命如同一列火车，可以处处停靠，宣告这段旅途的结束，人文生命却如同这列火车的铁轨，与前人后人同行，在宇宙中畅游。人的智慧，并不如同秦皇汉武寻求丹药以求长生，而应当以自己的有限生命为代价，超越于物质世界，与万古同流。

永恒世界，是人类生命价值实现的载体，无论是中国儒家传统的"三不朽"，或是苏格拉底以他的死为自己营造了一个理想的终极关怀，或是社会学家勾画出来的乌托邦，都是人类个体试图超越有限生命而到达永恒世界的尝试。人们试图通过自己的智慧，寻找一个"精神家园"，希望找到一劳永逸的精神乐土，能够一次性地将自己交付出去，永远不要再烦神，尤其是不必忍受每天不同的精神价值之间的冲撞，不必面对和回答各种新出现的问题。尽管现实的冲击，导致这个问题本身成为荒谬的悖论，但依然可以看到每段历史，总会有人愿意舍生取义，以个体生命的代价，寻求得历史沙滩上留下的一些鸿爪。

对永恒世界的追求，是个人至高智慧的体现。放弃对现实功利的追求，追求永恒的精神，这种精神不仅能使人世间获得和平与安宁，而且也能使人类在共同创造的不朽事物中获得永生，并从中发现生活的乐趣和生命的意义。这种精神是终生关注持久而永恒的东西，漠视稍纵即逝的实利和物欲，跨过了自然的恒久世界和人生的短暂世界之间的难以逾越的鸿沟，在追求永恒中得以升华。

二、相存、互益与共生

科技改变世界，幸福引导人生。

上文中对于人的存在境域的划分，多受海德格尔的启发。海德格尔认为当代技术已经成为超越于人类之上的"异己"力量，人被技术的力量绑架。在人之上，不再是星空和良知，而是驾驭着人的"座架"。所以，人人在"此在"的世界，通常以非本真的常人方式在世，"此在"被抛到无家可归的生存状态，通常以人文精神的闭锁为代价。人的超越不可能是肉体的超越，只能为现世生活的提升，故对本真世界和永恒世界的追求，是人性为善的证据及求善的动力。人性为善，既已承认了良知的存在，良知作为驱动人类追求永恒世界的根本动力，也是驱动人类肢解日常遮弊的重要路径。良知外化为社会的法则、社会的规章和制度是良知的外在构成境域。

社会法律和规章，在柏拉图看来是"世界为善"的外在表现，法律的本质和目的，是将对社会义务纳入到对"善"的动态追求中来。再如，柏拉图之后的斯多葛学派的德性主张，认为理性与美德乃自然对人类的恩赐，但真正的智者不应以孤寂的沉思和宁静的生活来完成美德，他必须投身于国家的事业以实现灵魂的不朽。西塞罗提出了至善主义法律观，使希腊哲学走向了广泛的应用空间。在这个空间里，理想的国家成为一个永恒的共和国，应然的法则被概括为理性的自然法。西塞罗的观点代表一部分哲学家的意见，即法律本身是人类对至善的追求和关照，是人类高尚精神品质的体现。

自然于人是至善的，自然以天地为养人的环境，以万物为人的食物，以天下为人的空间。人类在自然界的成长中与万物有着密切的依赖、互生、共存的关系。人的成长，以自然为依托，构成自己所从属的社会；以自然为依托，构成自己特有的属人文明和历史。人类虽为众生中之一类，却高于众生，它能以知识研究一切事物，并能以多人的知识来做种种交换互助，在交换互助中完成创造的进步，改造世界，创造世界，最后达到人和自然的和谐。所以，人的幸福来自于至高的善，众生和谐之道即：相存、互惠、共生。

相存。自然万物，于个体而言，是生命与死亡的统一，是成长与衰老的统一。任何事物都包括内在对立的两个方面，对立的双方相互统一。中国哲学传统一直不乏自然辩证之思考，如《素问·阴阳应象大论》所说："阴阳者，天地之道也，万物之纲纪，变化之父母，生杀之本始。"这种对立，是事物存在的自然属性，矛盾的自然属性必然导致的最终目的、最终结果，是死后而生，贞下起元。正因为彼此的对立，导致万物发展之中的分裂性、极端性、错位性，然分裂是为了统一，极端是为了平衡，错位是为了配合。这才是自然赋予所有矛盾事物的终极目的，这是万物能够在这个世上生存发展的绝对的先决前提条件。唯有对立二分，才有世界不同。人尽管分裂于自然，同时也是自然界的一部分，是自然界长期发展的产物，而且是最高产物。随着人类的产生，纯粹的自然转变为属人的世界，人作为世界上的一个重要组成部分，与自然界同处一个系统中，须与自然发展规律同步，和谐互存。

这种相存，不仅要在人与自然的关系上得以实现，同时也须应用于人与他人、人与社会之道上。每个生命个体的形成是由带着不同信息的数十亿个精子，通过自由竞争与独特卵子组合的结果。这一特殊的组合规定了人的个体的五官、身体、皮肤等不同于他人的独一无二的生理外貌。人成为独立的生命个体，必须要具备勇敢面对生活、向艰难困苦挑战、追求幸福美好生活的潜能。这一潜能时刻准备着与成功之路上的任何艰难困苦作斗争，并具有达不到目的誓不罢休的原在天性，所以人的生命可以时刻感受到斗争性，感受到生命不息、斗争不止的紧张感。

按照弗洛伊德所构建的人格结构，每个人事实上是由本我、自我和超我所构成。本我，生理的我，即真实的我。真实的我是一个小孩子，他任性顽劣，需要体察和关怀，这是人的个体的本性。自我，心理的我，即现实的我。现实的我是人的个体所能达到的实际境况。超我，社会的我，即理想的我。理想的我是人的个体希望达到的理想境界，这"三者相互联系、相互作用，以动态的形式相互结合着，人格就是在自我的冲击下，引起本我和超我的矛盾和斗争，经过自我调节，使不平衡达到新的平衡，从而使人格得以向前发展"。

幸福哲学是人类的终极关怀，它原本存在于人类精神的底层，人类精神的所有基本功能、所有创造性活动中均深藏着这样一种终极关怀。它的产生事实上是人的异化与历史同步的产物，是人类精神与其本体或底层之间的悲剧性分裂。要克服这种分裂，必须关注对终极关怀的经验的沉淀。幸福哲学即帮助人在人类精神生活的底层重新找到自己的位置，并由此出发为人类精神生活的所有特殊功能提供主旨、终极意义、判断力和创造力。

互益。人的矛盾，产生的一个根源就是个人原则与社会原则的冲突。幸福是个人功利主义的人生目的。英国维多利亚时代哲学家约翰·穆勒认为，功利主义本质上是最大幸福主义，主张行为的是与它增进幸福的倾向为比例；行为的非与它产生不幸福的倾向为比例。幸福是指快乐与免除痛苦；不幸福是指痛苦和丧失掉快乐。在穆勒看来，功利就是幸福快乐，是道德的基础。根据主体不同，功利主义可以分为个人功利主义和社会功利主义两类，前者以追求个人最大幸福、最大快乐为目的，反映了人的自然性，因而不具有道德性质；后者以追求社会最大多数人的幸福为目的，体现了人的道德性。所以，从这个角度出发，社会功利主义认为，社会应当以追求大多数人的最大幸福快乐为目的，于是，最大幸福原则就成为社会功利主义的核心。相对于个人功利主义的非道德性质，社会功利主义具有道德性，具体表现为牺牲自我的利益，以增加人类全体或有关集团的利益。个人的幸福，应该建立在社会幸福的基础之上，所以以"互益"的方法论实现作为幸福实现的主要方式，也是有其合理性的。合理性的根基在于对个人功利最大化追求的倾向的约束和互惠的要求。在合作的社会中，每个人都是合理的功利最大化的追求者，但是，单纯基于个人的功利最大化追求的倾向并不会导致总的、合理的功利最大化的结果。因此，应该对个人功利最大化追求的倾向进行一种合理的道德约束，以达到一种使每个人的功利最大化的要求都能得到保障的互惠的结果。

中国传统文化中，儒家起了主导作用，它从整体上说就是一种道德学说。其他各家观点各异，但重视道德却是共同的。在孔子看来，社会关系的本质是人伦，即人与人的道德关系。"互益"在个人与他人的关系中，具体表现为"让"。中华国度素称"礼仪之邦"，在传统社会里，人们往往以"诗礼传家"为荣，"礼"的基础是人伦，中国社会构建的人伦社会依据即是"共惠"。中国自古以来就是礼仪之邦，把"礼"看成是治国安邦的根本所在。《左传》将礼比做国家的躯干，并说"礼，经国家，定社稷，序民人，利后嗣者也"。"礼"作为一种道德规范在处理与他人的关系时，主要表现为"让"，"让"就是互益，对人谦让是礼的重要道德内涵。

"互益"在个人与群体的关系中，具体表现为"公"。个人要实现对社会的贡献，须强调对国家的忠诚，强调个人对国家命运的关心即对社会的责任感、使命感。在价值取向上坚持以群体为本位，在公私关系上强调"公"。由此，在中华土地上产生了屈原的"路漫漫其修远兮，吾将上下而求索"的忧国忧民精神，顾炎武的"天下兴亡匹夫有责"的责任意识，岳飞的"精忠报国"的高风亮节和文天祥的"留取丹心照汗青"的坚贞品格。

儒家经典《礼记·礼运》集中体现了"互益"原则之下的理想社会状态：

> 大道之行也，天下为公，选贤与能，讲信修睦。故人不独亲其亲，不独子其子。使老有所终，壮有所用，幼有所长，矜寡孤独废疾者，皆有所养。男有分，女有归。货恶其弃于地也，不必藏于己；力恶其不出

于身也，不必为己。是故谋闭而不兴，盗窃乱贼而不作。故外户而不闭，是谓大同。

"互益"不仅是一种幸福功利主义的生活取向，也是承认社会差异基础之上的伦理之道，孔子讲"君子和而不同"，用"和"与"同"相对立，否定了单一排他所造成的发展机能萎缩，以"互益"之原则建立思想活跃、包容万象、多种文化共存的社会。

共生。人的生命与大自然生命，在中国哲学的视域中，是融为一体的。整个宇宙不是冰冷的客观自在，而是充满无穷无尽的生机、洋溢着大化流行，所以，中国哲学就是一个富含生命意韵的有机生态哲学。儒家传统一直强调人文之道，这个人文之道就是仁道，就是夫子所说的"吾道一以贯之"。生命一体，万物无碍，无论是自然生命，或是社会发展，都要坚持"互生"的原则，人类历史走到今天的根本动因在于"生"，而非"害"。当前世界危机四伏，国际战争四起、民众情绪浮躁、自然环境失衡、地球生态恶变，直接严重威胁着人类的生存，造成这些现象的原因在于，对于自然繁衍之道认识的错误。人类文明因"共生"而兴，因"互害"而衰。

中国哲学的"教科书"《易传》中说，"日新之谓盛德，生生之谓易"、"天地之大德曰生"，这里的"生"，就是指宇宙大道的生生不息、大化流行，体现的是一种绵延不断、创造不息的生命精神。自然世界的"生生之德"，是宇宙生命精神的创生，是宇宙生命的缘由；人文世界的"创生"，则是人类社会多种文明共存。以同而化，以异而生，彼此互为前提，具有哲学上的本体论意义。

近代西方哲学也有对机械二元论的反思，如德国哲学家柏格森认为，宇宙的本质不是物质，而是一种"生命之流"，即一种盲目的、非理性的、永动不息的而又不知疲倦的生命冲动，它永不间歇地冲动变化着，故又称"绵延"。"生命之流"的运动犹如一个旋涡之流，生命向上冲，物质向下落，二者的碰撞结合产生了生物。处于旋涡中心的是人的生命和意识，其次是动物的生命，外缘是植物的生命。而脱离漩涡下落的是物质，物质是堕落的生命。柏格森认为宇宙万物都是假象，它的本质是不断冲动的"生命之流"。恒常的生命，是彼此的"共生"不息。

共生，是对个人宇宙生命达观的认识。生命本身充满着悲情，最伟大的生命也会在时光流逝中陨落，但人不会因此而沮丧，相反会将自己的生命投身到使命中来，超越一己之得失和现实的困境，从更高更远以及更主动的层次上去提升人生的意义。唯有如此通达，才可以在自然中融入生命、安顿生命、提升生命。

共生的生命原则，事实上给生命的发展，提供了一个伦理空间。这种原则是对诸多文化的尊重与认可，在彼此交流中实现共融、共生。

相存、互益、共生，作为人追求幸福的基本原则，不仅能提高个体对于人生认知的能力，同时可以使人在更高的境界上，重新认识生命发展的意义，将个人生命发展与宇宙生命流同步。以他人存在为我之存在的意义，以他人获惠为我之获惠的前提，以社会发展为我之发展的基础。它反对当前的"剥夺主义"，实现人我一体的交融，是对生命伦理的尊重。以此为原则，可以解决个人与他人、个人与社会、个人与时代的诸多问题，从而成为推动时代发展的历史进步力量。

三、心视界、法世界、真实界

幸福的人，是立体的人。

人是智慧的追求者，好奇驱动着智慧。面对神奇的世界，人类会追问"是什么"、"为什么"、"怎么办"，而与人类共生的其他兽类只能默然接受这一切事实。生、老、病、死，是人生不可回避的四个主题。按照宗教的说法，人的智慧就是要认识"生死"。这里的"死"，只能是个体生理生命的结束，并不是生命的终结，就生命本身而言，死也是生命的一部分，死即是生。在时间的长河中，人每天的新陈代谢就如同寿期已至一样，都是"死"。儒家也讲"苟日新，日日新，又日新"（《大学》）。对于每个人来说，每天都是生命的终结与开始的交替，德国哲学家海德格尔也讲，向死而生。

人生苦短。皇帝享尽了人间富贵，总还要求道于方士，或欲延年益寿，长生不老；或欲此生终结，彼岸再续。生死之两端，如同一个拷问人生的烙铁，在每个人的心灵深处都留下一个不敢刺激的伤痛。也因为"向死而生"，所以人要追求幸福，追求价值，追求尊严。在宇宙万物中，唯有人类有典型的"新生"仪式和"死亡"意识：新的生命来到人世间，尽管双拳紧握，准备迎接一生的挑战，但也是个值得喜庆的事情；亲人朋友辞世而去，众人用心悼念，也给自己的生命一次洗礼。这就是人的智慧，因为重生，所以才重死；因为来过，所以要追求幸福。

智慧之追求，人生意义之探寻，都是人类思维的结晶。科学研究证明，人的大脑及高级神经系统使人具有能动地反映客观外部世界的特殊思维活动能力，其中包括形象思维和抽象思维能力。即使是和人类的"近亲"猴脑相比，脑容量上依然差别很大，人脑容量约为 1400 毫升，猴脑只有 400 毫升。同时，动物的大脑只能在第一信号系统范围里活动，只能对直接作用于各种感觉器官的具体刺激作出反应；而人脑则不仅可以在第一信号范围内活动，也可以在第二信号系统中活动，对作为信号刺激的语言作出反应。正因为如此，人脑的功能才大大超过其他动物，具有其他动物所不具备的思维能力。

由此看来，决定人类特殊思维形式的工具是脑，意识是脑活动的自然状态，脑活动才是意识存在和表现的必要且基本的条件。但即使是"脑"为主智的工具，左脑和右脑也不同，2004 年，香港大学学者在《自然》杂志发表文章认为，中国人的大脑语言区与西方人的不尽相同，这可能是文字差异造成的。西方人使用拼音文字，语言功能由左脑控制；而中国人使用象形文字，语言功能不仅需要动用左脑的力量，而且必须有右脑的参与。同时，中医学奠基之作《黄帝内经》的脏腑学说及藏象学说，均认为"五藏六腑之大主"、"君主之官"心脏，兼备两大功能："主血脉"和"主神明"。如《素问·灵兰秘典论》曰："心者，君主之官也，神明出焉。"在中医理论奠定之初，就已经形成了"心主神明"之说。从解剖学的角度来看，心居胸中，两肺中间，两翼有肺帮手，这与古代官职中"君主"之职雷同，故喻为"君主之官"。古人认为对人体生命运动的主宰与调控当由"心"来管辖，故有"心主神明"之论。《管子·心术上》云："心之在体，君之位也"，《灵枢·五癃津液别》曰："五脏六腑，心为之主，耳为之听，目为之候，肺为之相，肝为之将，脾为之卫，肾为之主外"，《类经·疾病类》对此注曰：

> 心总五藏六府，为精神之主，故耳目肺肝脾肾，皆服从于心。是以耳之听，目之视，无不由乎心也。肺朝百脉而主治节，故为心之相。肝主谋虑定夺，故为心之将。脾主肌肉而护养藏府，故为心之卫。肾主骨而建立其形体，故为心之主外也。

由此可见，"心主神明"之说，是指心有统帅满身脏腑、经络、形体、官窍的心理活动和主司精神、意识、脑筋、情志、寝息等心理活动的效用。事实上，中国在先秦时期，无论是思想著作或是医学著作，都将"脑"的思维功能排斥于认识工具研究之外，并且基本无"心"、"脑"之争的记载。但是，古希腊则就此展开了讨论，比如与《黄帝内经》同时代的（前400年前后）西方医学奠基之作《希波克拉底文集》，辑录了《论心脏》一文，认为心脏主智慧，大脑主思维。希波克拉底作为西方医学学科的奠基人，还著有《头颅创伤》一文，详细描绘了头颅损伤和裂缝等病例，提出了施行手术的方法。有足够的证据证明，他可能冲破了当时的宗教禁忌，对人类尸体进行了解剖。

和西方的"脑"主智慧不同，中国文化显然重视心的功能。如孔子讲"随心所欲而不逾距"，《易经》说"感而遂通天地"，"感"取法于"咸"卦，都是讲"心"的功能。由此而导致中国文化发展过程中，强调内在修养的学问、工夫十分发达，也为佛教融入到中国奠定了基础。在民间生活中也是如此，比如"心疼"、"心焦"、良心、善心、歹心、修心等。中国人重内省感悟，有十分发达的心学体验经历，但对脑科学研究不足。

禅宗又称"心法"。相传佛祖一日在灵山会上，拈一枝金婆罗花示众，时大众皆默默不得其要领，唯独大迦叶尊者破颜微笑。世尊曰："吾有正法眼藏，涅槃妙心，实相无相，微妙法门，不立文字，教外别传，付嘱摩诃迦叶。"拈花微笑，心心交照，在中国传授的也是一个"心法"。禅宗是典型的"心主智慧"的体系，《坛经》云："一切万法，尽在自心中"，"于自性中，万法万物皆见"。在禅宗的思辩体系中，心是世界的本源，心法只是一种"无念之念"，屏蔽外物之干扰，反诸自身，寻找自我。马祖道一（709—788 年）是禅宗第八代大师，俗姓马名道一，世称马祖，是"代居什邡"两路口乡境内人，其父以编售簸箕为业。马道一生于唐景龙三年岁次己酉，唐代人说他"生有异表"，"舌广长以覆准（舌兴能舔鼻头），足文理而成字"，《古宿尊语录》谓其"神宇有异（容貌奇特）"。开元年间时，马祖来到南岳山，在一个草庵里修习禅定。南岳般若寺的七祖怀让禅师看到马祖天天关起门来用功，不知道他的功夫是否正确，就来敲马祖的门，听见里面并无回答，就又加大力量，把门拍得山响，马祖受不了吵闹，便把门打开了。

怀让禅师问道："大师天天枯坐在这里，如果不修止观功夫，怎么能够成佛呢？"

马祖未理解怀让禅师的话，反而觉得厌烦，就又关起门来坐禅。

怀让禅师拿起砖头来，在马祖草庵前用力磨起来，一连磨了很多天，声音非常刺耳，马祖静不下心来，开了庵门，循声找去，看见还是那天敲门的和尚在磨砖，就不高兴地问道："禅师，你磨砖究竟是要干什么？"

怀让禅师哈哈一笑，说："我磨砖是想做一面镜子。"

马祖奇怪地问："磨砖哪能做成镜子呢？"

　　怀让禅师说："是呀，磨砖不能成镜，那么一味枯坐就能成佛吗？"

　　马祖一听，豁然开悟，如醍醐灌顶，心情十分愉快，于是就投在怀让禅师的门下聆听教诲，终于成了禅宗的一代宗师。在禅宗看来成佛顺"明心见性"，"明心"就是无烦恼的清净心，"见性"就是见到与佛无二无别的佛性。禅以"自性是佛"为主轴提倡"但用此心，直了成佛"的顿悟法门。禅宗的智慧在于，认为人性本净，只因被妄念的浮云所盖而不能自悟；一旦妄念俱灭，顿见真如本性，则心离烦恼之系缚，通达无碍的自在。

　　事实上，早在古希腊，一些哲学家、伦理学家就主张，知识会使人变得有智慧，而智慧是人的一种幸福所在。由此可以看出，"智识"的目的，是为了获取实现智慧的通途。在苏格拉底看来，知识是构成幸福的中介条件，人们通过对知识的掌握和运用，使知识转化为自身的智慧，便获得了一种内在幸福。古希腊的另外一位哲学家德谟克利特也持有同样的观点，他认为智慧有三果：一是思虑周到；二是语言得体；三是行为公正。智慧使人的思想、言论和行动都符合善，因而享有幸福。人的智慧之火，可以使知识的繁荣和道德的进步在人类历史发展的总体上趋向一致，也使个人内在的精神境界和对生活幸福的感受得到不断充实和升华。

　　从认识出发，所观之物，也有三界，即心视界、法世界和真实界，这三界构成了立体的人。"心视界"即自我认识的世界，追求智慧的目的是为了实现个体的解放。心主慧，脑主智，"智慧"其实是不分家的，在日常生活中智慧也是一盏指引幸福之路的明灯，因为有了智慧，才能懂得远观的幸福，"一叶障目，不见泰山"的短视，只能带给人幸福的迷失。人因为智慧而自在，这种自在是一种精神境界，是一种心理成熟，是内心流出的一种天然自信和对周边事物的轻松把握，这是一种空灵的境界。由智慧而入生活，才能认识自我，把握现在，有"聚散皆是缘"的达观，有"提起放下"的超然，还有"一蓑烟雨任平生"的从容。

　　"试问岭南应不好？却道：此心安处是吾乡。"语出苏轼《定风波·常羡人间琢玉郎》，意指幸福即无外物之别，处境即心安。如此佳句，尽管出自大文豪苏轼词中，却非苏轼原创。苏轼的好友王巩（字定国）因受"乌台诗案"牵连，被贬谪到地处岭南荒僻之地的宾州。王定国受贬时，其歌妓柔奴毅然随行到岭南。元丰六年（1083 年）王巩北归，宴请苏轼，柔奴为苏轼劝酒。苏问及广南风土，柔奴答以"此心安处，便是吾乡"。苏轼听后，大受感动，作此词以赞。

社会生活的节奏越来越快，使我们疲于奔命，身心不适。现代社会的本质就在于出现的领域越来越多，内容也是越来越繁杂，以人们有限的精力、有限的生存时间是无法把握变化如此之大、之多的社会生活的。人以自我适应外物变化，以有限适应无限格局，所以现代人时常深感自身的有限性，感受到自我的渺小，生活中有太多太多的无奈，造成身心的疲惫不堪。当代人深深地感觉到生活中的幸福难觅，心中的理想难以实现，而人生之命运也不可捉摸，人生之成功着实渺茫。现代社会带给人的基本情绪，即是海德格尔所言"烦"、"畏"等人生的负面情绪。但若以智慧看人生，世间的真相就是无常，有生必有灭，有聚必有散，有合必有离，除本心之外，一切皆是幻影。幸福无须外求，只求本心心安即可。心安是"不以物喜，不以自悲"，得意不忘形，落魄不沉沦。宠辱不惊，静看花开花落；得失无意，漫随云卷云舒，这是实现幸福的"心视界"。

"法世界"即现实存在的规律世界。周易中提到"无平不陂，无往不复"，指出没有任何平路，人生之路总是有坑坑坎坎的。天理循环，物极必反，因为认识到这一点，在人生低落之时，无须灰心；在人生顺利之时，不要得意。可以从中国古代哲人的追求中体会到人们超越生活的个我性达至生命存在普遍性的重要。张载曾说："存吾顺事，殁吾宁也。"（《正蒙·西铭》）人生最大的两端是"存"与"殁"，就是生死，生死之外的问题，都无法与该问题相提并论。日常生活中的种种逆境，仅是为此问题进行的人生练习。因为有了内心的平静，在日常生活中孜孜不倦地做超越个我生活之事，从而达到人生过程中的个我性与生命存在的普遍性的整合。

只有内心平静，平淡以处人事凋谢，才能得到幸福。身处任何逆境，只有自然放得下，才能解脱自在，远离烦恼，这样才能真正懂得人生的幸福。

"真实界"即心、物、实的统一，是命、运、理的融合，幸福即融一，与外界融一，与天地融一。幸福的真实快乐，来自于个体生命的安顿。儒家文化事实上是先秦文明对心灵安顿的一种尝试，所以被称为"身心性命之学"或"安身立命之学"，它尝试解决人生信仰、生命价值与存在意义等问题。所以儒学中类如天人之道、生命不朽等问题，都是通过儒学体现的信仰与价值来安顿生命、安顿心灵。儒家讲"知命"，这个知命，并不是消极无为，而是强调要认清自己。人如同其他草木，仅是宇宙中的一个生命，人的欲望也应该与现实相适应，因为在自然主义的基础上，理解了自己的生命，所以对于生命的发展可以争取，不必强求。生死也是如此，儒家对生死问题是非常豁达的。人生如同列车，有起点站，就有终点站，不可能无始无终地坐下去。"大哉乎，死也。君子息焉。"（《孔子家语·困誓》）有道的人，对死就不恐惧，就明白这只是人生的终点而已，因为理解了生命的自然意义，理解自己的自然地位，再过多言，也就没什么意义了，所以孔夫子是"述而不作"。

李白在《独坐敬亭山》中说，"相看两不厌，唯有敬亭山"，就是对待心外之物的态度，回归到"是其所是"的起点。人生的动力，不可能总是鲜花和掌声，个体的价值意义是无法从外界得到真正的智慧层面的肯定的，安顿内心，就是要给自己一个活下去的理由。生命即是如此，我即是如此，生命如此坎坷，却风景无限，我是如此缺陷，却个性十足。人生也不必总是奔跑，人生在世，不仅是奔跑，也不仅是享受，人生应该既有奋斗又有享受，应该是忙里不忘休闲，工作之余不忘品味人生的快乐与幸福，不忘众人的恩惠。年轻的时候，多一些努力，即便不成功，到了晚年也不后悔；人事有凋谢，该走的时候，微微一笑，夕阳一线红，也是一道风景。

四、淡如微尘

死亡才是真正的平等。

夜晚无眠，仰望星空，恒河沙数，感觉生命淡如微尘。我们每个人，确是宇宙中的一颗微尘，万古长河，浩瀚无比，在至上的宇宙面前，我们如此的卑微：我们所居住的地球，仅是银河系中的一枚星星；而生命之源的太阳，也不过是无穷尽宇宙中的一个过程。

因为生如微尘，所以没有悲哀的理由，在圣大的宇宙面前，任何生命只如一棵脆弱的芦苇，再强大的生命也经不起上苍的一个玩笑。但卑微并不意味着自卑，我们渺小的生命也都等同每一个颗星球，虽都如微尘，但却能点亮幽暗的黑夜。

因为生如微尘，所以每个人都是大自然中平等的一分子，天人一气，与万物同，与众人同，所谓"天人合一"的哲学追求，也来源于此。庄子在《齐物论》中说"天地与我并生，而万物与我为一"，即在强调生命意识的回归；孔子所说的"仁者人也，亲亲为大"（《中庸》），不过是人与自然天然血缘的暗示；孟子"人人皆可以成尧舜"，则给每个人以幸福追求的尊严，也正因为这仅存的生命尊严，使得我们更能贴近自然，认识宇宙；宋儒陆九渊则直说"吾心即宇宙，宇宙即吾心"，原来你我生如微尘，却又如此伟大，对"天理"可以如此直观，距离幸福也如此逼真。

生命是自然的伟大创造。千百年物种进化形成的生命结构，积淀"负熵"形成的生存潜能，与自然状态构成差异与张力。这种潜能的发挥，就是与生俱来的生命冲动。它在整体上有两个方向：向上提升、升华精神境界，向下发泄、释放肉体欲望。人是生命的最高表现。在千万年的进化中，人以主动的探索和创造，战胜环境的压力，形成更高的能动性。黑格尔在《精神哲学》指出：

> 哲学必须把精神理解为永恒理念的一种必然的发展，并且必须让那构成精神科学各个特殊部分的东西纯然从精神的概念中自己展开出来。正如在一般有生命的东西那里，一切东西都已经以观念的方式包含在胚芽中，并且是由这胚芽本身而不是由一种异己的力量产生出来的；同样地，活生生的精神的一切特殊形态也必须从作为它们的胚芽的精神概念中自己发生出来。①

所以，卑微的生命自从诞生那一刻起，就突然意识到自己生命的独立。出生的那一刻，身体突然从母体的温暖、熟悉、受依托、受保护状态，被抛到外面冰冷的、硬梆梆的、悬空的、陌生的、异己的环境。在黑暗与恐惧的刺激之下，人生的第一个声音就是放声大哭，这声哭泣宣告着卑微生命的到来，同时也宣告人的一生抗争的开始。尽管生命如黄花般卑微脆弱，但幼儿的生命力旺盛。家庭、社会把他从生存压力中托举起来，让他无忧无虑地探索、模仿、幻想、游戏，将内在的生命力积淀到特殊的信念、理想、抱负上，并掌握相应的生活与创造能力。在这种生命本能的驱动下，人们以生命激情和积极奋斗，追求非现实的理想目标，形成新的能量积淀。生命意志的实现，是幸福实现的深层心理机制，意味着个人以不等价、不等量的砝码，与社会、与自然交换，取得个体的安顿与满足。

禅宗在中国扎根发芽，已过千年。从佛祖拈花一笑，到达摩一苇渡江，再到六祖慧能以卑微的"獦獠"之身南渡弘法，其简易法门，成为禅宗在民间迅速传播的一个关键点。慧能确实卑微，生于南蛮之地，父亲早亡，母亲老迈，以卖柴为生。但禅宗经慧能一门，却开"五家七宗"之花，确实是一个奇迹。

人人自成佛，每个人都有自我醒悟的权利，这种权利是每个人最后的尊

---

① [德] 黑格尔：《精神哲学》，《哲学全书》卷三，杨祖陶译，人民出版社 1988 年版，第 144 页。

严。自我的醒悟，意味着即使在社会的最底层，也有幸福的觉悟：我不因自己的卑微，而放弃寻求幸福真谛的机会。原来"佛"是如此卑微，却又因此圣大。慧能和传统的僧人不一样，这种不同不仅来自于他的"慧根"，更重要在于他体悟到卑微的圣大，代表着民间幸福之道寻求的一种力量，所以佛选择了他，他选择了佛。

五祖弘忍完成了一天弘法，在客房里休息，却闻听有人叩门。敲门的是一个卖柴人。弘忍好奇地问道："你来寻我何事？"

这个卖柴人，紧张地搓着双手，回答道："今故远来礼拜和尚，不求余物，唯求作佛法。"

弘忍从这个人的眸子里，能读到他的虔诚，不忍拒绝。他一直想找一个衣钵传人，或许自己的弟子都太多聪慧，因为聪慧而忘却了弘法的使命。他问这个卖柴人："小施主，您来自尚未开化的蛮夷之地，中土的文化都不及传播，我佛是否普光南照？"

卖柴人还是那么的坚定，对于弘忍的这种质疑，轻声地回答说："人即有南北，佛性即无南北；獠身与和尚不同，佛性有何差别？"

我想，五祖或许在这一刻就已经认定这是自己衣钵的继承者。慧能用自己卑微的生命，捍卫自己寻求真理之路的权利。众生平等，这种平等不仅来自于真理的追求，也来自于幸福的寻找。所谓"成佛"，无非就是以"顿悟"后所得的"真如实相"，来战胜此岸之"无边苦海"。卑微的生命，因为幸福而成为拥有希望和慰藉的路途。六祖《坛经》中记载了慧能对卑微生命的肯定：

　　慧能大师唤言："善知识！菩提般若之知，世人本自有之，即缘心迷，不能自悟，须求大善知识示道见性。善知识！遇悟即成智。善知识！此法门中，坐禅原不着心，亦不着净，亦不言不动。若言看心，心元是妄，妄如幻故，无所看也。若言看净，人性本净，为妄念故，盖覆真如，离妄念，本性净。不见自性本净，起心看净，却生净妄，妄无处所，故知看者却是妄也。净无形相，却立净相，言是功夫，作此见者，障自本性，却被净缚。"

慧能说每个人发明本心的智慧，就在自己心中。人生太过忙碌，太过匆匆，没有时间静下来聆听宇宙的天籁之声，没有空闲停下来整理一下已乱如麻的思绪。我们都太过自信，太过执著：或执著于自己生命的卑微，或自信于自我生命的膨胀。这些都是偏离真理的虚妄。幸福，其实是那么简单，就是拾起平常心，把庸常视为我们生活的真实常态，再伟大的生命，也不过是宇宙中的一粒微尘。如何维持自己的幸福感，如同微尘一样独立，如同微尘一样自律，如同微尘一样自信。世界微尘，因心成体。我是微尘，但我很快乐。

秦相李斯年轻的时候，穷困潦倒，后从荀子学习帝王之术。战国七雄，纷争天下，李斯认为"楚国不足事，而六国皆弱"，只有秦国具备统一天下，创立帝业的条件。公元前247年，李斯投奔秦相国吕不韦，入阁为门客，并向秦王嬴政献《论统一书》，后来秦国的统一战争，基本按照该书战略进行。嬴政称始皇后，李斯向其进言禁绝儒生议政，这成为"焚书坑儒"的导火索。李斯一时权倾天下。然而就在"焚书坑儒"发生之后的第三年，秦始皇病逝。李斯畏于公子扶苏即位后清算，便与宦官赵高伪造始皇遗诏，命令扶苏自杀，同时立次子胡亥即位，是为二世。但此时赵高忌恨李斯权势，反诬李斯谋反罪状，秦二世命赵高案治，李斯受笞打捶击千余次，不胜痛苦，只得诬服，受腰斩于咸阳市。李斯受诬的罪名是"谋反"，故家族一门皆被枉杀。临刑前，李斯对小儿子说：

吾欲与若复牵黄犬俱出上蔡东门逐狡兔，岂可得乎！（《史记·李斯列传》）

死亡临近的李斯，回想自己穷困的时候，在老家上蔡和两个儿子，带着家里的黄狗从东门出城，逐猎野兔。即使在投奔吕不韦之前，李斯也未曾想过自己一定要成为"千古一相"，但权力的熏染，让他无路可退，只有一条路一直走下去。如今尚在幻想，假如不来咸阳，现在肯定是个安分守己的老头儿，农忙的时候秋收，农闲的时候子孙膝下承欢。李白亦在《襄阳歌》一诗中喟叹："咸阳市中叹黄犬，何如月下倾金罍？"

李斯的选择，或许没有错，毕竟自己命运的过程，成就了一个伟大的帝国。但帝王将相，芸芸众生，都尽如一颗微尘，死后复归大地。李斯的不幸在于他自己的哀叹，他选择了一条本来不属于他的道路，尽管后世人评他为"千古一相"，但或许他的幸福只在村间农田，默默无闻地来到，默默无闻地死去。假使李斯死前，如谭嗣同一般疾呼："有心杀贼，无力回天"，那么他也是幸福的，毕竟他选择了一条属于自己的路。

平常的生命，也会有劲浪涟漪。不管是英雄，或是常人，都要有一个平常的心。马祖道一说："无造作，无是非，无取舍，无断常，无凡无圣。只今行住坐卧，应机接物，尽是道。"大道自在人心，平常之处，都是道心体贴。

所寻找的幸福，就在平实平常的生活中。人为谋粮，每天在陌生的城市奔波，碌碌人生，有几刻是为自己空闲的。庸常的生活，每天的"日出而作，日落而息"，与其浮躁，不如把它视为每天的"出世隐世"：伴随东阳日出，和自我的空间告别，走进世界，姑且自认为"大隐隐于世"；西山日薄，回到小家，和家人共叙天伦，和朋友畅谈人生，找本小书，读读已经风轻云淡的往事，欣赏下唐诗宋词，寻找那早已远离的古风；无不幸福。

中国的文化史，一直和江湖分不开，江湖似乎是中国失意者的一个收容港湾。"江湖"的深层暗示是每个人都把自己视为身怀绝技却报国无门的侠客，江湖是我暂居的港湾。每个英雄都来自于江湖，春秋战国时的诸侯门客，楚汉之际的辈出豪杰，绿林梁山的英雄好汉。《史记·游侠列传》中解释侠客云：

> 所谓言必行，行必果，己诺必诚，不爱其躯，赴士之阨困，千里
> 诵义者也。荀悦曰，立气齐，作威福，结私交，以立强于世者，谓之

游侠。

江湖上的侠客，必然是大口喝酒，大口吃肉，救人危难，彰显正义。但宋江如果不是切断了最后的入仕道路，也不可能入伙梁山；李白如果不是为皇权所弃，也不可能如此豪情：一面大呼"安能摧眉折腰事权贵，使我不得开心颜"，又要四处干谒求荐，欲成功名。

江湖，只是"伪平常"，因为意图"丰功伟业"，却不容于世，只能栖身江湖。江湖只是个变种的"庙堂"，也有盟主，也有领袖，也有派系。从左思《咏史》中所唱："功成不受禄，长揖归田庐"开始，庙堂与江湖成了士大夫解不开的情结。很多人期望如同老子所言，功成名遂而身退。但纵观历史，几人能功成，又有几人能在功成之后，欣然身退。

春秋时期，群雄争霸，以吴越两国的"拉锯战"最为惨烈。周敬王二十四年（前496年），吴国和越国发生了槜李之战，吴王阖闾阵亡，两国从此结怨，战乱不断。两年之后，即周敬王二十六年（前494年），阖闾之子吴王夫差为报父仇与越国在夫椒展开决战。这次战争以越王勾践大败结束，战争结束后，越王仅率五千兵卒逃入会稽山。

楚国人范蠡，出身贫贱，却素有平天下的大志，与当时家乡宛城的行政官文仲关系很好。在勾践穷途末路之际，范蠡和文仲却一起投奔越国。二人一起分析天下的局势，认为其他诸侯国贵族当权，很难施展自己的抱负，而越王刚刚经历战败，哀兵必胜，如能共事，必然可以成功复国。见到勾践之后，即被拜为大夫，陪同勾践夫妇在吴国为奴三年。

三年后范蠡归国，他与文仲拟定兴越灭吴九术，是越国"十年生聚，十年教训"的策划者和组织者。范蠡协助越王勾践进行二十余年的复国计划，终灭吴国，成就越王霸业，被尊为上将军。此时的范蠡十分清醒，"飞鸟尽，良弓藏；狡兔死，走狗烹"。同时，他深知勾践为人"长颈鸟喙"，可与共患难，难与同安乐，遂与西施一起泛舟齐国，变姓更名，经商致富，并自号陶朱公。当地民众皆尊陶朱公为财神。唐人李商隐有诗叹曰：

迢递高城百尺楼，绿杨枝外尽汀洲。

贾生年少虚垂涕，王粲春来更远游。

永忆江湖归白发，欲回天地入扁舟。

不知腐鼠成滋味，猜意鹓雏竟未休。(《安定城楼》)

李商隐以不得志的贾谊、王粲自拟，羡慕范蠡能在功成名就之后，全家归隐，这不能不说是一种幸福。范蠡以王霸之道，辅助君王，只是为实现自己的梦想，梦想实现之后，功名利禄便都是"副产品"了。当他规劝好友文仲一起浪迹天涯的时候，文仲并没有意识到问题的严重性，最后只得引颈受戮。范蠡的智慧之处，不在于知人识性，而是能够认识自己，以平常之心看待自己取得的成就。而复国成功的国王勾践，只是范蠡实现人生理想的一个助手，所谓的成功，对于范蠡来说，也仅是一个符号。

夜风吹来，我不知这风是来自春秋的血腥，或是汉唐的文明。是时的夜色，我与万古共存，我与历史共享这一轮明月。凉风吹来，我与夜风共舞，舒展疲惫的筋骨，与先人在同一黎晓前，共享人生盛世的宁静。"人情练达即文章"，平常的世事，也深藏着看不见的契机和奥妙。如果人世如海，而我的生命则如一叶小舟，时而风平浪静，时而波涛汹涌，但终将有一刻，我的生命归于平淡，我以平常之心，看待自己的平常。

这种平常，可以是无为，但绝不是无心的碌碌，而是自醒的幽远。流星飞逝，太阳黑子对宇宙来说，只是能量的一次宣泄；人生起伏，命运多舛，或许只是多了一次人生的历练。过程可以平常视之，但需有内心自视的机缘，给自己培养一份雅致、一份涵养、一种气质。平常视之，是平常心的结果，荀子曰："君子博学而日参省乎己，则知明而行无过矣。"(《荀子·劝学》)。

一个友爱的眼神，一个宁静的下午，一场真挚的电影，都可以让自己的人生有几分感动。看淡起伏，道唯平常：平常，让我们乱中求静，面对风浪有条不紊；平常，让我们喜看鲜花和掌声，却不会得意忘形。每个蔚蓝的天空，每缕明媚的阳光，每丝和煦的春风，都给我平常的生活，添加一分春意，因为平常心，我更爱自己的平常。

五、幸福方程式

身置五行中，有颗超然心。

塞利格曼（1942—　）是美国著名的心理学家，也是目前国际上"积极心理学"的推动者，曾获美国应用与预防心理学会的荣誉奖章，并由于他在精神病理学方面的研究而获得该学会的终身成就奖，1998年当选为美国心理学会主席。在经过多年的研究之后，赛利格曼提出了一个幸福的公式：

总幸福指数＝先天的遗传素质＋后天的环境＋能主动控制的心理力量（$H = S+C+V$）。

塞利格曼认为在工业社会，人类的幸福指数尽管容易被外界环境所影响，但自己依然有控制自己幸福感的能力。决定幸福指数的三个要素中，首先是"先天的遗传素质"，通过研究证明，一个人的心情可能受到父母的遗传影响，如天生具有抑郁倾向，整日闷闷不乐，即使是没有烦恼，他们也不会产生快乐的情绪。同时，对生活中的消极性和阴暗面十分敏感，容易被不良情绪感染。其次是"后天环境"，包括婚姻、社会交往、生理年龄、受教育程度及财富增长等。根据美国对于3.5万人的调查报告显示，结婚的人中有42%的人认为生活非常幸福，而没结婚的、离异的和配偶去世的人中，认为生活非常幸福的比率只有24%。通过研究证明，个人的婚姻状况可能影响一个人的幸福感。赛利格曼的研究表明，10%"最幸福的人"都有一个共同的特点，即是善于分享自己的喜悦，有丰富的社交生活。同时，年龄是影响幸福的重要因素。研究发现，生活满意度随着年龄的增加而增加，但愉快的心情随着年龄的增长而稍微有点下降，消极的心情不随着年龄的变化而变化。教育程度、气候、种族和性别等要素，对幸福感的获取，影响不大。最为引人关注的"财富"，则并非是幸福感获得的决定要素，财富和幸福指数之间的关系是一个"临界函数"，财富达到可以支撑常态幸福指数之后，它的增加并不能提升幸福指数。当然研究也表明，漂亮的人可能更幸福。幸福公式中最后一个部分，也是最为重要的是自己能掌握的力量，即如何控制自己的心理力量。

　　赛利格曼提出这个有关"积极心理学"的公式，和他时年五岁的女儿有关。在他担任美国心理学会主席数月后的一天，五岁女儿尼奇要他陪着自己在院子里播种草籽。赛利格曼虽然写了大量有关儿童的著作，但实际生活中对孩子并不太亲密，他平时很忙，有许多任务要完成，所以这个时候也只想快一点干完了。尼奇却手舞足蹈，将种子抛向天空。赛利格曼叫她别乱来。女儿却跑过来对他说："爸爸，我能与你谈谈吗？""当然"，他回答说。"爸爸，你还记得我五岁生日吗？我从三岁到五岁一直都在抱怨，每天都要说这个不好那个不好，当我长到五岁时，我决定不再抱怨了，这是我从来没做过的最困难的决定。如果我不抱怨了，你可以不再那样经常郁闷吗？"孩子的话让赛利格曼产生了一种闪电般的震动，他突然觉得自己有必要重新认识熟悉的孩子、熟悉的环境，甚至熟悉的自己。在这一刻，他感到是孩子重新启发了自己，尽管自己是个心理学家，但并没有改变自己抑郁的气质。尽管尼奇只是个五岁的孩子，但她自己矫正了自己的抱怨。培养尼奇意味着看到她心灵深处的潜能，发扬尼奇的优秀品质，培养她的力量。培养孩子不是盯着他身上的短处，而是认识并塑造他身上的最强，即他拥有的最美好的东西，这些最优秀的品质将促进他们幸福生活的动力。这一天也改变了赛利格曼的生活。他过去的五十年都在阴暗的气氛中生活，心灵中有许多不高兴的情绪，而从那天开始，他决定让心灵充满阳光，让积极的情绪占据心灵的主导。①

赛利格曼在自己研究成果的基础上提出并倡导"积极心理学"。"积极心理学"和传统心理学不同之处在于，积极的心理学从关注人类的疾病和弱点转向关注人类的优秀品质。从主观体验上看，它关心人的积极的主观体验，主要探讨人类的幸福感、满意感、快乐感，建构未来的乐观主义态度和对生活的忠诚；对个人成长而言，积极的心理学主要提供积极的心理特征，如爱的能力、工作的能力，积极地看待世界的方法，创造的勇气，积极的人际关系，审美体验，宽容和智慧灵性，等等。积极的心理品质包括一个人的社会性，包括作为公民的美德、对待别人的宽容和职业道德、社会责任感及成为一个健康的家庭成员。幸福与财富无关。幸福的人不一定是富人，一个穷人也可以是很快乐的。积极状态的人不一定富有，但一定是幸福、快乐和乐观的。

如果说"幸福"可以经过后天的学习和训练，改变自己的心理状态，以更加阳光的心态进入到生活中来，鉴于决定"幸福指数"的三个要素中有两个是人力无法改变的，那么我们所能改变的只有我们自己，即是内视自我，反思幸福之道。"积极心理学"与儒家所讲的"内圣外王"之道很相似，通过自我修养可以提升积极心理，改变先天的幸福缺失。

中国文化一直有安贫乐道的传统，孔子说："饭疏食饮水，曲肱而枕之，乐亦在其中矣。不义而富且贵，于我如浮云"（《论语·述而》），又说"一箪食，一瓢饮，在陋巷，人不堪其忧，回也不改其乐。贤哉回也！"（《论语·雍也》）尽管衣食粗疏，弯胳膊以为枕头（因困苦而无枕头），但却仍然无心于不义之财，而自有发自德性深处的生命之乐。在孔子看来，一个真正幸福的人，即使他在贫穷的环境中也是快乐的，孔子和颜回所乐的并非是贫穷本身，而是幸福。

与西方文化背景下的幸福公式不同，中国文化视野下对于幸福的认识，

---

① 参见 [美] 马丁·塞利格曼：《塞利格曼的幸福果》，洪兰译，万卷出版社 2010 年版。

更具有丰富的文化内涵，如《国语》中所说的"三不朽"、冯友兰先生所说的"四境界"，都是根植中国文化，将幸福落实到人的灵魂安顿上。这一点，和中国传统文化中的人文主义是密切相关的：在与自然关系上，将人置身到自然之中，强调与自然的和谐；在人际关系上，不倡导孤立、提倡"与人为善"的社会关系；在价值论上，反对功利主义，强调幸福的永恒性。这种中国民族风格的幸福公式，总结起来大体如下：

幸福 ="一大"+"二乐"+"三道"

"一大"，即陆王心学所说的"立乎其大"，将个体生命与宇宙生命、历史生命协同观察，提升人的自豪感，这是幸福的合法性根源；"二乐"，即快乐的来源是自然之乐与人伦之乐的结合，是天人合一的境界和与世圆融的契合；"三道"，即幸福形上之道的溯源、形下之道的履行，及中和之道的方法论。

《宋史·道学传》载，宋明理学的先驱周敦颐让受学于他的二程（程颢、程颐）"寻孔颜乐处，所乐何事"，"二程之学亦由此而发源"。"孔颜乐处"从此随着理学的产生、发展而逐渐家喻户晓。周敦颐认为"孔颜乐处"是"大"，这个"大"是成为圣贤的理想，有了这种理想，人才能超越现实物质条件的束缚：

颜子"一箪食，一瓢饮，在陋巷，人不堪其忧而不改其乐"。夫富贵，人所爱也；颜子不爱不求，而乐乎贫者，独何心哉？天地间有至贵至爱可求而异乎彼者，见其大而忘其小焉尔。见其大则心泰，心泰则无不足；无不足，则富贵贫贱，处之一也。处之一，则能化而齐，故颜子亚圣。（《通书·颜子第二十三章》）

有了"大"的理想，才可以与先贤"神交"，体悟宇宙流行的神妙之处。"先立乎其大"也成为"陆王心学"的修养法门，王阳明在《大学问》论"明明德"一条中阐发"大"意，曰：

大人者，以天地万物为一体者也。其视天下犹一家，中国犹一人焉。若夫间形骸而分尔我者，小人矣。大人之能以天地万物为一体也，非意之

127

也，其心之仁本若是，其与天地万物而为一也，岂惟大人，虽小人之心亦莫不然，彼顾自小之耳。是故见孺子之入井，而必有怵惕恻隐之心焉，是其仁之与孺子而为一体也。孺子犹同类者也，见鸟兽之哀鸣觳觫，而必有不忍之心，是其仁之与鸟兽而为一体也。鸟兽犹有知觉者也，见草木之摧折而必有怜恤之心焉，是其仁之与草木而为一体也。草木犹有生意者也，见瓦石之毁坏而必有顾惜之心焉，是其仁之与瓦石而为一体也。

在阳明看来，因为天地万物本于"一"，所以"大人"也如宇宙仁心，将自己的"仁"德由内而外，步步展开，最后达到与天地万物为一体的至大境界。

作为中国传统价值教育的主流，儒家一直坚持"榜样"教学的模式，宋明理学从周敦颐开始就认为，人的幸福旨要就是成圣成贤：外可安邦，要以伊尹为榜样致力于国家之治；内要自省，要像颜子一样去追求圣人的精神境界与实现个体身心的和谐。这就是儒家所强调的"内圣外王"。所谓的"内圣外王"即是寻求人生的"二乐"，认识到生命旨归的同时，也须强调在社会伦理上的履行。

自然之乐，与功利之乐不同。功利之乐，是人异化的结果，以有所得为乐，以有所失为苦。功利之乐，是以人格的丧失为代价，人不应当把苦乐同外物相联系，而应当反思快乐的真正来源，即唯有得道之乐、自然之乐，才是真正的快乐，才不会让身外之物来骚扰平和洒脱的心境。明代哲学家陈献章在《真乐吟效康节体》中以诗的形式抒发了自己关于真乐的看法："真乐何从生，生于氤氲间。氤氲不在酒，乃在心之玄。行如云在天，止如水在渊。静者识其端，此生当乾乾。"这种自然之乐，是动静自如的超然境界，讲究的是一种求道得道的哲人之乐。自然之乐，事实上是中西文化的贯通，无论是西方哲学的"人为自然立法"，或是儒家的"天人合一"、道家的"道法自然"，都是将人生的幸福建立对天道的体贴之上。

人伦之乐，即在人际生活中寻求到价值满足的快乐。幸福论在某种意义上讲，就是价值论，即不同的幸福感是由于获得不同的价值而产生的。人的真正幸福或最高幸福与人的根本价值相关，即人能够自由而全面的发展。把幸福作为道德普遍原则，意味着幸福必须有其客观的依据或尺度：享有合乎人性的物质生活条件与生存环境，人性自觉并得以充分地展开和实现。人的价值实现，必然要在一定的社会关系中方可成立，隐士的社会只能产生自我内心的满足，而不可能享受到为社会、为他人奉献的快乐。

当前我国社会在伦理上仍守望传统。传统的"五伦"、"五常"和"新五伦"、"新五常"依然与社会有较高契合度。中国传统社会的"五伦"、"五常"影响甚广，"五伦"即父子有亲、夫妇有别、长幼有序、君臣有义、朋友有信；"五常"即仁、义、礼、智、信。国人传统价值之实现，是以外向方式得以证明的，需以伦常为载体。敬发自内心，内义而外敬。孟季子问公都子曰："何以谓义内也？"曰："行吾敬，故谓之内也"（《孟子·告子上》）。尽管历史发展过程中，形成了"隆礼重法"的传统，但这个"礼"和"法"只是国人觉悟人伦之乐的外在表现形式。所以，快乐感事实上是"自然之乐"与"社会之乐"的结合。

幸福是"形上"与"形下"的结合。所谓的形上之道，是指人与自然的和谐，生命来自于自然，也要将生命与自然融合，天人合一的喜悦，是内心最为纯正的快乐，"孔颜之乐"大体属于此类幸福；所谓形下之术，是指人与人之间交往过程中的伦理以及自我积极心态的暗示，它可以训练，可以培养，而这一切的目的都是为了实现对自我价值的肯定。中国文化在肇始之初，就放弃了彼岸的追求，而追求或如道家的逍遥自由，或如儒家的"天人合一"。这个"天"，就是天道。天道客观无亲，要做到"天人合一"，就是要体贴天道，以"诚"作为个人修养的路径，《中庸》说："诚者，天之道也。诚之者，人之道也。诚者，不勉而中，不思而得，从容中道，圣人也。诚之者，择善而固执之者也。"在这个基础上，才能做到与"天地参"："唯天下至诚，为能尽其性。能尽其性，则能尽人之性；能尽人之性，则能尽物之性；能尽物之性，则可以赞天地之化育；可以赞天地之化育，则可以与天地参矣。"不偏激、不盲动，以"中"为则，找准自己在宇宙间的位置。"和"是中华文明中一个很重要的概念。"和合"一词的最早出处则见于《国语·郑语》："夏禹能单平水土，以品处庶类者也，商契能和合五教，以保于百姓者也。"意指：商契能和合父义、母慈、兄友、弟恭、子孝"五教"，使百姓安定和谐地相处与生活。同时，《国语·郑语》中也记载了西周末年史伯对万物生长过程的理解："夫和实生物，同则不继。以他平他谓之和，故能丰长而物生之，若以同裨同，尽乃弃矣。故先王以土与金、木、水、火杂以成百物。"从这一段文字可以看出，"和"的前提首先是承认"不同"，唯有"不同"，才有"和合"的可能性和必要性；其次，"和"是万事万物萌生成长的基础，"同"的事物统一于一个相互依存的和合体中，并在不同事物和合的过程中，吸取各个事物的优长而克其短，使之达到最佳组合，由此促进新事物的产生，推动事物的发展。社会管理和企业管理也是如此，以和为贵，以和为则，是实现双赢的一个必要条件。

"形上"的幸福和"形下"的幸福，是不可隔离的：仅有"形上"，幸福犹如镜花水月，太过虚无缥缈；仅有"形下"，幸福未免太过市侩，庸俗于甚。幸福就是身置五行中，有点超然心。"中和之道"则是强调两者的结合。三道之追求，可以找到自己与外界、与自然的和谐，找到一个身心俱佳的归宿。"孔颜之乐"是圣贤的"得道之乐"，是浑融无间的圣贤之境。只有这种得"道"以后，与道浑然一体的"乐"，才可以充分享受生命的价值与意义。

六、善田妙果

心即是佛，佛即是心。

佛教自汉传入中国以来，一直与中国历史发展紧密融合，与中国传统文化及传统信仰发生碰撞，并诞生了"禅宗"这一中国特有的宗教形式。禅宗不立文字、不拘形式，这使参禅降低了社会身份和阶层的门槛，易于在平民中传播，六祖慧能祖师就是不识字的农民。唐宋之际，禅宗思想在士大夫中十分流行，许多知识分子均"出入佛老，返还六经"。

禅宗初创之时，从初祖达摩到三祖僧璨，无论祖师还是门徒，都还行头陀行，一衣一钵，随缘而居，门徒并不聚集定居。到了四祖道信，入黄梅双峰山，一住三十余年，弟子先后聚集多达五百。五祖弘忍则住东山二十余年，弟子多达七百。尽管四祖、五祖的弟子们聚居，但都坚持劳作，把日常生活和生产劳动都当做禅的修行，过着一种农禅的生活。高僧怀海禅师则制订《百丈清规》，提倡"一日不作，一日不食"（《大宋僧史略》）。

禅宗在中国的发展，一直没有偏离"生活"的主线，因其与农业生活的结合，故称为"农禅"。"农禅"之所以可行，是因为禅宗在提倡生产劳动的同时，又将参禅与生产劳动相结合，既实现了生活上的自力更生，又不耽误修行，这是中国佛教的特色和贡献。许多禅师就是在生产劳动时开悟的。据说香严禅师在田间除草时，把一块瓦砾抛出，瓦砾击中竹子，发出清脆的响声，在此一瞬间，香严开悟了，其开悟偈道：

一击忘所知，更不假修持。

动容扬古路，不堕悄然机。

处处无踪迹，声色外威仪。

诸方达道者，咸言上上机。（《五灯会元》卷五）

禅宗可以说是"时代禅"。在宋代发达的市民文化中，处处可见禅宗的影子。宋代以后，禅宗思想逐渐深入平民百姓的日常世界，生活处处显示禅的机智。人们也习惯于在日常生活中将禅宗看成是思维乐趣，并用禅理来解释生活现象。

国学泰斗季羡林在《中印文化交流史》一书中写道：

禅宗为什么流行逾千年而经久不衰呢？我认为，这就是同化的结果。再仔细分析一下，可以归纳为两层意思。首先，一部分禅宗大师，比如百丈怀海，规定和尚必须参加生产劳动，认为"担水砍柴，无非妙道"。印度佛教本来是不让和尚劳动的。这种做法脱离群众，引起非议。中国禅宗一改，与信徒群众的隔阂就除掉了。这也符合宗教发展的规律。因此，在众多的佛教宗派中，禅宗的寿命独长。别的宗派几乎都销声匿迹，而禅宗巍然犹在。其次——这也是最主要的原因：禅宗越向前发展，越脱离印度的传统，以至完全为中国所同化，有的学者简直就说，禅宗是中国的创造，话虽过点分，却也不无道理。有的禅宗大师实际上是向印度佛教的对立面发展，他们呵佛骂祖，比如道鉴（慧能六世法孙，唐末865年死）教门徒不要求佛告祖（达摩等），说："我这里佛也无，祖也无，达摩是老臊胡，十地菩萨是担屎汉，等妙二觉（指佛）是破戒凡夫，菩提涅槃是系驴橛，十二分教（十二部大经）是鬼神簿，拭疮疣纸，初心十地（菩萨）是守古冢鬼，自救得也无。佛是老胡屎橛。"又说："仁者莫求佛，佛是大杀人贼，赚多少人入淫魔坑。莫求文殊普贤，是田库奴。可惜一个堂堂丈夫儿，吃他毒药了。"这样咒骂还可以找到不少。这简直比佛教最狠毒的敌人咒骂还要狠毒，咬牙切齿之声，宛然可闻。说它是向佛教的对立面发展，难道有一丝一毫的歪曲吗？这哪里还有一点印度佛教的影子？说它已为中国思想所同化，不正是恰如其分吗？[①]

禅宗深入到中国文化的脊髓，一直影响着中国人的思维，堪称东方佛学典范。六祖慧能说："前念迷则凡，后念悟即佛"（《坛经·般若品第二》）；"迷来经累劫，悟则刹那间"（《坛经·般若品第二》）。倡导人人皆有佛性，无须外求。这于幸福哲学的意义在于，禅宗即提供一条自我觉悟的法门，提倡简捷，主张顿悟，要求清净，强调现实，它充满了参禅法门和觉者智慧，给人

---

① 季羡林：《中印文化交流史》，中国社会科学出版社2008年版，第22页。

类铺就了一条作为终极目标的幸福的通途。从禅宗的角度出发，幸福的获得无非是：关注自我、顺其自然、无常即常。

关注自我。当今社会浮躁，生活喧嚣，人人都有功利之心，急于求成，人伦变成应酬，工作变成负担。每个人都承受着很大压力，忧心忡忡，夜不能眠。很多人都在反思自己的生命意义，寻找生命的价值。但事实上，"外求"则愈加复杂，幸福被异化的状态下，继续向外求索，只能是缘木求鱼。所以，禅宗寻找的是人的"本来面目"，这个本来面目即是"明心见性"，从自己的心性中认识自己。明了心表面的虚妄，超越它的变化，进而从中"见到自己的清净心性和真正的生命"。

《五灯会元》中记载了青原惟信禅师的那段话："老僧三十年前未参禅时，见山是山，见水是水。及至后来，亲见知识，有个入处，见山不是山，见水不是水。而今得个休歇处，依前见山只是山，见水只是水。"见山是山，见水是水，简单的自然观察，却是经历了三个阶段的反证，通过自我与非我的思辨，超越心物，超越了"我"的存在，真正做到了"明心见性"。

关注自我，并不是提高自己的优越性，而是，以众生为师，向众生学习，在根本上消弭与社会的差异，消除对立的观念，让自己真正地融入到社会之中。同时，将自己放置到"道体"的位置上，以合乎自然的大道来看待万物，以人心为我心，以人生为我生。

顺其自然。所谓的"天人合一"，其实就是找寻自己，在日常生活中，幸福之道，安于现实，乐于日常，以本我之心实现人生的超越。人类世界绚丽多彩，而贪欲使人执迷和烦恼，使人性迷茫、堕落。禅宗以启智之面目出现，或在生活，或在举手，或在劳作，或在经商之中，均给人以当头"棒喝"的启迪。赵州和尚（778—897 年），法号从谂，驻世 120 岁，是中国禅宗发展史上一位震古烁今的大师，为禅宗六祖慧能大师之后的第四代传人。唐朝大中十一年（857 年），八十高龄的从谂禅师行脚至赵州，在今柏灵寺弘法传法四十年，僧俗共仰，为丛林模范，人称"赵州古佛"。禅师弘法的时候，有位参学禅法的僧人不远千里，来到禅师的住处，希望能够谛听真经。

吃完早饭后，这名僧人来到赵州禅师身前，向禅师请教："师傅，我初到寺庙，不知我们将要学习的是什么法？修的是什么禅？"

赵州禅师平静地问道："你吃粥了吗？"

僧人不解地回答："吃粥了。"

赵州禅师说："那就洗钵去吧！"

赵州禅师让僧人"洗钵去"，是指示参禅者要体会禅法的奥妙处，必须不离日常生活，这与儒家所说的"大道不离扫撒应对"是相通的。日间喝茶吃饭，夜间坐禅休息，都是对人生真理的追求与皈依。

"禅"是"禅那"的简称，意译为静虑，即屏息念虑的意思。禅宗是以菩提达摩为初祖，探究心性本源，以期"见性成佛"的大乘宗派。相传以释尊拈花、迦叶微笑为其滥觞，不立文字，心心相传。佛教在武周时期，由于政权的需要，得以迅猛发展。唐朝中叶，禅宗出现了强烈的"反智"倾向，盛行扬拳棒喝的机法，强调修禅不必敛心静坐，打柴挑水、行住坐卧都是禅，如上文所言赵州和尚。

五代十国时，周世宗灭佛导致佛教势力受到重创。历史进入宋朝，其统治者对佛教十分笃信，除徽宗信仰道教，对佛教有所抑制外，诸皇均对佛教予以多方保护。宋代对佛教的管理也十分严格，对僧人实行严格的考试制度，同时通过征收度牒费用的方式，加强对宗教界的管理。由此，禅林清规由约而繁，再加上政府管理与宗教学术化的双重钳制，此时禅宗被时人戏称为"石霜禅"，其修炼者以打坐静默为入法门径，也被戏称为"枯木椿"。石霜，或枯木，都是一种寻找人生的姿态，幸福有时候是一种宁静，但人生处处皆是风浪，即使终南山隐，也不会得到半天的安生。无论前往山林、乡村，或静坐在阳台促狭的空间里，幸福的智慧会告诉我们，喧嚣的万象中，寻找内省的力量，使自己缓缓放下，复归内心的宁静。

无常即常。慧能获得禅宗五祖弘仁正法真传，起因是他所做的一首偈子："菩提本无树，明镜亦非台，本来无一物，何处惹尘埃。"此偈充分表达出禅宗"万物皆空"的智慧。佛者，心也；心者，空也。学佛就是悟道，悟道就是怀空，此乃禅宗之真谛。如果我们真正深谙人是"生不带来，死不带去"的道理，以怀空之心对待一切，我们就不仅所有都能想开，都能放下，而且时时都能感受到社会的恩赐和人生的富足，也就一定吃饭吃得很香，睡觉睡得很甜，处处收获人生的幸福和快乐了。

此时也有对如此法门离经叛道的人，以"嬉皮"之举，警醒世人。道济和尚就是后世传说中的济公（1130—1209 年），俗名李修元，浙江天台县永宁村人。他的事迹在市井中流传甚广，在明末清初《济公传》中所刻画的形象是破帽破扇，破鞋垢衲衣，貌似疯癫。济公一直是中国民间故事的主角，他蔑视权贵，也扶危济困，在人们的心目中留下了独特而美好的印象。

事实上，道济和尚是一位学问渊博、行善积德的得道高僧，在杭州灵隐寺出家，后住杭州净慈寺，懂医术，为百姓治愈了不少疑难杂症。他好打不平，息人之净，救人之命。日常举止，不受戒束，嗜好酒肉，举止似痴，被列为禅宗第五十祖，杨岐派第六祖，撰有《镌峰语录》12 卷，其事迹主要收录在《净慈寺志》中，《净慈寺志》"法嗣"小传云：

道济，字湖隐。天台李茂春子。母王氏，梦吞日光而生，绍兴十八年十二月初八日也。年十八，就灵隐瞎堂远落发。风狂嗜酒肉，浮沈市井。或与群儿呼洞猿翻觔斗游戏而已。寺众讦之，瞎云："佛门广大，岂不容一颠僧。"遂不敢摈，自是人称颠僧。

远寂，往依净慈德辉，为记室，矢口成文，信笔满纸。尝欲重新藏殿，梦感皇太后临赐帑金。嘉定四年，夕醉，绕廊喊"无明发"，众莫悟。俄火发，毁寺。济乃自为募疏，行化严陵，以袈裟笼罩诸山，山木自拔，浮江而出。报寺众云："木至江头矣！"将集工搬运，济曰："无庸也。"在香积茄中，六丈夫勾之而出。监寺欲酬之钱，辞曰："我六甲神，岂受汝酬乎！"遂御风而去。

滨湖居民食螺，已断尾矣，济乞放水中，活而无尾。九里松酒肆之门有死人，主人大惧。济以咒驱其尸，忽自奔岭下而毙。

一日骤雨忽至，邑黄生者趋避寺中。济预知其当击死，呼匿座下，衣覆之。迅雷绕座下，不得，遂击道旁古松而止。

道济常为人诵经、下火，累有果证。至火化蟋蟀，见青衣童上升。诸显异不可殚述。

嘉定二年五月十六日，忽又喊"无明发"，寺僧咸惊，谓且复有火。而济乃索笔书偈曰："六十年来狼藉，东壁打到西壁。如今收拾归来，依旧水连天碧。"掷笔逝。茶毗，舍利如雨。葬虎跑塔中。寿六十，腊四十二。

时有行脚二僧，遇济六和塔下，授书一封，鞋一双，倩寄予住持崧和尚。崧启视大骇曰："济终时无鞋，此老僧与济鞋茶毗矣，而独不坏耶？"明日复有钱塘邑役自天台回，又寄崧诗云："月帆飞过浙江东，回首楼台渺漠中。传与诸山诗酒客，休将有限恨无穷。脚绷紧系兴无穷，拄杖挑云入乱峰。欲识老僧行履处，天台南岳旧家风。"盖五百应真之流云。嗣瞎堂远师。有《镌峰语录》十二行世。

《净慈寺志》中记载的"道济"和尚，与民间传说中的济公行状，并无二端，受到信众的尊重。道济天赋禀异，尽管出身豪门，但丝毫未沾染纨绔习气。入门不到十年，其密宗修为在全寺已是首屈一指，连其师父慧远也难以望其项背。道济的禅宗修习却颇受争议，他平时破鞋垢衣、行事疯癫倒无所谓，但道济难耐坐禅，不喜念经，嗜好酒肉，这点却为崇尚苦修的灵山寺众僧所不容。但当时的方丈慧远却很喜欢道济，为他辩护说"佛门之大，岂不容一癫僧"。慧远圆寂之后，寺中再也无人庇护道济，道济便告别灵山寺，外出云游。从此游方市井，出入酒肆，不过道济德行高尚，屡屡用密宗法术拯危济困，彰善惩恶，渐渐成为民间口口相传的活佛，因其形状癫狂，扶危济世，因此人们称其为"济癫"。道济和尚出身富贵，住世60年，以己之力，助人为乐。同时，对当时禅宗为官府控制的现象深为不满。传说有一天皇太后听说济公是活佛，就去问他："我下辈子是男人还是女人？"济公也不答话，就在她面前表演翻跟头，旁边的武士大惊失色，要把他斩首示众，皇太后却说："不要抓他，给他金子，他明明告诉我下辈子是男的嘛！"济公的越礼行为，事实上是对当时"石霜禅"的一种讽刺。

其实，佛性就是平等心，佛心就是平常心，世上诸多烦恼均是由于你我陷入二元对立的思维之中。人生被外相牵着走，就失去了原本清净的自性，就失去了灵明的觉性。一切无常，都是常常；一切偏见，只是我心。人生种种烦恼，静下心来，或许只如同自然之飓风，风过之后，即是无奈的平静。佛陀曾言"常乐我净"，我之幸福来源于内心的认识。

人生太多纷杂，剪不断，理还乱，所以在宁静中，或可以寻找到"大道至简"的幸福。坐下来，给自己的心情放个假，在名利场中深呼一口气，向"枯木禅"学习，深夜静思，剔除沉重的伪装，迎接明天的黎明。可以"嬉皮"一下，向济公学习，把一切暂时放下，快乐地看待身上的负担，微笑着和每个人相处。

第4章

幸福之学

　　人生总是有这样或那样的疑惑，花开花谢，生老病死，无法明确方向。大千世界，何为而生，何为而死，生亦何求，死亦何哀；万丈红尘，半喻于名，半喻于利，此身到死反属我。人生有始终，如果人生是一个循环，总是想能在有生之年弥补前世犯下的错误。何为始，何为终，好奇心总是驱使人类尝试找到循环的第一起始。人总在追求幸福，却不知道幸福到底在哪里。托尔斯泰曾经说，人生就是追求幸福的一个过程，欲望越小，人生就越幸福。生命渴望幸福，生命所给予的诸多磨难历练应该坦然接受，只有这些激励的因素存在，才能学会更珍惜现在的一切。

　　任何学术系统之建设，都意味着一种价值序列建设的尝试，幸福哲学亦如此。幸福哲学是一个开放的命题。首先，幸福的基本范畴，无法确定，对幸福生活之向往和追求，在不同时代、不同经济和文化背景下，人们均有不同的诠释和认识；一个学术系统的建设，必然有其最根本的范畴确定，"幸福"之范畴，在不同学者、不同族群的眼睛中，都存在着不同程度的不确定性，例如幸福是什么？如何获得幸福？这些问题，都无法得到确定的答案。其次，幸福的获取路径无法确定。或以善德为幸福，或以奉献为幸福，或以安逸为幸福，幸福似乎没有一个捷径法门，幸福诸多假说徒增了人的烦恼。最后，幸福作为一个系统学科，其研究方法也无法确定。如幸福指数是否科学？幸福期望值是否存在？是否可以以社会学的方式来进行"幸福"主题的调研？等等，都在质疑"幸福"作为一个学科的合法性。

同时，幸福哲学也是一个封闭的命题。首先，幸福是一个具有普遍意义的价值理想，无论个人主观偏好如何，一定社会对共同体内人们获得幸福的价值序列有着预先的设定。这个预设，会逐渐转化为幸福的标准，这个标准既和先天的自然秩序有关，也与社会存在、文化传统、历史经验有关。由此确定了一个人追求幸福的基本路径，这个路径是建立在幸福的价值理想的基础之上的；其次，幸福必然是快乐的情绪、心性的满足。社会的发展应当与人类的心理接受能力相适应，经济的发展速度也须满足人的心性要求，单相度的经济数据，对于一个社会实现整体幸福，并不具备决定性的意义。最后，人是可以获得幸福的。幸福哲学必然要认可：人人是可能并且是可以获得幸福的。或是宗教信仰，或是经济满足，或是学业精进，都须得到自我之肯定与社会之肯定，唯独承认人的幸福权的社会，才是一个健康完善的社会。

人生的幸福如此难以找寻，当有一天幸福到来且清晰地碰触到我的灵魂时，我泣不成声，豁然开朗，感动心碎，且终于明了。明了的不仅仅是人生中的谜题和答案，而是明了这是一场怎样的人生。因为欲求明了，所以愈加求知，希望以无限知识，满足有限个体的求知，本章尝试对"幸福"进行重新的梳理。

一、幸福调味素

理想，欲望，仁爱，迷惘。

产房里婴儿呱呱坠地，众人喜悦一个新生命的降生，纷纷围了上去，婴儿啼哭嘹亮，双拳紧握。握拳的姿势也很有意思，拇指握在拳内，其他四指护卫拇指，很像密宗的护身拳。婴儿躺在床上，四肢有力地伸动，抓呀抓呀：这就开始了握拳紧"抓"健康、"抓"机遇、"抓"财富、"抓地位"的一生。

孔子的高足曾参，在临死前，和身边的学生交代后事，轻轻地说：

> 启予足，启予手。《诗》云："战战兢兢，如临深渊，如履薄冰。"而今而后，吾知免夫！小子！（《论语·泰伯》）

曾子和弟子们说："看看我的脚！看看我的手！看看有没有损伤！这一生为维护生命的周全，小心谨慎，好像站在深渊旁边，好像踩在薄冰上面。而我离开人世之后，我的身体也就复归大地了。"曾子借用《诗经》里的三句，来说明自己谨慎小心、避免损伤身体、对父母尽孝的一生。据《孝经》记载，孔子曾对曾参说过："身体发肤，受之父母，不敢毁伤，孝之始也。"身体完整无损，是一生遵守孝道的表现。曾子的弟子们把老师的手脚放好，老先生也就闭眼作古了，长吁一口气，松开了双手。

人这一生，生死两端，太多的东西需要奋斗，所以从一生下来，就要握拳备战；太多东西需要精神集中，所以样样要"抓"。临终之前，大彻大悟，想想"抓"的可能不是财富，而是杀身之祸；"抓"的不是青春，而是沉迷美色；"抓"的不是地位，而是权欲熏心。现在要离开这个世界了，终于可以"松"一口气，也可以松开手了。人为什么会活得太累，就是因为该"抓"的东西太多了。人生短短几十年的空间之舟，承担不了太多的东西。太重，就走得慢，走得辛苦。人总感觉到"抓"的东西太少，"抓"不到的东西太多，欲望不止，人生太累。所以，人生取舍是一种智慧，也是一种策略，内心需要安顿，幸福也需要去经营。幸福调味素即是理想，欲望，仁爱，迷惘。理想和仁爱，如同幸福的甜咸，是人生主味；欲望和迷惘，如同幸福的酸辣，亦是人生幸福的驱动。

理想。理想即是符号化的人生，理想多从实践中来，它具有人意识的能动性特征，不仅指导着人生的发展，并且寄寓着个体精神和终极关怀。北宋大儒张载有言："为天地立心，为生民立命，为往圣继绝学，为万世开太平"，这正是中国传统文化中理想意识的彰显。这种理想意识，是与儒家所强调的"生生之德"、"仁者爱人"的基本精神是吻合的，一方面是成人成己的梦想，另一方面则是对社会发展充满着忧患的意识，从而把自我美好的愿望提升为现实的社会思想。儒家思想的发展，自两汉以下，到魏晋玄学儒学思想的正统地位已经逐渐式微，唐代三教鼎立，一直到宋代理学昌明，儒家才回归到学术的正统上。朱熹承接儒家的忧患意识和使命感，不断超越所处时代，从儒家未来发展的角度出发，打破学术的派别门户之见，出入佛老，游思空无，综罗百代，融合儒道佛三教，成为儒家复兴的中坚力量。宋绍兴十八年（1148 年），朱熹登进士第，授同安主簿时，在龙池岩建"玉屏讲堂"，四方学子纷纷登岩求教。朱熹在方塘读书思考时，面对方塘一鉴和瀛溪的源头活水，临流触发，彻悟理学真谛，个人思想豁然贯通，骤然升华，写诗道：

半亩方塘一鉴开，天光云影共徘徊；

问渠那得清如许？为有源头活水来。（《观书有感》）

朱熹少年时多与佛教人士交往，在解决万物皆有善性，物物有我时，他引用僧人永嘉的《证道歌》的话来表现"理"、"气"关系，讲道"一月普现一切月，一切水月一月摄"。朱熹所谓的"理"，就是此"一真法界"的代名词。同时引证"月印万川"来阐释"理一分殊"的含义，即天理的善念，如同月照万川，人人有太极，物物有生力。正因为如此，每个人的生命都要承担与世同进的责任，感受宇宙生生的奥妙，人生才有价值和意义。

成贤成圣的梦想，在今天的浮躁生活中，显得那样的"不合时宜"，但每个人的生命，总要有点遥远的梦想，这样即使有一天小有成就，也能按捺住得意的心情，让自己沉寂下来。幸福与生命如影随形，尽管没有花的芬芳，却给你来一个安慰奖。幸福有时候不会如明星般突兀，却在每个小小理想实现的时候，如期而至。

欲望。古希腊历史时期，因争夺世上最漂亮的女人海伦，导致特洛伊王国与斯巴达王国之间持续十年的战争。1992 年获得诺贝尔文学奖的诗人德瑞克·沃尔科特，以细腻的笔法，再现了特洛伊战争之后的凄凉。他在《新世界的地图之一：群岛》中写道："十年的战争结束了：海伦的头发，一簇灰云。特洛伊，一个白灰坑，在细雨蒙蒙的海边。细雨像竖琴弦般绷紧。一个眼神忧郁的男子捡起雨丝，弹奏《奥德赛》的第一行。"流浪歌手的吟唱，作为战争结束的收场，不免显得几分凄凉与沧桑，但透过血腥与悲壮，从这个故事可以看到每位人物心中的那朵"欲望之花"，甚至可以说，整个特洛伊战争，就是一部"欲望启示录"：

爱欲是十年战争的导火索。特洛伊王子帕里斯和一国皇后海伦为了爱情，而不顾一切。因个人之私欲，而不顾特洛伊向往已久的和平以及整个国家人民的生命，就这一点而言，王子帕里斯无疑是自私和不理智的。将一个人的爱情，与整个国家的荣誉和安全相比较，无疑是被欲望冲昏了头脑的表现；

权欲是十年战争延续的火药桶。作为斯巴达国王墨涅拉俄斯哥哥的阿伽门侬，不满足于眼前统一的希腊国土，为了满足扩张和征服的欲望，劳师动众，率领士兵横渡大海去攻打特洛伊。与弟夺妻的借口，终究不能掩盖他作为一国暴君的贪婪和野心。他的野心和贪婪，造成了特洛伊的毁灭。

名欲是十年战争升级的催化剂。在这个故事中，涌现了诸多英雄，比如为"千古留名，永垂不朽"名利欲望所驱使的英雄阿喀琉斯。对名利的欲望，让他前往特洛伊作战。却因为爱慕另外一个贵族女子，而使这位呼风唤雨的大英雄最终丧生在爱人的面前。

反观中国的儒家思想，它认为人生而有欲，人的物质欲望亦为天之所生，"饮食男女，人之大欲存焉"（《礼记·礼运》），有其正当的存在理由。故儒家言"利用厚生"，言"庶"、"富"、"教"。但这些都不应该成为欲望滋蔓的理由。人身上天赋的物性、兽性、人性乃至神性的不同比例和偏向，决定着每个人乃至各个种族或民族道德、意识、文化和文明的不同层次、境界和潜力，正因为如此，每个人在历史上的地位和角色不同。历史上所谓先知、圣人、教宗、使徒、领袖、导师、哲学家、思想家、科学家、艺术家、发明家、探险家、慈善家，等等，都是人欲乃至神欲或人性乃至神性占据人生主导地位者，因而已近乎至人乃至超人也。但这里并不否定，在众神全部下凡之前，历史上的恶棍和暴政，也可能是神的化身和恶作剧也。所以，特洛伊故事中的诸神、诸人、诸相，不过是一场欲望主演的舞台剧。

儒家认为圣人也是凡夫，他和凡夫一样有着七情六欲，过着最平凡、最普通的生活。如孟子所说的："人人皆可以成尧舜"。享受生命的品质，追求临终的平静，就这一点而言，儒家的圣人和众人没有本质的区别。但众人心中的那朵"罂粟花"，只在懵懂的童年开放，圣人则不然，过着和凡夫一样清贫的生活，却能随遇而安。即便有那么一天，居于庙堂之高，他依然保留着作凡夫时的心态。他的快乐和幸福是固有的，无论处境如何变化，心态始终如一，平凡与伟大不足以改变其心志。

西方学者马尔库塞在其著作《单向度的人：发达工业社会意识研究》的第一章，如此写道：

> "生活安定"一词似乎更适于表达一个濒临全球战争——通过国际冲突，国际冲突转移或暂时中止了既定社会内部的矛盾——的世界的历史替代品。"生活安定"意味着在竞争着的需求、欲望和向往不再由在统治和匮乏中被赋予的利益来组织的条件下——这种组织使斗争的破坏形式长期存在下去——发展人与人、人与自然的斗争。①

马尔库塞认为当前危机四伏的政治环境，更可以用"生活安定"来形容，由于群体社会的对立面消失，每个人更关注于"自我建设"。马尔库塞借助于弗洛伊德的理论，深化了他对于技术理性支配下的个体的研究，进一步指出这样一种机制必然型塑与改变人类的本能、欲望和思想，使之满足于该机

---

① [美] 马尔库塞：《单向度的人：发达工业社会意识研究》，刘继译，上海译文出版社 2008 年版，第 55 页。

制的需要。但由于每个人都要首先适应机制，而后才能生存，社会个体都会通过自我的"欲望发现"来实现与社会的融洽。

仁爱。中国传统文化总是充满着生命的味道，"天地之大德曰生"(《周易·系辞下》)、"生生之谓易"(《周易·系辞上》)，现存的一切总会越来越好，新的生命总在酝酿。天地生物的同时，也把这种"生生不息"的天性恩赐于人类，所以我们每个人都心怀仁德，生生不息的力量也充盈在每个人的体内。在儒家看来，天地把仁德赋予人，发挥仁德就是人的内在使命。就个人生命方面，我们要不断创新，不断追求；就社会方面则要让人与社会充分和谐，与宇宙共脉动，使自己的人生走向至善至美。

宇宙是我的生命，我与宇宙同在，只有我才能真正地体会到自己生命的可贵，海德格尔的著作《存在与时间》中讲到人生就是"在"，"在"就是"我在"，而且就是我在世。我的存在，就是真正的哲学，没有我在，我的生命就无意义。中国哲学也讲"万物皆备于我矣"(《孟子·尽心上》)，以我观宇宙，"宇宙即吾心，吾心即宇宙"，宇宙万物也和我同心，我能感受到宇宙成长的契机。海德格尔认为我们之所以不幸福，主要原因就是"我在"被各种"在"所遮蔽，没有接触到真正的"我在"。"我"生活在各种时间和空间之中，但这个时间并不是简单割裂成为过去、现在和将来。海德格尔在《存在与时间》中所讲的时间也是一个活生生的宇宙生命，如果历史只是所谓客观的过去、现在、未来三个阶段的千千万万甚至还千篇一律的在者堆砌而成，那么历史也就失去了意义，人生也无须奋斗了。所以，海德格尔肩负着特殊的历史使命，使他特别地以澄明遮蔽、道说神圣、筑造诗意栖居为己任。由于他对东西方思想的特殊融合和联结，使得他特别地强调大道、神圣者的朗照。海德格尔希望通过一种中道的方式联结人和天空、大地、诸神，使其在四重性的交融中互成本质。人通过诗与思，即能解脱尘世的诸多束缚、遮蔽、迷误，通达大道，又能回返大地，筑造生命的诗意栖居。所以，在海德格尔看来，澄明之境是"对存在者整体的超越"，只有进入澄明之境，才能真正地从大宏观上认识生命，感受生命的神妙。海德格尔所说的"澄明"，如同中国传统文化中的"道"，它遍布于宇宙，每时、每处周流不息地围绕一切存在者在运行，是一种在"生活世界"万物背后的统一性。

因为每个人都有进入这种"澄明"境界的机会，所以在"幸福"的问题上，每个人的机会是平等的，每个人追求自己的幸福是合理的，也是可能的。世界的多彩性，展示给每个人的"澄明"之境也是不同的：比如农夫会把大地泥土结满果实，自己进入丰收喜悦的场景视为自己最为幸福的境遇；渔人则把平安生活，在大海中体会航海的快乐作为自己最为幸福的境遇。在海德格尔看来，只有进入"大全"的宇宙，存在得以是存在，存在才作为存在显现。大全是"澄明"之境的别名，亦即存在本身。如果"澄明"是有所遮蔽有所庇护的"澄明"，那么作为"澄明之大全"，就宣告了存在之无处不在和无一处在，即不在场的在场和在场的不在场，亦是存在之一个踪迹对另一个踪迹的抹去和自身延搁。这种"澄明"所带来的喜悦感，就如同人生活在美好的梦境中，不知幻真。

这种"澄明"所带来的幸福，并非是虚妄的，犹如中国宋明理学之精神，并非是一味地"存天理，灭人欲"，而是强调生命的意义。宋明理学的开创者朱熹认为，人和万物一样，都是气化而生，"人是天地间最灵之物，天能覆而不能载，地能载而不能覆，恁地大事，圣人独能载助之，次于其他"（《朱子语类》卷一百）。人是万物之灵，人是天地间最灵、最贵的，并具备仁、义、礼、智、信这"五常"天性，因而人生的价值标准是最高贵的。正因为如此，人要珍惜自己的生命，这种生命不仅是生理生命，还有"道义"生命，每个人都要承担自己的"道义"责任。人之所以为人之理，是因为人有善心，能够有对人持同情的宽厚态度的仁爱之心，而"仁"、"义"又是人生中不可缺少的精神因素、是指示人生的准则，人生同仁和义联系起来，具有仁和义的人生才是最高贵的、最有价值的。人活着不仅要善养我命，还要有儒家的修齐治平理想，要以天下苍生为己任，这并不是一种拔高的使命，而是因为天下苍生与我的生命是一体的，万物的生命发展与我的生命发展，都是宇宙之流的一朵浪花。

迷惘。迷惘是人存在的一种状态，由于缺乏宏大的历史主题，人总是生活在碌碌无为之中。从自然中分化而来的人，要证明自己生命的价值，须借助外在的历史，赋予自己生存的合法性，以支撑自己与万物区别的高贵性。但当从自然中走出的人，无法在自己的世界中建立自我的主体意义时，人就生活在"迷惘"之中。迷惘是幸福的最大杀手。

迷惘是无知的存在。在现实中寻找不到人的价值，人就会陷入无所事事，以闲言碎语、搬弄是非作为自己的主要工作，直接否定了现实的意义。1923 年，海德格尔在《存在论：实际性的解释学》中提出了替代抽象的"人"学的"此在"实际生存论，然而这却是以沉沦于世为本质的悲苦证伪。①"此在"当下的实际性生存，是常人化的公众被解释状态建构起来的今日，在这种被夷平化的平日之中，常人在而"此在"不在。海德格尔提出"此在"，即人的存在，不是孤立的存在，而是"共在"。它是与他人、与自然、与社会的"共在"，强调天、地、人的和谐交往。但人的迷惘，直接导致了存在意义的丧失，并以此为代价，将人类社会文明降低至自然法则。

迷惘是虚无的根源。迷惘或许是犬儒主义的前世，因为理想的不能实现，而转变为愤世嫉俗的虚无主义者。由于纯粹价值的支配，在看待世界时缺少程度意识或曰分寸感，对他人缺少设身处地的同情的理解，不承认各种价值之间的紧张与冲突，由此以来，很容易把世界看成一片漆黑，使自己陷入悲观失望，再进而怀疑和否认美好价值的存在，最终则是放弃理想、放弃追求。法国哲学家萨特认为世界是无意义的，这种存在的无意义使得个体绝对自由，不存在上帝也不存在意义来解释生存，只有你是你所行之事的产物。尽管萨特在晚年也曾说过，我得到了我想要得到的一切，但这又有什么

---

① 参见［德］海德格尔：《存在论：实际性的解释学》，何卫平译，人民出版社 2009 年版，第87 页。

意思，这意味着他最终仍逃脱不了虚无的逼视。

　　人生就如同一帆漂洋过海的船，一路上有太多风浪等待着拼搏，还有数不完的险滩和道不尽的未知危险。握紧生命的缆绳，放下太多的物欲，才能乘风破浪，直济沧海。

二、生命规划，死亡规划，死后规划

　　　　人的一生，应该是心龄与年龄同步增长的正弦曲线。

　　幸福是一种"时态语境"，我们都渴望"永恒"的幸福，但这种幸福或许只在生命之后的"绵延"中存在。回顾人生之路，总有太多的遗憾和缺失，好在还有"未来"这个对手，如同"鲇鱼效应"一样，时时激发每个人的斗志，和它对赌一局。幸福和上帝无关，是自己生命的攻坚战，每个人都在以今天的时间作为筹码，去赢得"未来"。这场赌局和人生的起跑线不同，没有人会在起跑时掉队，每一天都是崭新的牌面，只需安静下来，珍惜今天，把握健康。

　　由于儒家文明在建立之初，就抛弃了对"来生"的追求，所以价值评判多在"现世"了结，如何在现世实现自己的生命价值，"立德、立功、立言"之"三不朽"无疑是一种选择。唐伯虎早年实现自己价值的路径，基本沿袭的是这个方向。倘若主流政治体制排斥个人价值的诉求，则可以通过"青史留名"的形式来实现自己的幸福。"三不朽"的价值实现方式，其实是一种生命的智慧：即可以多种方式，来实现个体内心的安宁。如李白个人在德行上，并不能称之为"完人"，甚至不能称之为"君子"，他为实现自己的政治理想，希望借助道教的"山中宰相"，后又入赘已故高官家中，个人酗酒无度，所以在"立德"上，李白个人是站不住脚的。唐伯虎则先因为"科举案"，断送了登科为官的路子，后又因为与谋反的宁王有瓜葛，险遭杀身之祸，所以在传统社会中，无法以"立功"来实现自己。好在还有"立言"，可以将个人的遭遇诉之于历史，清浊自有后人评判。

"三不朽"之说，在春秋时期即成为士人价值肯定的一种评判标准。《春秋左氏传·襄公二十四年》中记载了叔孙豹和晋国范宣子之间关于"三不朽"的一段对话：

> 二十四年春，穆叔如晋。范宣子逆之，问焉："古人有言曰'死且不朽'，何谓也？"穆叔未对。宣子曰："昔丐之祖，自虞以上，为陶唐氏，在夏为御龙氏，在商为豕韦氏，在周为唐杜氏，晋主夏盟为范氏，其是之谓乎？"穆叔曰："以豹所闻，此之谓世禄，非不朽也。鲁有先大夫曰臧文仲，既没，其言立。其是之谓乎！豹闻之，太上有立德，其次有立功，其次有立言，虽久不废，此之谓不朽。若夫保姓受氏，以守宗祊，世不绝祀，无国无之，禄之大者，不可谓不朽。"

叔孙豹认为人生只有做到"三立"，方为真正意义上的"三不朽"。唐伯虎借助"酒神"的狂欢，并没有消沉自己的"理智"，他反观历史，看到墨子、孙子、司马迁、贾谊等人，均饱经磨炼，后流芳青史。在与文征明的信中，他写道：

> 窃窥古人，墨翟拘囚，乃有薄丧；孙子失足，爱著兵法；马迁腐戮，史记百篇；贾生流放，文词卓落。不自揆测，愿丽其后，以和孔氏不以人废言之志。亦将隐括旧闻，总疏百氏；叙述十经，翱翔蕴奥，以成一家之言。传之好事，托之高山，没身而后，有甘鲍鱼之腥，而忘其臭者；传诵其言，探察其心，必将为之抚缶命酒，击节而歌呜呜也。[1]

如果说李白在窥探入仕生活之后，顺性而去，此后便以江湖为家，那么唐伯虎则始终没有放弃政治梦想，期望有一天能重返"帝乡"。历史总喜欢

---

[1] 唐寅：《与文征明书》，《唐伯虎全集》，中国书店出版社1985年版，第221页。

跟执著的人开玩笑，唐伯虎本期望或为官仕，或"成一家之言"，有人"传诵其言，探察其心"，而让他流名的却是他最瞧不起的画作。

人这一生，总希望在自己活着的时候，看到自己的"墓志铭"，希望自己能最大程度地得到社会的认可。生命愿景的魅力即在于此。所以孔子曰："三十而立，四十而不惑，五十而知天命，六十而耳顺，七十而从心所欲，不逾矩。"孔子在《论语·为政篇》篇中，教育自己的学生活着要有个人生规划，每一个阶段，都要有自己的人生追求，基本来说，孔子认可这样的"规划模式"，即三十岁确立人生目标，四十岁明晓世间真理，五十岁到了半截身子入土的年龄了，同时也认清了自己的命运。到了六十岁就更能理解他人，判别是非，分清真假。七十岁便能随心所欲，而不会违背世俗的约定了。看来孔子是将人生的每十年，作为自己人生规划的一个小单元。

笔者一直觉得孔子是人生的导师，他所生活的时代，尽管处于一个过渡、动荡的年代，在如此"礼坏乐崩"的社会背景下，孔子却以"克己复礼"为己任，屡受打击之后，依然对执政者不改教化之志。孔子为师常让弟子言志，他也表明自己的心志，如要让"老者安之，朋友信之，少者怀之"(《仁语·公冶长》)。我想孔子作为人生的导师，伟大之处，不仅在于导人以善，更在于他将自己的人生规划与众人分享。

孔子的伟大更在于他将一个人的"年龄"与"心龄"匹配观察。所谓的"年龄"，就是自然史意义上的生理年轮。《礼记·文王世子》："古者谓年龄，齿亦龄也。"古人也很幽默，年龄就是"牙口"、就是"齿龄"。所谓的"心龄"，就是人文史意义上的心理年龄，按照西方心理学家的划分，人的一生共经历8个心理时期，即胎儿期、乳儿期、幼儿期、学龄期、青少年期、青年期、中年期、老年期。每个心理年龄期都有不同的心理特点，如幼儿期天真活泼；青少年期自我意识增强，身心飞跃突变，心理活动进入剧烈动荡期；进入老年期，心理活动趋向成熟稳定，老成持重，身心功能弹性降低，情感容易倾向忧郁、猜疑。"年龄"一般来说，是和"心龄"匹配的，但不匹配之时居多，如少年老成、老气横秋、暮气沉沉等，皆是形容人的年龄与心龄的差异，这种差异多有"人生喟叹"之意。宋词名家辛弃疾有词唱道：

少年不识愁滋味，爱上层楼，爱上层楼，为赋新词强说愁。

而今识尽愁滋味，欲说还休，欲说还休，却道天凉好个秋！（《丑奴儿·书博山道中壁》）

人生不愁，就是幸福。如何不愁，简单地讲就是知道自己每个人生阶段，做自己该做的事情。再回到孔子的"人生规划"上，看看"年龄"与"心龄"的匹配协调。

三十而立，所立何事？我想不仅是事业、家庭，而是价值观。健康的、与社会和谐并进的价值观，是一个人后半生最值得树立的标杆。坚定的价值观，意味着此后半生不再随波逐流，而是将自己的生命意志，融入到自己的生活之中。中华民族是个崇尚"勤奋"的民族，和其他民族不同，中华民族的主流文化中，总是在强调"苦其心志"、强调"忧患兴国"，绝少有文化产品鼓吹享乐、鼓吹安逸。这并不意味着中国人的幸福感少，或者说由此中国人就不幸福了。相反，综观人类历史，凡当历史之风萎靡骄奢时，就距离亡国不远；凡当历史之风清醒理智时，即是百年盛世。所以，三十而立，立的是健康的"劳有所酬"的价值观，用自己的辛苦所获取的社会承认，才是真正幸福的物质基础。

四十不惑，不惑何事？人到四十，通过自己十年积聚，或在某个圈子里是个权威，或在某个格局中是个头目，再不济也是个一家之长。人到四十，基本该经历的也都经历了，岁月是把杀猪刀，屠杀了幻想，留下了残酷的现实。因为经历了人事冷暖，感受了时光荏苒，突然大悟，如"见大光明"。四十岁的人，要多一份责任，多一些稳重。作为社会建设的中坚力量，必须放弃自己所欲，维护社会秩序，正确看待自己的身份与地位。如果三十岁的毛头小伙子跌跌撞撞，被认为是一种青春的冲动，或是可爱，或可理解；但到了四十岁依然是"愤青"的形象，便让人觉得面目可憎了。四十岁的人，无所憎，无所恨；自己选择的人生，就要自己走下去，所以，孔夫子说"求仁得仁，又何怨乎？"（《论语·述而》）。

因为无怨，所以淡定；因为淡定，所以不惑。

五十知天命，所知何事？所知者，有些事情是人生不可为的。人生下来，就如同一只好斗的猛兽，好奇、天真、好斗，所以三十岁之前，人是在"试错"，要知道自己有些事情是不可做的。三十岁到四十岁这十年，人是在"补错"，把错过的人、错过的事都一一总结，看看还有哪些是可以弥补、可以造就的。到了五十岁，人是在"认错"。"天命"就是一个自然力，人力和自然之间的抗争，人永远是失败者，但正因为这种失败，才激发了人性的伟大。悲剧并非是无病之呻吟，而是弘扬人在命运面前的高亢与激越。到了五十岁，人生已经过去一大半了，大体基本轮廓依稀可见，无论是学识，还是阅历，以及自制力，都到了最高境界了，基本的方向应该不变了。到了五十岁，知道了自己的命运轨迹，不怨天；知道了自己的人生定位，不尤人；知道了自己未竟的责任，不懈怠。

人生真正的成熟，是在五十岁。理解了生命的可贵，送走了自己半生的伴侣——父母；理解了健康的可贵，经常闻听老友突患绝症；理解了家庭的可贵，走过一生，陪自己走得最远的人，还是自己的人生伴侣；理解了传统的可贵，天伦之乐与事业之间，宁可做一个普通的人之父母；更重要的是，理解了责任的可贵，五十岁的人，每想到自己未竟的责任，都油然产生一种时不我待的感觉，不敢有任何懈怠，坚持不懈地去努力，去完成自己应尽的责任。

六十耳顺，所顺何事？六十岁的人，都懂得了"放下"。我讲，三十岁的人生，要像儒家，要入世，要立功；四五十岁的人生，要像道家，要飘逸，要潇洒；六十岁的人生，要像佛家，放得下，放下才是好人生。

到了六十岁，好话坏话尽管人家去说，自己都听得进去而毫不动心、生气，心里依然平静。甚至于被人骂"老不死"，也要笑嘻嘻。《论语·宪问》篇中有载：

子曰："幼而不孙弟，长而无述焉，老而不死，是为贼。"以杖叩其胫。

《论语》中记载了孔子和原壤的一段对话。原壤是孔子的好朋友，年纪应该很大了，是个"老顽童"。孔子见了他以后，很开心。他来见孔子，表面无礼，但内心天真，并无不敬。孔子骂他，像兄长开玩笑给弟弟的后脑勺来一巴掌，骂道："你个老不死，是个老贼啊！"原壤听到孔子骂他老贼，也不生气，相反十分开心。我有个假设，人与人之间的"绰号"其实是对等的，或许原壤老先生被孔子骂做"老不死"时，原壤老先生则骂孔子是"丧家犬"。

人到了六十岁，看透了人生。早年的孔子，也有"物质"的一面。如他维持周朝的拜师礼，"自行束脩以上，吾未尝无诲焉"，只要给他送上十条干肉作为见面礼，即可作为弟子入学。他还直白地表露对财富的渴望："富而可求也，虽执鞭之士，吾亦为之。如不可求，从吾所好"（《论语·述而》）。失意之时，学生发牢骚，他也悲怆问天："知我者其天乎？"孔子不信鬼神，但坦承有三畏："畏天命，畏大人，畏圣人之命。"（《论语·季氏》）畏天敬命，此外无惧，应是一种光明磊落的率真。但是，到了六十岁，孔子过的是一种随心适性而自行自在的、没有虚伪矫饰而自我真实的生活方式。

六十岁的人，看透了生命。人生的起落，不过是历史大流之中的一朵浪花，到了六十岁，才回归真正的人生，六十岁之前，人都被"异化"的符号所左右。读小学，叫小学生，在学校争当"六道杠"的中队长；读中学，叫中学生，希望自己成为"校花"或"灌篮高手"；读大学，叫大学生，野心更大，希望自己成为学生会"主席"；到了单位，希望成"长"，科长、处长、局长、部长。然而当退了休，邻人见面，若是孩童叫了一生"爷爷"；若是晚辈，则称呼"某老"，这才是回归生命的"称谓"。这个"称谓"，也让自己突然空明起来。

如果前一段人生之路，是"由外到内"的人生，人生处处碰壁、几多坎坷，心灵渐渐由外放逐转入向内收敛。六十岁开始的人生之路，则是"由内而外"的人生，放慢脚步、细品人生，回味酸甜苦辣，感悟晚秋夕阳之美。

　　七十从心所欲，所欲何事？所欲者，生死。人到七十，才开始真正地思考人生。人生七十古来稀，到了七十岁，计较少了，宽容多了，平静多了，激愤少了。从心所欲并不是什么也不管，要不逾矩，要合乎规矩，人情练达了七十年，理解了这个社会的"明规则"与"潜规则"。所以，七十岁的人生，是智慧的人生，是人生新起点的开始。

　　七十岁的人生，也是人生哲学真正成熟和收获的阶段。死亡，被正式提到了日程。这个年龄段，没有舍得，没有虚实，没有灾幸，只有对死亡的坦然。所以，七十岁的长者往往承担着"死亡教育"的责任：与同辈共勉，死亡之路上，不怕孤独；与晚辈传授，重死重生，珍惜生命。人的神性，也在此时呈现，他可以静下来一如哲学家，思索死亡的意义；也可如孩童，玩笑着探讨死后的永生。七十岁的人生，也有悔意，当死亡可以预见时，当死亡咫尺之遥时，他所承担的巨大心理压力，是旁人无法体会的。因为直面死亡，所以更能彻悟生命由生到死的含义。孔子并不畏惧死亡，孔子说"朝闻道，夕死可矣"（《论语·里仁》）。孔子一生都在自己的人生之道上奋斗，"志于道，据于德，依于仁，游于艺"（《论语·述而》），并为此"发愤忘食，乐以忘忧，不知老之将至"（《论语·述而》）。老就老了，死就死了，此生无憾。到了七十岁，理解了自己的命运与天地大流的合同，理解了自己的生命与宇宙自然史的和谐，也就通晓了幸福所乐了。

　　孔子讲，"君子疾没世而名不称焉"（《论语·卫灵公》）。在孔子看来，人在岁月中的游走，或是人的死亡，其价值与动物不同。动物的死亡，只是一个自然生命的终结，而人的死亡则是另外一种存在模式的起点。任何以生命永存的方式，妄图使自己摆脱自然规律约束的尝试，都将是失败的，唯有自己的价值符号存在，才是真正的永恒性的超越。孔子尽管少谈"死"，但他并不畏惧死亡，孔子的死亡意识通过对人生价值和意义的立法与创造，高扬人的生命强力，以抵抗和战胜死亡带来的虚无和无意义。

如果说年龄和生理挂钩，"心龄"则是和幸福相连。"心龄"在某种意义上，就是人的幸福领悟，是各个生理阶段的幸福感悟。"心龄"还可以直接影响人的幸福感。据美国最新一期的《老年病医学杂志》季刊报道，科学家发现，尽管老年人身体机能日渐衰老，但他们的心理年龄比生理年龄平均年轻13岁，其中男性心理年龄更显年轻。美国芝加哥大学心理学教授杰姬·史密斯领导了这一研究。他们用6年的时间评估了516名年龄在70岁以上的男女，结果发现，这些人的心理年龄普遍低于生理年龄，其中几乎所有男性都自我感觉比实际年龄小。史密斯分析，女性比男性更在意外表，因而心理年龄比男性更接近实际年龄。但这并不是说男性不在意变老，只是他们对生活满意度的评价受到更多因素的影响，上年纪后，依然能接受新鲜事物。研究人员表示，老年人心理年龄与健康状况有关。自我感觉年轻的人健康状况较好，而健康状况较差的老年人，心理年龄与实际年龄则更为相近。

如果非得把"心龄"与"年龄"的关系，通过图示来表达的话，我想幸福的人生，应该是个"心龄"与"年龄"同步增长的人生直线：年龄越长，"心龄"也随之增长，幸福在自然史通向死亡之路上，不断呈现出幸福的真谛。

美国"企业教父"、钢铁大王卡内基也将人生每十年作为一个阶段。在他看来，人处于不同的人生阶段，人生任务也不同：变化的二十岁，充实的三十岁，成熟的四十岁，秋暮的五十岁。其基本含义是：二十岁至三十岁是变化期；三十岁至四十岁是充实期；四十岁至五十岁是成熟期；五十岁至六十岁是秋暮期[①]。世界名画《人生三阶段》则是由法国著名油画家弗朗索瓦·帕斯卡尔·西蒙所画，在油画中，他通过塑造不同的人物来表示人的一生：人类的暮年通过一个老人的形象表现出来，壮年则是通过一个充满阳刚的青年来表现，童年的形象是一个熟睡的孩子。画面的中心是一个头戴花环的女人，她把人生的三个阶段串联在一起。人生是一个完整的"流程"，之

---

① ［美］卡内基：《钢铁大王卡内基自传》，璐璐译，中国城市出版社2008年版，第53页。

所以我们都希望以接近科学的方式，将它划分为各个阶段，是因为在人生的每个阶段，都应该有不同目标，这个目标既是个人人生阶段奋斗的方向，也应该是每个阶段的幸福追求。

当我们谈论幸福的时候，都把幸福当成了一个理所应当的概念，似乎它就应该不期而至，或者可以通过我们的等待，上帝就会恩赐。但事实上并非如此，它也如同一个工作，也需要进行具体的规划。如果仅以生理的年龄划分人生之轨迹，则未免显得太过武断，由此以来也不能洞悉幸福在人生各个阶段的真谛。如果非得对人这一生进行划分的话，我想人除了要好好活着，品味幸福外，还需要考虑生死问题以及死后问题：活着有活着的幸福，死亡的"幸福"其实就是死亡的意义，而死亡之后如获得"三不朽"之誉，则属于死后规划。幸福的规划，是建立在人生规划的基础之上，即生命规划，死亡规划和死后规划。

生命规划，即在生命尚在自由状态之下，给自己活着的时间赋予自我的意义。有时候，夜阑静思，我开始回味这几十年走过的路、遇见的人：生命如同虬龙般的榕树，不断转弯，人生起起落落，如同陀螺般旋转，情绪也无端地宣泄，如此静夜，确是好时候。叛逆的人生，事实上都与"规划"发生关系，一方面刻意被社会"规划"，另一方面则不断被自己"规划"，所谓的叛逆也不外乎是与"规划"的一场战斗。人生之轨迹，甚至尚不如迷途之路，只是在大海的海滩上留下一串串足迹，最后被涨潮冲洗干净。我在想，假使我能有能力预知生命的下一个转角时，我必将在此地标注坐标，某一天灯枯油尽，回头看看，每段人生的方向是否沿袭下一个规划运动。在生命的过程中，其实每天能好好活着，就是幸福。

也因为甘受平淡，每日的勤恳也会有回报，获得来的幸福也不会再有"撞大运"的欣喜若狂，也就理解了"我们并不是出生在不幸之中，只是我们自己学会了不幸福"的真谛。因为理解了生命规划，所以幸福来得如此自然，如此顺畅。

生命规划包括自己的哲学规划、职业规划、生活规划。人的生命，须正视哲学规划，即在一定的境遇之中，才可以统摄情理，以清澈的情理领导自己的生命拓展。在"一以贯之"的基础上，承认诸多生命的多样性，感受宇宙生命本体与生生不已的生命流行过程，不断提升自己的人生境界，实现崇高的理想；职业规划，则是一个人实现自己社会理想的基础，以快乐的情绪、宏大的理想、平静的心态，投身到职业场中，以求社会外在的肯定；生活规划，即在平庸的世界中，安顿自己的良心，以平常心生活，以安静态看世，以"进行时"完成自己的生命里程。活在当下，并不意味着肤浅和平庸，而是以自己有限的精力，实现最大的幸福。

我们是一个有着重生"轻"死传统的民族。这个"轻"，并不是轻视，而是我们将其视为"禁忌"，从孔子的那个时代就开始灌输"未知生，焉知死"的理念。但太多生死的问题，如同梦魇一样，让我们无法解开：人的死亡状态、死亡结构、死亡体验、死后世界等。如果死亡是一个结果，那么是不是意味着个体生命的结束，便注定了此生的无意义；如果死亡是一个体验，那这个"体验报告"须向谁提交？

这种"恐惧"一直根植于我们的精神世界之中。一个思想者，在享受生命的过程中，专注于个人生命的体验，并认为死后的精神世界并不孤单，那么死亡不过是生命的延续和超越，甚至可以不无极端地说，他的生命是为了死亡而准备的。近代思想家唐君毅先生认为不需要以死亡之境来理解死亡，他说："人对于人生之真了解，与对死者之真情实感展露出：一条由生之世界通到死之世界，由现实世界通到超现实世界，由生的光明通到死之黑暗的大路。此之谓通幽明的大路。"[1] 在唐先生看来，要全面地看待人的生命，除了物质之肉身外，还有精神主体，这种精神主体可以直接与宇宙本心交流。但达到如此境界，即需有"死亡规划"。

何谓"死亡规划"？简而言之，即是死亡的意义。人固有一死，或重于泰山，或轻于鸿毛，死亡之意义如果如同"夸父追日"一样壮烈，那么这个

---

① 唐君毅：《人生之体验续编》，台湾学生书局 1996 年版，第 98 页。

死亡本身就是一件日耀宇宙的事情，人生的意义也发挥到了极限。所以也不难理解为理想而牺牲的人们，即使面临死亡，也会会心一笑，直通千古。因为有了"死亡规划"，所以生的过程，本身也就是正视了死亡。一个人仅仅关注"生"，未必能很好地"生"；只有透悟了"死"，并能立于"死"的视角观察"生"，才能更好地"生"。通过了生命的终点，来回顾人的生命起点，鞭策自己在短暂的人生历程中创造更大的价值和意义。

幸福之说，其实是属于"意义哲学"，即所有的问题都围绕着人生的意义开展。而人生真正严肃的问题，唯有一个，即是死亡。所以，言说幸福，必不可回避死亡。作为所有学科中最深沉的学科，哲学只是在教育人们进行"死亡的排练"。哲学不在死亡之外，而在死亡之中，它是一种非经过死亡这道门槛不能透悟的学问，它就是"死亡的排练"，就是死亡意识本身。真正的幸福学，就是哲学意义上人生价值学说，人生以真善美为追求，但这种追求并不是人生最根源的本质，只有将真善美融合在死亡意识中，才能实现幸福的真正含义。所以，真正的幸福并不是死亡恐惧来袭的问题，而是如何将短暂的一生过得充满意义。

死亡面前，人人平等。古罗马时代的著名无神论哲学家琉善（约 120—180 年）根据死亡的普遍性原则，明确地提出了"死亡面前人人平等"的口号。在琉善看来，不管是穷人、富人、奴隶和国王都必有一死。这个哲学家把人生比做从高处冲下来的泉水激起来的水泡，无论是大的还是小的，迟早都要破裂。而且，当人们死亡的时候，不管他们活着的时候拥有什么，在死的时候，也都"必须赤裸裸地离去"，也都要变成一具难看的骷髅。由此以来，人们对人生的意义又产生了质疑：即使我的死亡十分有意义，但死后依然是肉身腐败，化为骷髅。短暂之人生，已毫无轻松可言；死亡之壮烈，亦不能带来不同的意义。人生何来幸福？我想，这个答案可以由"死后规划"来解决。

所谓的"死后规划"，即是人生结束之后，生命意义的延续。在"死亡规划"这个阶段，人已经不会对死亡感觉到恐惧了。但如果人生仅是"等待死亡"的过程，则太过悲观了。才子金圣叹曾如此写道：

> 细想我今日之如是无奈，彼古之人，独不曾先我而如是无奈哉！我今日所坐之地，古之人其先坐之；我今日所立之地，古之人之立之者，不可以数计矣。夫古之人之坐于斯，立于斯，必犹如我之今日也。[①]

古人与我同在，我所生活的时空即是万古长空，人生之意义并不在于此生如何，而在于能够将自己的生命融入到历史的大流之中。中国先贤教导人们要"立德"、"立功"、"立言"，是为"三不朽"，"不朽"成了人生的最高追求目标。历史就是如此残酷，无论在世时取得多大的成就，最终留给世界的只有一抔黄土。秦汉之盛，只给我们留下片砖寸瓦，历代风流，也不过是几张故纸。但这即是人生的意义，我们总能在时空的这头，畅想夫子当年与弟子郊游的惬意，也能感受大唐盛世带来的几多豪情。

夸父追日的神话，一直打动人心。中华文明境域属于农业文化，与古希腊的海洋文明所推崇的冒险和牺牲不同，中华文化更注重于秩序的稳定和伦理的和谐，"夸父追日"所体现的精神则与该传统不同：夸父为了追求光明，不惜以性命相搏，临死还抛杖化为桃林，为后来继续追求光明的人们解除口渴。中国的文化，更类似于"智慧"文化，它倾向于人生经验，教导明哲保身，但从夸父的身上则能感受到一种昂扬奋进的精神力量，目标不达，则"饮于河渭，河渭不足，北饮大泽"（《山海经·海外北经》)，毫不气馁。

如同加谬所说，只有死亡是真正严肃意义的哲学。生命的局限性，是每个人都无法突破的极限，夸父尽管是神，也如同人一般，生命走到了终结。但他是自由的，因为他自由地选择了生命终结的方式，尽管是以悲剧告终。夸父的精神在于，他一改"智慧"避世的形象，以悲剧的终结赢得个体的幸福，夸父死后被人视为英雄，而英雄在结局时却死了。如同俄罗斯哲学家别林斯基（1811—1844 年）所说，英雄在结局必须死去，"如果没有这个牺牲或死亡，

---

① [清] 金圣叹：《金圣叹点评西厢记》，上海古籍出版社 2008 年版，第 52 页。

他就不成其为英雄，便不能以自己个人为代价实现永恒的本体力量，实现世界的不可逾越的生存法则。"夸父用自己的生命，在践行自己的信仰，甚至于倒地之后，也化做资源，雨泽后人。夸父也是幸福的，如果说古希腊的西绪福斯是被迫进入"荒谬"的境地，以"荒谬"进入生活的话，那么夸父则是在开始就明确了自己的人生任务，且已经做好了牺牲的准备。夸父精神是中国文化中的"刚健"之象征，用个人有限的人生来赢取生命无限的延展。

在海德格尔看来，死亡事实上是生命与死亡之后世界的分界线。死亡是每个人最本真的东西，唯有死亡才可以把"此在"的"此"开展出来，使单个人从芸芸众生中分离出来，从日常共在的沉沦状态中超拔出来，真正成为"我的存在"或"我自己的存在"[①]。而尼采则认为，众人的生死都是失败的，甚至于很多人在生命尚未结束的时候，精神已经先死，失去了生命的意义。唯有将死亡之后的规划，嵌入到生命之流中，才能体会到真正的超越时空的幸福。这种幸福，不再是个体物质与精神的满足，而是与万古同在的空灵。

三、智慧之光

经常晒一晒自己的内心，随时可以找到自我。

哲学一词，最早起源于古希腊，在古希腊语中的意思是"爱智慧"，"爱"意指动词，注定了哲学家的一生就是寻找智慧的一生，其职业并非是"提供方程式"。智慧不是知识，知识关乎自然，智慧关乎人生。也正因为此，哲学如同苏格拉底母亲所从事的"助产"工作一样，它只是启发人们对人生问题进行感悟。

---

① 参见[德]海德格尔：《哲学论稿：从本有而来》，孙周兴译，商务印书馆 2012 年版，第 66 页。

其实，人的一生就是哲学思辨的一生。从幼儿个体意识产生，到少年的性别意识，到成年后的群体意识，每个意识的萌发，本身就是个体生命对宇宙外物好奇与质疑的产物，我们总是期望找到一个定式的答案，然后给自己的生命一个准确的定位。这种灵魂安顿之后的安全感，远远要超过物质满足之后的快乐。哲学的意识，与生俱来，我们时常从一些并没经历过太多教育但人生阅历丰富的老人口中，听到令人惊异启智的话语，这种来自于生活的只言片语，其震撼性不亚于学院派的理论阐述。

幸福何尝不是如此？所谓的幸福，绝对不是物欲的简单满足所能带来的，如果这一点能够即能够实现的话，那么对于这个问题的讨论也就转向了"经济学"。幸福是一个人一生生命的旨归，它也绝不是快乐情感的简单表达，否则心理学本身即能解决。幸福之问，事实上是一个哲学问题，它抓紧了人们的好奇心与欲望，逼迫每个人在生活的路上不断进步，同时在忍受苦难的时候，要学会微笑。

人的大脑进化，注定了人与其他动物不同。这个神经元极其发达的人体器官，为人类文明的进步作出了极大贡献，同时也给每个人带来无法停止的"欲望"。每个人的生命，如同一列载满欲望的列车，欲望是它前进的动力，但如果将欲望视为人生进步的燃料而不断积储的话，这列人生之车就会一直处于"超载"运行之中。因为人一旦有了欲望，为了实现这个欲望，就会一直迫使理性为自己进行策划，全部身心也就陷入了"痛苦"之中。在叔本华看来，人的欲望被满足的那个刹那就是幸福。如果第一个欲望得到了满足，而第二个欲望还没被设想出来，那时人就陷入了"无聊"的状态之中。一旦这个人的第二个欲望产生出来，他就重新陷入了精神的痛苦之中，他的理性又忙于为实现他的第二个欲望而筹划。所以，人生就如同一列来回摆渡的列车，在痛苦和无聊之间摆动。由此人生也陷入了空洞的无意义。

人生意义的虚无、极度痛苦的快意，均无法带来真正的幸福。幸福是一门智慧之学，是对宇宙生生之理的体悟，这种智慧来自于对人生的洞悉，从中国传统文化开出仁、智、勇。幸福是一门艺术之学，须在把握人生智慧的基础上，知晓自己生命的进退，通晓社会运行的法则，建立柔润的社会关系，幸福获取的艺术在于舍、退、让。幸福不能仅仅局限于个体生命的满足，独乐不及众乐，先乐不如后乐，幸福也需要拓展，幸福的拓展之道即是爱、知、信。

幸福的智慧：仁、智、勇。宇宙之道，首先就是生生之理，儒家也一向用"仁心"诠释生生之德。戴震在《孟子字义疏证》一书中说："仁者，生生之德也"，"由其生生，有自然之条理"，"惟条理，是以生生；条理苟失，则生生之道绝"。"生生"被视为天地万物之所以生存与存在的一种秩序与品性，仁为万物生发、化成的内在根据与价值基础，只有体会到这种"生生"之理才是真正的幸福。《易传·系辞下》则曰，"天地之大德曰生"。这个"德"字即西方所言"德行"的幸福，苍天上帝通过这种对"大德"的施行，才能够不断地衍生出万事万物，万事万物又能够不断地涌现出来。一代又一代的物，前赴后继、生生不已，永不凋零中断，而能够绵延不绝。所以，人伦之道，成人之美，才是真正的幸福。

现世是一切可能的世界中最好的世界，人性本善，人与人之间在一切事情上只有程度的差别，原则上则都是平等的，无论如何都能遵循道德规则，而且有能力做到尽善尽美。

正确的救世之路是适应世界的永恒的超越的秩序：道，也就是适应由宇宙和谐中产生的共同生活的社会要求，只要是：虔诚地服从世俗权力的固定秩序。对于具体的个人来说，与此相应的理想就是把自己改造成为一种各方面和谐平衡的人，改造成大宇宙的缩影。儒教理想人——君子的'优雅与尊严'表现为履行传统的责任义务。[①]

且不论韦伯对儒家的判断是否中肯，但在《儒教与道教》中，他指出了

---

① ［德］马克斯·韦伯：《儒教与道教》，王荣芬译，商务印书馆 2003 年版，第 23 页。

一点即儒家是现实意义上的伦理学，将人际平衡放置到核心的位置。儒教认为没有一个超越的神高高在上，世界本身是完善的，人性和社会符合世界秩序，因此也是善的；人的任务是适应这个世界，按照和谐平衡的秩序，完善社会和自身。就这一点而言，儒家没有把拯救自己的任务不负责地交给上帝，而是勇敢地承担起来，以"善念"之动来处理各种社会关系和生产关系。

儒家之道，一直有一种牺牲的精神，这和完全意义上的"殉道"不同，它坚持一个"中庸"的原则，把"殉道"的精神和"弘道"的原则结合起来，把天地万物视为自己的同类，以生命的态度去关怀整个世界。儒家经典《大学》中说："所恶于上，毋以使以；所恶于下，毋从事上；所恶于前，毋以先后；所恶于后，毋以从前；所恶于右，毋以交于左；所恶于左，毋以交于右。"这是要求每个人在追求自己幸福的时候，要处处尊重他人的正当权利，等于是确认了"己所不欲，勿施于人"（《论语·卫灵公》）是自己的良心义务。从儒家思想本身发展的路向来看，"己所不欲，勿施于人"最终要实现的是"己欲立而立人，己欲达而达人"（《论语·雍也》），生命之"仁"就这样体现在儒家特有的人际生态学中。

人的幸福，绝对不是一种孤立的追求。人的个体性，也只能在群体性中得到差异的体现。在与自然交往的过程中，人类逐渐意识到外界事物与自己的不同，"非我族类"观念的产生，事实上明确了人的主体性。在处理人与自然，人与他人，人与自我关系的过程中，孔子总结了前人探索的成果，建立了"仁"的哲学，除肯定了人类的主体意识之外，还强调个体主体意识的重要性。儒家有关"己所不欲，勿施于人"、"己欲立而立人，己欲达而达人"的思想，表明孔子对人的个体的主体意识有了深刻的见解，即人离开了群体，就不再是完整意义上的人，脱离了群体的人，也就不再是拥有人性的人。如上文所说，人可以孤独，但这种孤独只是一种静默，而并非真正意义上的离群索居，若果如此则丧失了人的规定性。

既然每个人，都在我的生命范围内，那么我的幸福自然来自于他人。他人的成长和人性的充实，也是我的幸福。在儒家看来，只有把自己融入群体中，才算是一个完满的人。"己所不欲，勿施于人"是在肯定自己时要肯定别人，肯定了别人，同时也就肯定了自己。人之所以为人是因为他是处于人与人的因缘和合之中。良心，其实就是对自己生命形态的肯定，用智慧体悟到众生平等的真谛。康德有句名言说，有两种东西，我们对它们的思考越是深沉和持久，它所唤起的那种越来越大的惊奇和敬畏就会充溢我们的心灵，这就是繁星密布的苍穹和我们心中的道德定律。

体会到这种天地之仁，将自己的生命化生为宇宙万物的沉淀，取法于天道，积极向上，开物成务，济事全性，而能够与天地合德，这就是人生的大智。周易也有《未济》卦，未济者，事未成也，事尚未成，则须有所行进，才能够顺遂通达。事未成，标志着事情还没有获得最终的完成，还没有真正成己、成物；标志着我们更应该沿袭着人生的道路，继续追求自己的幸福。在追求的道路上，并无有退缩，一勇如前。

幸福的艺术：舍、退、让。幸福也需要艺术的支持，"形而上者之谓道，形而下者之谓器"，仅有形而上的道并不能实现幸福，还需要真正地进入生活的状态，呈现幸福的"澄明"，我想这种艺术就是舍、退、让。人生就是一个不断放弃、不断获取的过程，没有代价的付出，就不可能有收获，所有的人类产品，都凝结着人类的劳动。这种"舍"，也体现在幸福这个主题之上，人生太多东西需要经历，或如名利，或如金钱，或如权势，我们都不可能"眉毛胡子一把抓"。舍与得是一种智慧，更是一种人生境界。只有真正懂得舍与得的智慧，才能更好地善待自己，要知道，人生苦短，不过是来去匆匆几十年，与其在抱怨中度过，不如为自己营造一方快乐的天地。

宋代高僧慈受禅师曾有《退步》诗云：

万事无如退步人，摩头至踵自观身。

只因吹灭心头火，不见从前肚里嗔。

进一步可能是祸，退一分则可能是福，让一步则让出了海阔天高。这种态度不仅自己释怀，同时也是善待他人。越有智慧的人，在待人处事上就越能放开度量，给人留些退路，扶人下台阶，与人为善，容人过失，这样才能受到尊重而为人所亲。《菜根谭》中也说："人情反覆，世路崎岖。行不去处，须知退一步之法；行得去处，务需让三分之功。"人活一生，必经冷暖，人生之路崎岖不平，不如意者十有八九，与其在同一资源上竞争，不如以退让之态，重新走出自己的天地。退让不是懦弱，不是胆怯，也不是无能，而是一种坦然和释怀。中国一直都有"吃亏是福"的谚语，懂得了舍、退、让，也就超越了人的私德，以善德处事，必然是幸福的。

幸福的拓展：爱、知、信。幸福如同一个生命体，除了我们"顿时感悟"之外，还要培育这种幸福感，实现幸福之道，也是一种持久之道。盈持幸福之道，就是爱、知、信。所谓的"爱"，就是爱己爱人，从宇宙生生之理出发，成就别人，成就自我；所谓的"知"，即是将人生的经验不断积累，形成自己的知识体系，为自己的幸福持久而提供精神食粮；所谓的"信"，即恪守一个诚字。有人无不悲哀地讲，人这一辈子就干三件事情，欺骗自己，欺骗别人，被别人欺骗。即使我们已经获得了短暂的幸福，如果没有真诚的生活态度，这种幸福也是不能长久的。人，活着，要忠诚于自己的灵魂。

因为大爱，人生之路才走得更远。与亲人的爱，让我们安宁；与友人的爱，让我们平静；与爱人的爱，让我们勇敢。因为爱，人这一辈子的路，走得便不再孤单；也因为有爱，人生才显示出神性的光芒。知识并不是书本上读来的记来的，而是真正的生活理念，是从生活中体验到了生命的真谛，通过对知识的掌握，并没淡化自己的主体性，相反在知识的烘托下，人生显得更为有意义。

诚是一种品格，是一个高尚人的墓志铭。所有高贵的幸福理想，都要在踏实的人生中得到实现。因为诚实，所以在进入梦想实践之前，就已经预知了即将的人生之路，由此苦难都成为一种磨砺，挫折成为成长的动力。哲学意义上的幸福，应该和信仰是等价的：首先，这种幸福要保持个体的独立性，不会因为外界的"意见"或"习惯"而丧失自己的判断。这种幸福本身就是一种实在的生活态度。其次，诚实是一种人类的美德。德行会带来幸福。通过诚实带来的幸福，是自己的心灵重塑的过程，让自己在捉摸不定的社会中，寻找自己的安定性。

在陆九渊看来，人之所以为人就在于有此良善"本心"，人应于此深思痛省，理会人之所以为人的道理，故其强调学者须先立志，自作主宰。他启发学者首先要认识自己，自觉意识到人在宇宙中的位置：

> 人须是闲时大纲思量；宇宙之间，如此广阔，吾身立于其中，须大做一个人。

> 天之所以与我者，凡、圣之间原未有异，因此不应该处己太卑而视圣人太高，不必把圣人当作偶像顶礼膜拜。若能发明此心，涵养此心，凡者即圣人。（《陆象山全集》卷三十四）

陆九渊的幸福观，其实是告知世人，要找准自己的"位置"。这个"位置"，并不是社会的地位，而是个人在宇宙中的位置，只有把握了这个位置，才可以认识自己。以爱与众生互动、以知来发明本心、以信与天地同心，人人都可以成为圣贤，但前提是把"吾心"之动，与宇宙之动同步，感受到泱泱大观的宏视，将个人的"善"念，与宇宙的生物之仁贴和，如此才能体会到万物生长与个体成熟的喜悦。

陆九渊教授弟子，必先教其打坐，静心入境，时人嘲笑他："除先立乎其大者，别无伎俩"。但事实上，他是以这种方式教授弟子反观自己。这一点，与西方哲人苏格拉底所言的"认识你自己"，有异曲同工之妙。据说有一天，苏格拉底把弟子们带到一片麦田，他让弟子们到麦田里摘出最大的麦穗，但只能往前走，不能走回头路，而且只能摘一支麦穗。有的徒弟一开始就迫不及待地摘下自以为最大的麦穗，之后却发现还有更大的。有的徒弟则一直左顾右盼，总认为前面还有更大的麦穗，最后却是两手空空。还有的徒弟通过科学的方法进行对比，最终摘了一支较为理想的麦穗。

其实，苏格拉底给弟子们出了一个难题，就是如何准确给自己定位。人生如同这只麦穗，世人总认为"最大的"往往是最好的，趋利的人群开始趋向"最大的"争夺。但无论是从实际出发，或是从个人的能力出发，"最大的"往往不一定是"最好的"：首先，这个"最大的"只是个比较级的产物，在不同的领域，肯定有不同的比较结果；其次，"最大的"往往是功利主义的产物，人生固然需要提倡进步，但渴望超出了自己的控制范围时，行为就会失范。所以，苏格拉底事实上是要告诉弟子们，通过"最大的麦穗"来认识自己，我们人生的幸福，追求的应该是最适合自己的。

人若能发明本心，与宇宙同乐，与天地同明，或许就是最大的幸福，这种幸福绝非物欲满足可以交换的。这个幸福，不在他处，就在自己"森然方寸"的心田上，无论是康德所说的良心与星空，或是陆九渊所说的"本心"，都是一个人寻找人生幸福的密钥。找个时间，呼吸下新鲜的空气，感受宇宙的跳动，看看那颗属于自己的心，是否清新，给自己的幸福之路，钉下一个牢固的坐标。今天，当人们面对着社会结构之转型，市场经济之发展，金融危机之威胁，精神家园之安顿等问题时，什么是幸福的问题也凸显了出来。幸福，是千百年来人类所追求的人生理想。尽管人们对"什么是幸福"有着各种各样的认识和理解，但最后总归结到三个问题上，即幸福源自于哪里，如何获得幸福，如何保持幸福。从传统文化中开出的"仁、智、勇"，"舍、退、让"，"爱、智、信"或许为这三个问题提供了答案。

四、向死而生、逆命而为

人生是一场"向死而生"的个人"自助游"。

写这一段文字之前，我突然想起，幸福最大的迷惑，其实不是富贵逼人，也不是贫困损智，不是幸运福报，也不是孽债恶业。我们的幸福，只不过是想让生死两端之间的这条路，更好走一些，多一份安详，少一份惊慌。

上师索甲仁波切《西藏生死书》中，教谕众生：有生，即有死；有始，即有终。[①] 因为将生死等闲视之，所以也就等常常看待罪受种种，福报种种。生死之事，是人生最大的经历，不管是否情愿，每个人迟早都得面对。

我们也可以以聪明的态势，在生的岁月，回避这个严肃的话题。诸如以忙碌，以聪慧，以忽略，以业报等林林总总的姿态，或有心回避，或无心逃避，然而这种"避"，并非解决如此问题的一个良策，我们无法克服死亡。

我想，人生如果仅是过程，那我们就必须明确生死的意义，这样我们才可以活得泰然。悲观地看，人生只是一场"向死而生"的个人"自助游"：我们一生都在与寒冷、孤独、贫困、冷漠打仗，我们最后也是孤零零的一个人走向命运的终点站。我们甚至知道这场旅行的终点是如此的凄凉，而所谓的"智慧"，也无非是想让我们更清澈于"走"的时候，对更为漫长的未知之路，多一些的从容。

我想，人生如果真是个轮回，那我们也须了解生死的希望，这样我们才可以不枉这一趟的"旅行"。因为有了"轮回"，所以会有业报，我们要把此生过好，然后给来世一个更为从容的积累。"轮回"的人生，如同一个摩天轮，在走向人生之巅的选择中，即使错过了一个装载人生的轮回，也会有下一个轮回等待我们。

事实上，在佛诞之前，古印度即有思考人生与轮回的哲学问世，尤以公元前 9 世纪的《奥义书》为著。由于《奥义书》以文献整合的形式出现，所以对多家多派的生死观点，均有记录。涉及轮回的最早的两部《奥义书》是著名的《广林奥义书》和《歌者奥义书》。在这两部《奥义书》里记载了一个相同的小故事：

---

① 参见索甲仁波切：《西藏生死书》，浙江大学出版社 2011 年版。

一个年轻的贵族学者，其父是当时以博闻著称的婆罗门乔达摩·阿鲁尼。青年学者在一个聚会上，遇到了一个国王。国王问他：您这么年轻，又有如此学问，肯定是在您父亲的教导下治学的吧？

青年学者回答说：尊敬的国王，我是在父亲的引导下，开始思索人生的。

国王又问道：那我可以问你几个问题吗？比如，人死后，是否走进不同的未知世界（汝知凡人逝世之后分途而去乎）？

青年学者一脸茫然，回答说：家父从来没有教授过如此的问题。

国王又问道：你知道人死之后，还会有重来这个世界的机会吗（汝知彼等重返斯世乎）？

青年学者更加糊涂了。

国王接着问道：你知道人死之后，可以通过什么途径，再重新来到这个世界吗？

青年学者真正地意识到，自己从来没有思索过如此问题。

在回家之后，青年学者向他的父亲汇报，说我在您的教导下学习，原以为自己已经领悟到了世界的真谛，但人家问我的几个问题，我一个答案都不知道。

其父乔达摩·阿鲁尼就问自己的儿子这几个问题的内容，然后惊讶地讲道：亲爱的儿子，这些问题为父也不曾想到（爱儿！汝当如是知我，如凡我所知者，皆尽以教尔矣！如汝所云，我亦不知其一也）。于是便携带儿子，来到国王的殿下，师从国王进行轮回理论的学习。①

《奥义书》作为古印度原始思想的总结，最早提出了"轮回"观念，认为人死亡之后，可以借助果报之力，实现自己生命的轮回。这个观点在《广林奥义书》和《歌者奥义书》中得以阐释，也就是后世所说的"五火二道"

---

① 参见《奥义书》，黄宝生所译，商务印书馆 2010 年版。

的轮回思想。它代表了古印度人对生命轮回和生死解脱的看法，同时也警醒世人生存之境遇只是过场，人生之欢歌不过舞台。

未来，是幸福的假想敌。我们总被"未来"追赶，我们也习惯把自己的今天当成赌注，和遥遥无期的未来，进行一场博弈。除了生死的两端，这个世界留给我们的时间，实在太少了。在现实生活中，特别是在中国的传统文化中，我们总是怀揣着"死亡禁忌"，尝试把死亡从"生活议题"中剔除出去。当死亡临近时，我们总觉得自己依然是旁观者，按照胡塞尔的话来说就是把死亡搁置起来。孔子也讲"未知生，焉知死"，中国缺少死亡教育的一环，所以把茫然的未来，作为自己内心安定的敌人。当死亡作为唯一终极问题确定的时候，也就确认了生命的意义和享有幸福的人生目的。

但当我们提出"死亡"的意义时，有人对此提出质疑：首先，死亡是绝对且必然的，这一点无论是死亡的正视者，或是死亡的回避者，都是一致赞同的。死亡是生命旅途的终点，即使是宗教信仰的持有者，最起码也需承认死亡是此岸世界的终结，是彼岸世界的码头。其次，死亡回避者会继续追问，当我们存在的时候，死亡对于我们来说，十分遥远；而当我们死去的时候，死亡对于我们已经没有意义。如果沿袭这个路径进行讨论，对死亡的讨论，则会陷入僵局，更为困难的是，既然死亡问题毫无意义，那么生的幸福又将从何而起呢？

西方存在主义的死亡观，不失是一种理性的思考方式。存在主义把"死"看做是一种客观的存在，同时又是生命的绵延。死亡是生命的等待，所以人活着要积极地和时间赛跑，活出自我。生命的紧张感，来自于对"死神"的等待，所以每个人活着时要创造更为积极有意义的人生。从古希腊神话的悲剧中，就可以看到，在"轴心"文明时期，西方人就不避讳死亡，而把死亡看做是一种思想资源，这种资源所带来的刺激，是强大无比的。每个人都要经历死亡，我们的生命过程不过是"向死而生"。

如同每个人拥有追求幸福的权力一样，死亡面前，人人平等。每个人对

"死神"都充满恐惧，死亡对于每个人来说，都是冷酷残忍的，正因为如此，每个人生都注定是一场悲剧。反思悲剧的人生，反思死亡的真谛，才能对生命本质有最为冷静的认识，进而尊重每一刻时间，珍惜每一分钟，把每一寸光阴都视为"幸福的刻度"。正因为正视了死亡，所以人生之旅须向死而生、逆命而为。

死亡与幸福等价。幸福的人，无惧死亡，死亡如同柏格森所说的是一生命的绵延，"绵延"就是生命之流或生命冲动，"绵延"是自由的创造，是连续无间断的变化之流，万物正是在变化不居中彰显生命存在之活力的。死亡是生命的绵延，即是指死亡作为生命整体的一部分在肉体终结之后仍然作为生命存在着，在延伸着生命的轨迹，这延伸正是生命之流连续不断的"绵延"之态。"绵延"类似中国哲学中的"太极鱼"，是阴阳辩证统一：生在死中，死在生中。

生命是一种"绵延"的状态，这种"绵延"也造就了自己的生命之流，与他人的生命之流，存在着"合流"的可能性和现实性，由此人类的历史存在，也就充满了意义，每个人都可以在历史的长河中寻找那朵属于自己的浪花。也由于生命的"绵延"，使得"不朽"的价值追求和历史定位，具有实在的意义。每个人的生命都在"绵延"，所以每个人都要接受历史的肯定。

如果说幸福是人生的终极目的，且是人生旅途的一个基本方向，那么死亡在这个旅途中都一直如同悬挂在行人头上的"达摩克利斯之剑"，警醒着每个人，让我们更加勇敢地直面这个旅途的终点，为自己的人生幸福而筹划，让生命的"绵延"更为持久。极端的悲观和冷静，即转化为乐观，因为拥有了对死亡的深层体验，所以渴望在死后的"永恒"。在死亡的面前，每个人都是平等的，这种平等尽管类似于无奈，但也让每个人都得到等同的价值尊严。时间就在手边溜走，"逝者如斯夫，不舍昼夜"，我们每个人都无可挽回地走向衰老和死亡。

海德格尔对哲学的严肃态度，也必须用"诗歌"的形式来加以冲淡。他认为，人的存在，时刻处于死亡的边缘。"存在总是向一个不确定的确定——死亡而奔跑着。它经常处于一种从自身那里迸发出来的危险中。"① 人的存在就是向死存在，向终了而存在，死是"自我或存在的最高可能性"。但由于"死亡"距离"我"还有距离，所以人们并没有真正地理解死亡。在海德格尔看来，死就是一个深渊，在人生旅途的脚下，随时可能跌落下去。死是确实的，又是不确定的。只有当人经受苦难和折磨，特别是面临死亡时，人们才会从世俗生活中摆脱出来，回到真正的自我。由此，幸福在幸福哲学中被提升到审美的高度。

如果放弃对生死问题的讨论，一切幸福就显得无足轻重，因为人总战胜不了自然界，在死亡面前，一切都显得那么的无意义，而与死亡的斗争，任何人都注定是一个失败者。哲学家的主要任务在于从理性分析的角度，告诉世人"死亡"只是一个客观的存在，就如同一山一水，一桌一椅，你可以重视，也可以藐视。所以，人在畏惧死神的同时，才有勇气用自己的一生，与未来进行一场较量。

现实世界是一个高压锅，压力无处不在，从母胎中受精成长，到耄耋之年，这短暂的一生，时刻都能感受到压力的困扰。根据世界卫生组织的研究报告，压力过大导致的忧郁症已经成为 21 世纪流行的病症。无处不在的压力，就如同马拉松长跑的途中，给自己增加了一个负重包。由此以来，和未来的这个赌局，必然是以人的残败告终。

但作为万物之灵长的人类，之所以能够在自然界存活，并建立自己的文明社会，就在于他拥有天赐的智慧。既然幸福的假想敌是"未来"，而"未来"属于时间范畴，人只要跑赢了时间，也就跑赢了未来。如何跑赢时间？答案很简单，就是好好活着。这个"好好活着"的定义，要比"明哲保身"更为简单，就是要健康地活着，笑看云卷云舒。

---

① 　[德] 海德格尔：《存在与时间》，陈佳映译，三联出版社 1987 年版，第 59 页。

古印度教旨认为，只有进入到"无我"的境界，才能体会到生的可贵，死的恬淡。我们一直在强调自己的生命状态，习惯用"我"作为每个句子的主语，习惯用这种话语体系来陈述个人的观点，习惯在茫茫人海中找寻自己的本心。其实，众生中的每个人，都是"我"，都与"我"同生，都与"我"共享。生死两端，是人之大事，我们中的大多数人自然都希望生得平静，死得安详。但事实上，我们的内心总是被愤怒、执著或恐惧等情绪所控制，我们的欲望总被外界的诱惑所引导，自然就不可能得到生死的平静，过程的幸福。

人的"心"有着神气的作用，贯通于宇宙万物之间。同时，因为人"心"的存在，万事万物而具有意义，所以"本心"感受的一切，就是自己所能接触的世界。我们的浮躁与焦虑，并不是来源于外部世界的刺激，而是自我的迷失；如果能摒弃"自我"的束缚，保持我心不动，顺应万物之自然，那就寻得了人生的幸福。

幸福在哪里？幸福只是一种平静。平静，让人沉淀于生命的感受，唯有内心的平静，才能体会到天籁之声，聆听世界的真音，从一天到一年，从一年到一生，都能够仰俯无愧，心安理得，活得踏实，秒秒感受安详，活在至真、至善、至美的幸福之中。

向死而生，逆命而为。在现实生活中，有人身处逆境却能够百折不挠，有人在顺境中，但发出空虚的哀叹；有人能够笑对人生坎坷，积极为社会做贡献；有的人却悲观厌世，甚至看破红尘厌世轻生；有人胸怀中总是点燃希望的灯火，勇于挑战，总满怀希望和激情，不断开拓人生新境界，有人却悲怨、愤懑、心灰意冷，沉闷度日。人生的态度，如每天都被生活牵着鼻子走，那只能是堕入消极无为，以生待死。但如果敢于向世界伸出勇敢的手，敢于逆性而为，则能为实现崇高的人生目的而拼搏，闯出一条闪光的人生道路。

战国时期，是"士"与国家命运融合最为紧密的一个时代，所谓"得士者昌"，诸侯也皆以养士作为政治资本实现的一种方式。这个时期的"士"，已与春秋时期孔子所说的"弘毅之士"不同，战国时期的"士"总在尝试做一种调和工作，即将自己的政治理想与宗主国的利益结合起来，当两者发生矛盾的时候，"士"则会"跳槽"到另外一个可以接纳自己的国家。这种完全的利己原则，已经与春秋时期所倡导的独立人格完全不同。作为楚国贵族的屈原，不愿意以"党人"的身份出现在政治的舞台，更不愿意与"士"沆瀣一气、同流合污。所以他发出声音，唱道："何所独无芳草兮，尔何怀乎古宇？""国无人莫我知兮，又何怀乎故都？"（《离骚》）屈原投水，并不是一种对生的放弃，或是"厌世"，相反，他对楚国和楚地人民有着一种宗教般的殉道情结，他的全部生命与楚国的命运紧紧地维系在一起。他是以死的行为，唤起国人的觉醒。《史记》中记载了屈原投水遭遇一个"渔父"的故事：

> 屈原既放，游于江潭，行吟泽畔，颜色憔悴，形容枯槁。渔父见而问之曰："子非三闾大夫与？何故至于斯！"屈原曰："举世皆浊我独清，众人皆醉我独醒，是以见放！"渔父曰："圣人不凝滞于物，而能与世推移。世人皆浊，何不淈其泥而扬其波？众人皆醉，何不铺其糟而歠其醨？何故深思高举，自令放为？"屈原曰："吾闻之，新沐者必弹冠，新浴者必振衣；安能以身之察察，受物之汶汶者乎！宁赴湘流，葬于江鱼之腹中。安能以皓皓之白，而蒙世俗之尘埃乎！"渔父莞尔而笑，鼓枻而去，乃歌曰："沧浪之水清兮，可以濯吾缨。沧浪之水浊兮，可以濯吾足。"遂去不复与言。（《史记·屈原列传》）

作为另一种形象出现的"渔父"，他代表了当时普遍流行的生活态度，即在乱世之中，不问是非、明哲保身，乃至消极避世、飘然自乐。而屈原则坚持自己的真理追求，理想不至，则以死唤醒世人。生命固然是人生幸福实现的必要条件，但通过屈原和渔父两条人生道路的对比，就可以看出屈原积极用世的高尚。每个文明史，都有很多绕不过去的人物，比如"屈原"，仅从"聪明"的层面来看待这种文化现象，未免太过狭隘。当一个人勇于为国家信仰献身时，死亡就成为"幸福"的另外一个主题词。

屈原在诗歌中喟叹"何昔日之芳草兮，今直此萧艾也?""何方圆之能周兮，夫孰异道而相安?"（《楚辞·离骚》）他因自己的爱国追求，而放弃往昔的贵族生活，成为政治舞台的弃儿；他因自己的真理追求，而被放逐到遥远的国界线上，成为被遗忘的角色。当然，他也有选择生命的权力以及重新返回"主流社会"的自由，比如妥协，比如媚主。

屈原"回归主流"的代价，并不高，不需积极主动，只需"被动"接受另一种价值观即可，他完全可以向战国时期的许多纵横家一样，四处游走，鼓吹治国之道。但他意识到自己的历史使命，不是超然地活着，而是抛弃对生命的眷恋，选择与"渔父"截然相反的另一种存在方式。屈原的"死"，是"要"死"被"生，以肉身之死换取精神不朽。肉身的消亡、个人在时空中的消解，是一切归宿于"无"，看似与生命无缘，与幸福隔世，但屈原的精神却是在万古长空中绝对自由的，任意遨游在中国文明史的任一个时空。

《了凡四训》可谓是中国"逆命而为"的教科书。主人公早年遇到一个测算精准的命相师，此后发现自己的人生之路，竟如同这个命相师所预测的一样，于是就丧失了对前途的追求，直到遇到云谷禅师。在云谷看来，如果把人生当成等待的"定数"，必然是处处被动。之前的"生命预测"，并不是人生的定论，不过是命理推算的一个结果，生活中许多时候，需要抢先一步，积极主动，所谓"前看三天，先富十年"。生活中常常需要超前意识，因为这种超前和主动，能在他人安然入眠的时候，自己已经攀上高山顶峰。禅师告诫袁了凡说："从前种种，譬如昨日死；从后种种，譬如今日生。"[1]人生并无早晚，也无定数，只有通过自己的努力，才可以把握自己的命运。天伦之乐也非消极等待，只有积极进取，奋斗之后，才有结果。

云谷禅师的很多观点，在今天看来，依然很有积极的意义。比如他讲

---

① （明）袁了凡:《了凡四训》，中华书局2008年版，第32页。

道，人生并没有所谓的定数，假如有定数，也只是"天作孽"，人可以通过自己的努力，来改变这个"结果"。但如果不做努力，那就陷入了"宿命论"的怪圈，真被"定命"了。云谷禅师讲到传统的占卜之法，并不是说通过"神算"，就能占卜未来，而是告诫君子，要学会理性地看待自己的境遇，学会趋吉避凶。单单就"趋吉避凶"这个词，就很值得玩味：一方面通过占卜，吉凶已定，从这个层次上看，是命运已定；而另一方面，占卜的主要作用却是教育人们"趋吉避凶"，改变自己的命运。所以，幸福的权力，是掌握在自己的手上。袁了凡与云谷禅师对话之后，重新审视自己，改变了所谓的"命运"，并把自己的经历整理成书，是为《了凡四训》。

《了凡四训》事实上是一部很好的伦理学教程，同时也是一部幸福的"向导书"。这本书在汉文化圈的影响十分深远，日本著名汉学家、阳明学大师安冈正笃，对《了凡四训》推崇备至，他建议日本天皇将此书视为"治国宝典"，应当熟读、细读、精读。他指出，凡有志执政者，都应详加研究。日本皇家子弟必读的两本汉书经典，一本是《论语》，另一本即是《了凡四训》。

不论是袁了凡积极行善，以求长生，或是屈原"向死而生"，不朽于世，这两种行为，都是在向世界昭示自己的精神：要向世界证明自己，要向历史索取空间。每个人的一生都不可能一帆风顺，顺境逆境也总如斗转星移，唯有积极主动，才能抓紧幸福的尾巴。

在时空中行走，人生无非三种时态：过去、现在和未来。过去的，尽可反思。彼岸有花，却艳在他处。因为"死亡"距离我们还有距离，所以我们只有当经历苦难和折磨的时候，特别是面临死亡时，才能最深刻地体会到自我的存在。死亡就是非存在、虚无，而当我们真正面临死亡时，存在便转向非存在。一个人只有在濒临死亡的时候，才能真正把自己与他人、社会、集体完全分裂开来，才能突然面对着自我，懂得自己的存在与其他存在的根本不同，懂得生与死的根本不同，懂得生、个人存在的意义，因为死亡只能是自己的死亡，谁也不能来代替。因此，在海德格尔看来，只有对死亡的烦恼、畏惧，才能使人醒悟，获得人的个性，成为自我。死亡就成为通向真正的存在的入口处。在海德格尔看来，我们只有通过对"此在"这样一种存在者才能把握存在本质。他选择荷尔德林的诗歌作为研究对象，主要原因也是在于，在荷尔德林的诗歌中"此在"就是生命本身：没有对"彼岸"的过多牵扯，也没有对"往世"的太多纠葛。"此在"就是生命，把握这次生命，就是最大的幸福。

五、享受孤独

孤独是一种修行。

孤独是人类永恒的命题。我们总是尝试在人群中，寻找一个朋友，这个朋友犹如拯救自己孤独的最后一根稻草，当被他放弃时，就相当于被整个世界离弃；我们总是尝试在夜幕初上时，寻找一个团体，这个团体或者很小，或者很大，就如同"豪猪"一般，寻找一种彼此伤害又能彼此接受的方式共处。

与万物众生不同，人类诞生之初就反身自问"我是谁"，如此问题，如此荒诞，却终不能改变人类的孤独感。由于这种孤独始终挑战人类的自信，所以我们开始在宗教的暖房里寻找安慰的家园，或如上帝，或如天理。

"世界是荒谬的，人生是痛苦的"，是萨特存在主义哲学关于人的生存状态的最基本的观点。在萨特看来，人生是由一系列毫无意义的痛苦碎片组成的，人类能证明自己存在的唯一感受就是在孤独无聊中，虚度光阴。即使是有着先觉的智者，也是孤独的，因为超然本身也是一种孤独。比如在当时历史大势所趋下，秦国统一已是必然，但屈原依然坚持"独唱"，期望楚王能够醒悟。他在《离骚》中怆然道：

忳郁邑余侘傺兮，吾独穷困乎此时也。

宁溘死以流亡兮，余不忍为此态也。

鸷鸟之不群兮，自前世而固然。

何方圆之能周兮，夫孰异道而相安！

屈心而抑志兮，忍尤而攘诟。

伏清白以死直兮，固前圣之所厚。

事实上，在《离骚》中处处可见屈原本人准备以身殉国的表白。他的孤独，其实是一个时代的孤独：一方面是强秦统一的大势，楚国的贵族集团在强压之下，已经完全没有任何斗志，只希望能在秦兵破城之际，保住身家性命。屈原显然不愿意看到国破人亡，他希望通过变法来实现实现楚国富强。另一方面，屈原本人清高与孤傲。一个"独清独醒"的人在"皆浊皆醉"的社会中要承受莫大的压力。事实上，他背叛时代的同时，也背叛所隶属的阶级，他也可以一生紫袍金带，位列三公，然而他却选择另外一条道路。这个选择本身所带来的"孤独"，他本人是可以预见的。但他依然坚持自己的操守。他选择终结这种孤独的方式，即是以身殉国，他的生命只能在汨罗江里荡起一道涟漪，但他孤独的灵魂，终究在历史上得到了万人的景仰。

人对于死亡的畏惧，对幸福的追寻，都是在尝试以曲折的方式，逃避孤独的制裁。人从生命的诞生开始，即不可逃离孤独：人是自我意志的主人，人的每次意志胜利都是孤独的战胜品，唯有在孤独的召唤下，人才可以摆脱命运的控制，实现自我的价值。所以，孤独是自我的孤独，是为"与自我同孤"。众人的存在，必然与我的生命发生关联，意志的孤独是人在伦理意义上的独抒己见，不仰人鼻息，不听从摆布，所以孤独是众人的割裂、是大众的孤独，是为"与众人同孤"。风轻云淡，天地空明，我从孤独中体悟幸福、体会死亡，在达观中寻查到天籁之音，在宁静中感受到真正的自由，孤独带给我的是天人合一的惊喜，是万物神妙的离奇。所以，孤独是我与天地的交流，是为"与天地同孤"。

与自我同孤。"孤独"是克尔凯郭尔哲学的一个重要的概念。他一直都承认自己从始至终是一个孤独的人,并且力图将自己的孤独引入到他的神学甚至所有哲学领域。孤独是哲学家生存景遇的写照,同时他也认为,孤独感是人面对上帝时的一种状态。人只有面对上帝时,才能发现真理,而这时只能是一种孤独感的状态。同时,克尔凯郭尔对"自恋"进行了哲学心理的分析,在他看来,有"自我"的人才能够算得上是有意义有价值的人,没有"精神""自我"的人的量的积累是毫无意义的。"众人"是由没有观点的"乌合之众"所组成的,本质上没有任何思想意见,因此可以说没有丝毫意义。真理是掌握在少数人手中的,真理的寻求是个人的任务,是个人凭借自己的内向性才能够完成的事。每个人在追求真理的过程中,会因为个人的选择而趋向成为"孤独的个体"。"众人"扎堆的选择,则是因为逃避对真理的追求,抹杀个人的意见。所以,"众人"对责任的逃避,是对自我的逃避,它阻碍选择,阻碍自我的发现,而把人永远地搁置在现实的绝望之中。更有甚者,它使人无视自己的绝望,而沉迷于现实生活的满足,从而使人陷入了更深层次的绝望之中①。

克尔凯郭尔把"个人"放置在"孤独"的境地,并非仅处于个人情感,而是出于对个体的关心,他希望自己也能够像苏格拉底一样,作为一个"牛虻"来警醒世人,而使人从"众人"的庇护之中走出来成为孤独的"个人"。智慧带来的不仅有与天地沟通的喜悦,还有不肯回避的孤独。智慧的古希腊人发明了民主制,希望用民主来反对暴政,但他们又通过民主的暴政,绞杀了孤独的人。苏格拉底被判死刑时,并没有选择流亡,而是坚持用个人孤独的理智,唤醒民众。所以,即使苏格拉底面对审判时,也不看重多数。他留给后人的教训是:远离多数,回归个人。

反观今天的社会,事实上无论是"社会欲望"或"个人欲望"都在经历

---

① 参见[丹麦]克尔凯郭尔:《非此即彼》,京不特译,中国社会科学出版社2009年版,第87页。

着安定与不安，狂热与恐惧。这也是工业文明的发展带来的必然产物：科技迅速发展、经济实现腾飞，但人的精神世界却面临着新的挑战，价值严重失范、理念跌落、人性倒错。社会提供给"众人"的大量娱乐符号，都被"众人"的"庸俗"标签化，最终导致人的意识主体性的丧失。"众人"最容易掌握的方式，同时也是证明个体最简捷的方式，就是以物质化的东西来衡量幸福。最后，"众人"世俗文化堕落成为物质的枪手，而每个人都在物质世界中丧失自我。在这种情景下，"众人"中的每个个体，都成为马尔库塞所批判的"单向度的人"，所谓的"幸福"，也成为一句空谈。"孤独"的生存，反而成为摆脱被"异化"的一个有效途径。每个人都可以在欢场取乐，而每当散场之后，则迅速陷入焦虑。这种"孤独"带来的是与自我更为深层的交流，孤独的存在已非心灵之束缚，而是远离遮蔽走向澄明之所的心灵突围的开始。

与油画的绚烂色彩不同，中国国画一直采用留白的形式，来表现中国传统文化的大气磅礴。留白是中国画的一种手法，国画传统的画法不加底色，疏密聚散皆为留白的布局。以黑白为色调两极，似为阴阳两极，两色对比，色域大开，沉重与明亮皆造绝顶，对比强烈。比之于勾、皴、擦、丝、点之类繁复技法，留白似乎是最省力气了，什么也不用画，就在整幅画中留下空白，给人以想象的余地，这种"以无胜有"的留白艺术，让人回味无穷。南宋著名画家《寒江独钓图》，全图只有漂浮于水面的一叶扁舟和一个在船只上独坐垂钓的渔翁：渔翁身体略前倾，全神贯注，或许此时正有鱼儿咬钩？由于渔翁坐在船的一端，船尾微微上翘。四周除了寥寥几笔的微波之外，几乎全为空白。然而，就是这片空白表现出了烟波浩渺的江水和极强的空间感，更突现出一个"独"字，衬托了江上寒意萧瑟的气氛，从而更加集中地刻画了渔翁专心于垂钓的神气，也给欣赏者提供了一种渺远的意境和广阔的想象余地。寥寥数笔看似漫不经心，实为苦心经营。该画取意于唐朝柳宗元的《江雪》一诗：

千山鸟飞绝，万径人踪灭。

孤舟蓑笠翁，独钓寒江雪。

这幅近乎"简陋"的画作，代表了中国国画艺术的高峰，将人生在世的悲凉、寂寞、孤独跃然于纸上。孤独成为与天地交流的一种境界。人生有时候充满着矛盾，明明是群居的动物，却渴望有自己的一方空间，而当被世界隔离之时，却又开始诉说孤独。真正的孤独，不是离群索居，比如山中隐士，多有心走终南之捷径；真正的孤独往往是彻底意义上自由，即无所决定，无所方向，人是彻底的自由。最大的自由，带来最大的"孤独"。柳宗元的孤独、屈原的孤独，都是彻底自由的孤独，因为放弃了"众人"的追求，自己所追索的目标并不明确，便把自己的灵魂抛弃在空荡的原野，如同一个孤魂野鬼。

与众人同孤。事实上，不单独哲人或思想家是孤独的，"众人"也是孤独的。天底下没有同样的两片树叶，也没有同样的两个人，我们活着也如同我们所生活的孤独的星球。我们渴望从众，在从众的生活中，能寻找到最起码的安全感，但我们又厌恶从众，因为只有个人贡献的欢乐是属于大众，而自己内心的痛苦，只有自己来消化。英国有谚云："当你笑时，大家和你一起笑；当你哭时，你一个人哭。"所以，真正的幸福在于把握自己的孤独，能在孤独之中，让自己静默反观，他的灵魂独自来往，却与万千先贤交融，视通千年。

世俗的笑容，能磨平人世的忧伤，却不能带走内心的孤独。既然孤独如同胎记一般与生俱来，不如好好享受，以孤独之志，应对喧嚣的人生：与众人相处，独敬我心，熙熙攘攘，不能乱我心志；与自己相处，神游八极，夜色朦胧，孤独犹如人生路口的灯塔，照亮回程的路。

唐朝是中国文化史上少有的宽容时代，僧俗互动，三道相证。此时的永嘉玄觉禅师是中国禅宗史上的一个奇才，在未见六祖慧能之前，他已"自家体贴"，了悟顿教的思想，直截本源自性。后世朱熹以禅证儒时，多引用其诗。同时，永嘉玄觉十分聪明，据《禅宗永嘉集》中记载："永嘉玄觉，俗姓戴，浙江永嘉人。幼年出家，精天台止观之学，后至曹溪参六祖慧能，一夕即悟，世称一宿觉。"以一夜之悟，直通心性，确实是难能可贵的智慧，在回顾自己悟道历程时，他写道：

见道忘山者，人间亦寂也；

见山忘道者，山中乃喧也。（《禅宗永嘉集·大师答朗禅书第十》）

玄觉认为，"见道"和外界环境并无直接联系，或在山中，或在闹世，只要把握自己的主体性，意识到主体的"孤独"。那么自性本体的清净也是不变的。孤独的内省，只是在为人生的新起程积聚力量，意识到自己的孤独，并不是选择清高和孤傲，而是将自己置身于主动把握的优势之中。

尼采说，孤独者有三种：神灵、野兽和哲人。神灵孤独，因为它充实自立；野兽孤独，因为它桀骜不驯；而哲人既充实自立又桀骜不驯。哲人的选择，毕竟是孤独境界之上的离群索居。我想，我们还是应该把孤独当做一种境界，一种生活的姿态。每个人都可以微笑着生活，在闹市欢乐，与欲望同行，但唯有正视孤独，才能寻找到属于自我的安定与幸福。

幸福或许只是一种感受。佛学中感觉被称为"受"，即对各种境界而产生的苦、乐等精神意识。按照《俱舍论》所说受有五种，即忧受、喜受、苦受、乐受、舍受。其中喜受，是对应于心里的感觉；乐受，则是对应于生理的感觉。舍受，即平等之受，既没有开心感也没有不开心感。《涅槃经》明确说："诸行无常，是生灭法。"佛教唯识学更细致地分析了人的所谓快乐的变化。比如，我们口渴的时候，能得到一杯水就是幸福的。我们可能当时就会认为，拥有清水就是最幸福的事情。但是，如果我们持续不断地喝下去，喝到肚胀，幸福感就会变为不幸感，我们会觉得痛苦。原来我们对幸福的认识，或许并不智慧。

有时候，幸福真的和大道无关，更多的是来自细微琐屑生活小快乐的积累。调适好心态，珍惜当下的每一个幸福瞬间，就能获得持续的幸福。大家都喜欢无门慧开禅师的四季歌:"春有百花秋有月,夏有凉风冬有雪。若无闲事挂心头,便是人间好时节。"原来生活的每一细节,都充满着这种幸福与喜悦。有时候觉得,幸福是几分欢喜;有时候,幸福是几分热闹;其实,幸福就是认识自己,直视本心。守住那份内在和质朴,即使孤寂,都会很幸福。

我们希望在自己人生的舞台前,总要有一些观众,他们或在开场,或在散场,给我们自己的人生一点掌声,一些鼓励。但孤独却是生命的圆满,因为这一生只有自己走完全部,没有与自己独处的经验,就不懂得如何与世人相处。柏拉图说,每个人都是被劈开两半中的一半,寻找自己的另一半是终其一生的任务,却也未必能找得到,因为每个人都是被劈开的两半中的一半,孤独的人太多了。生命有时候,如同一个乱闯的苍蝇,根本不知道孤独之外的那层隔阂是玻璃还是空气。

市民文化发达的中国,从宋朝的商业文明开始即进入城镇皆商的时代。20世纪上海滩的一个小女子张爱玲,在城市的一隅冷眼看世。她说传统社会的中国,是一个没有隐私的世界,如果每天清晨不把房门打开,就意味着在家干坏事。如果说才女张爱玲所描述的是真实的市民世界,那么在乡村生活中,隐私更是妄谈:走街串巷的拜访,会发生在黄昏饭后,无须提前"预约",只随心性即可。在每个人的家庭中也是如此,处于青春期的孩子给父母最大的安全感就是打开房门,让他们知道自己的孤独是公开的;而争吵中的恋人,即使离家出走也要保持电话开机,这样才能给彼此最大的安全感。

生命的一部分是由喧嚣组成的,另一部分则由孤独构成。武侠小说中的人物,最高的境界就是孤独,他把这种孤独当做天空中孤独的日月,总爱黄昏的时候看"落霞与孤鹜齐飞",在月夜把酒邀月共饮。每个人在安静的时候,其实也在对话,在和自己的灵魂对话,希望找到身体内那个真实的自我。孤独得久了,也就学会了沉淀,用自己的生命和时间参合,磨出精神的饱满。孤独是人生给自己的最后一片净土,让自己在喧嚣中沉静观世。柏拉图在双重孤独中度过一生，个体灵魂的孤独和个体生命的孤独，他一生未婚，却因此澄明。他尽管独身，但绝对明白爱情之真谛。

这个时代的古希腊所谓的"名士"均以单身为荣，因为除了家庭，每个人都有大量的社会工作要做。在此时期，举行"飨宴"是个体摆脱孤独，分享孤独的最佳形式。海洋文明带来的个性独立并不改变人类喜欢群居的本性，从公元前 8 世纪中期以后，希腊人常在晚餐之后，转入另一场纯饮酒的宴会。在"酒神"的壮胆之下，参与者在几杯酒之后，可以放言高论，就某一议题提出自己独特的想法。"飨宴"成为希腊人集思广益、触类旁通的聚会。近代也是如此，许多哲学家的沙龙也是在咖啡馆或酒吧中举行。古希腊的这种"飨宴"，类似于私人的聚会，但也极其有特色，聚会多以男性为主导开展，举行场所多在议厅中，贵族也多借助于此联络人脉，为自己将来的议会选举寻找选票。柏拉图所著《飨宴》，即在描述阿伽松欢庆首出悲剧获奖，邀集友人在家庆祝的情景。当天在座的有辩士学派修辞家斐德罗和鲍萨尼亚，医生厄律克西马库，喜剧作家阿里斯托芬，主人阿伽松以及苏格拉底，他们决定以对爱神的礼赞助兴。对话录里一篇篇的颂歌，辉映着赞颂者的身份与性格。在众人以不同角度赞扬了爱神之后，柏拉图借苏格拉底之口说出自己对爱的认识：

　　被肉体的色泽所困惑是愚蠢和可鄙的，肉体相对灵魂而言是可朽坏的，所以基于美色的爱情是转瞬即灭的，在欲望之火的燃烧后肉体的幻灭将更加迅速。而真正的爱情是诞生于不变的灵魂之中，爱上心灵之美的人才是爱上了永恒。

与天地同孤。在柏拉图看来，孤独是一个人灵魂的安静，它的反义词不是"喧嚣"，而是爱。每个人都是自己心属王国的国王，因为心的孤傲，才难以在尘世中寻找到自己的另一半。因为孤独不可消除，所以爱成了人生永无止境的寻求。孤独，灵魂寻找自己来源和归宿而不可得的偶然，也是在茫茫宇宙中寻找自我之根，这是一种绝对的、形而上的、哲学性质的孤独。只有进入爱的境遇，这种孤独才有消弭的可能。柏拉图认为自己的另一半太难找了，所以也就放弃了婚姻。孤独在柏拉图看来是人自我尊严的体验，这种孤独是灵魂冷静的表现，这种孤独是尊贵的、可敬的。《列子·汤问》中有载：

> 伯牙鼓琴，钟子期听之。方鼓琴而志在高山，钟子期曰："善哉乎鼓琴！巍巍乎若泰山。"少选之间，而志在流水，钟子期曰："善哉乎鼓琴！洋洋乎若江河。"钟子期死，伯牙破琴绝弦，终身不复鼓琴，以为世无足复为鼓琴者。

俞伯牙的《高山流水》并没有人能够听懂，他在高山上抚琴，曲高而和寡。钟子期只是一个樵夫，却是伯牙的知音。两年后，钟子期因病身亡，不能赴约，伯牙在子期的坟头上摔了他心爱的琴。"钟子期死，伯牙终身不复鼓琴"，伯牙的选择事实上是对自己的尊重，没有"择其次而求之"的退步。法国思想家帕斯卡尔曾经说过："人只不过是一根苇草，是自然界最脆弱的东西；但他是一根能思想的苇草。用不着整个宇宙拿起武器来才能毁灭了他；一口气，一滴水就足以致他死命了。然而，纵使宇宙毁灭了他，人却仍然要比致他于死命的东西更高贵得多；因为他知道自己要死亡，以及宇宙对他所具备的优势，而宇宙对此却是一无所知。因而，我们全部的尊严就在于思想。"① 他还说："能思想的苇草：我应该追求自己的尊严。绝不是求之于空间，而是求之于自己思想的规定。我占有多少土地都不会有用；由于空间，宇宙便囊括了我并吞没了我，犹如一个质点；由于思想，我却囊括了宇宙。"② 有了思想，便有了一切，有了整个宇宙。人的尊严就在于此。人的尊严意味着孤独，孤独也带了敬畏，仰观宇宙之辽阔，俯思岁月之无穷，感到的不仅是人生的渺小和生命的短促，还感到了一个孤独个体在这无限时空中的悲哀。这种孤独让陈子昂慷慨悲歌：

---

① [法] 帕斯卡尔：《思想录》，何兆武译，上海人民出版社 2007 年版，第 112 页。
② [法] 帕斯卡尔：《思想录》，何兆武译，上海人民出版社 2007 年版，第 113 页。

前不见古人，

后不见来者，

念天地之悠悠，

独怆然而涕下！（《登幽州台歌》）

人是孤独的，能面对孤独的人的内心是充实的，狂欢放纵是对孤独的逃避与慌张。面对孤独会体悟到人生的另一种真谛：超然物外，敢问苍天。人的尊严不是身居高官要职的显赫，也不是名利双收后他人的青眼，人的尊严是孤独地展现自我。孤独是人生不可或缺的体验，在这个体验之中，人才可以发现自己人生的真相。孤独是有其现实性和深刻意味的，在孤独中，人们反躬自省，直面自己的内心世界，人们发现在绝对孤独时体验到真理、美、自然的魅力、人的尊严和人性。孤独也可以赋予人以新生，在回归自我之后，绝对孤独使人得以找到生存的答案，得以发现生存的价值。

每个人所承受的孤独并不是人生的全部，而是要通过这种孤独的途径来充分地展现人生的内涵，人们只有彻底地浸入到孤独之中，才能体会成熟，体会自我，让自己的生命和宇宙万灵沟通。孤独是一种生活现实，犹如黑夜、降雨和雷鸣一般。作为一种人生经历，它也是可以像任何其他人生经历一样被赋予一定的创造性。扎堆的人群，或是暂时的欢跃，并不能带来永久的平静。泰戈尔说，狂欢是一群人的孤独，孤独是一个人的狂欢。当欢场散尽，留下的只有自己的孤独告白。当在喧嚣的人群中，突然觉悟到一丝的惊悸和不安时，那便是孤独来袭的感觉，它在时刻告诉我们每个人这一生的路，从生到死，只是一人。

闹场的人生，很精彩，一举一动，都有天王人气，都有众人的祝福。终归有一天，会曲终人散，嘹亮的夜莺也有声带嘶哑的那一天，美丽的鲜花花期过后只有零落，人生也是如此。孤独如同一个吞噬幸福的怪兽，蜷卧在生命的一角，只要有机会，便会扑过来撕咬。知己，或爱情，只是在孤独的人生路上，寻找一个分享孤独的伴侣。某天，我们终会发现人生舞台下面的观众已经散场，而品味孤独，欣赏寂寞，也成为一种幸福。

六、中观与幸福

幸福的中观哲学。

在亚里士多德看来，真正的幸福生活是免于烦累的善德善行。古希腊人认为，幸福应该在足够的生活资料的基础上，不为物质匮乏所累，不为社会财富所罪，坚持中庸的德行，以"中道"原则，实现自己的幸福。古希腊人认为，"中道"的生活远离"过"与"不及"，它指引自己在诸多选择中，依靠理性，使人的行为和情感恰到好处。亚里士多德认为，"中道"只能是实现幸福的方法，或者说这仅是幸福实现的一种路径，人生的目的和城邦建设的目的，均是以实现人的幸福为指向的[①]。

亚里士多德"中道"说，对于中国今天构建幸福社会有一定的启示作用。中国经济迅猛发展的势头，已经超乎西方经济学家的预想，中国秉持和平崛起的大国战略，也应和了20世纪70年代英国历史学家汤恩比所说的"唯有中国文化才能拯救世界"。剔除经济迅速发展所带来的自我膨胀及五千年文化的优越感外，反观中国近期发展，确是中国"话语权"的建设期：经济腾飞，政治稳定，文化繁荣。中国话语权的构建，成为当前热点。漫长的中国近代史，中国一直处于向世界学习的阶段。先向东洋人学习，后向西洋人学习，大体都经历了"技术学习—观念引进—管理反思"的三个基本阶段。改革开放作为中国文明史的一个里程碑，意味着这个古老的民族，以更加宽容、更加主动的姿态，融入到世界史的进程中来。然而我们学习的对象，西

---

① 参见《亚里士多德全集》第9卷，中国人民大学出版社2009年版，第21页。

方却在 20 世纪 60 年代，已经意识到了自己内部所存在的"危机"，同时也进行各种努力以图挽救，这种努力的效果也是显而易见的，在科技、经济和文化诸多领域，西方依然保持其先进地位。尽管如此，国人幸福感之构建依然是一个十分迫切的命题。

"中观"首先是一种物质主义的理论范式。美国经济学家萨缪尔森作为凯恩斯主义的信徒，早在 20 世纪中叶就提出经济学是由微观经济学和宏观经济学有机结合的理论体系，按照新古典综合派所认定的，微观经济学是研究家庭与企业的决策，而宏观经济学则研究整体经济运行的规律。这种近似科学的划分法，一直是经济学的正统。然而，今天的经济格局很难将微观经济与宏观经济细致区分，经济成为有机融合的一个整体，由此"中观经济学"建设呼之欲出。"中观"的方法论，是将经济总量与经济个体要素作为一个整体进行观察，实现"经济资源的最优化配置"：它一方面肯定国家在经济发展大局上的极端作用，另一方面肯定经济发展的终极目标是为实现社会个体的幸福。"中观"的理论起点，是在肯定经济发展的绝对意义的基础上，将社会变革的烈度与社会个体的承受能力充分综合，这既维持了社会的健康发展，也保证了社会个体的幸福诉求。

"中观"是一种世界观，坚持"中道"地观察世界。这里的"中"，是对中国传统优秀哲学资源的发觉，是"中通"、"中和"、"中庸"之意。这三个范畴也是"中观"世界观的三个层次："中通"，即在研究问题和解决问题的时候，要做到对历史时空、自然超然、宏观微观融会贯通。"中和"，首先是承认物物"不同"，唯有"不同"，才有"和"的可能性和必要性；其次，"和"是万事万物萌生成长的基础，同的事物统一于一个相互依存的和合体中，并在不同事物和合的过程中，吸取各个事物的优长而克其短，使之达到最佳组合，由此促进新事物的产生，推动事物的发展。社会管理和企业管理也是如此，以和为贵，以和为则，是实现双赢的一个必要条件。"中庸"，则是"中观"世界的最高层次，孔子曾经感慨道："中庸之为德也，其至矣乎！民鲜久矣。"（《论语·雍也》）"天下国家可均也，爵禄可辞也，白刃可蹈也，中庸不可能也。"（《中庸》）唯有"中庸"才是人世间的大智慧，在特定的时空中生活，以"中庸"破除种种束缚，实现从必然王国向自由王国的跨越。

"中观"是一种方法论，是一种思辨的研究方法。对于幸福的研究，既要远溯天人之辨，也要考察现实生活中人的幸福感；既要强调人性的空灵，也需增加物质的满足。这种方法论，将幸福的现实性与理想性统一，远观人类社会的"大同"梦想，近思当前社会建设的正义性。从幸福感、幸福现象、幸福存在着手，厘清幸福的具体逻辑层次，探寻幸福的价值和意义。恩师张立文先生在反思中国传统文化的重建这一命题时，明确提出"自己讲"、"讲自己"。所谓的"自己讲"，即是以西方哲学的体系建构，重新发现中华文明的范畴；"讲自己"，即是以"中国方式"讲述中国哲学自己对时代危机的义理解决，讲述中国哲学自己对"形而上者之谓道"的赤诚追求。"中观"之于幸福哲学的意义也在于此，将幸福放置到"中观"之道的研究范围中。在当今商品大潮中，外在的物质异化掌控了人的幸福尺度，坚持"中观"的方法论，有助于个体私欲的抑制，提升个人的理性水平；同时有助于人们在现实生活实践中完善自我、安顿自我、实现自我。以"中观"的方法研究幸福之实现，需将修身、修心、修神融入到自己生命历程之中。

修身，达观生命之理的认同。中国文化在肇始之初，就很少关注彼岸的追求，而追求或如道家的逍遥自由，或如儒家的"天人合一"。这个"天"，就是天道，天道客观无亲，自然而然。要做到"天人合一"，就是要体贴天道，以"诚"作为个人修养的路径，不偏激、不盲动，以"中观"为则，找准自己在宇宙间的位置。

《大学》中所谓"三纲领、八条目"，事实上是在陈述士大夫的理想追求。人生无常，人世沧桑，上苍的一个玩笑，很轻松地就能改变一个人的一生。人生有太多的东西需要计较，修身达观就是为了做到不计较。因为不计较，也就无所谓得失、成败。修身，是为了以"诚"之道，认识自己、认识世界，因为人性的空灵，提升了自己的人生境界，即使有一点点的收获，也怀抱一颗感恩的心。人类是自然之子，从自然界进化而来，集天地之灵气，成为"万物之灵长"。作为个体的人，一方面为了自己的生存，确实需要从自然从社会中获取资源，以供自己发展；而另一方面，在创造社会财富的过程中，又受财富的支配，被"身外之物"所异化，成为财富的奴隶。孔子讲"富贵如浮云"，看看周遭现实，如何对待财物和地位，即富与贵，直可以令人深长思之。追求富贵是人的正常欲望，在追求的过程，只要保持心态的平和，忍受一些痛苦，有操有守，是完全可以实现自己的梦想的。

孔子一部《论语》传天下，至今不衰，所谓大道至简是也。孔子的乐观，不仅表现在对人生大道的追求上，即使对日常生活的要求也低于同时代同层次人的水平。《论语·述而》一章中，集中记载了孔子对日常生活苦乐观的看法，孔子说："饭疏食，饮水，曲肱而枕之，乐亦在其中矣。不义而富且贵，于我如浮云。"有口粗粮吃，有水能解渴，睡觉时弯着胳膊当枕头，这也是生活中的乐趣。事实上，作为贵族之后的孔子，以恢复周礼为己任，十分讲究饮食，如孔子曾说"食不厌精，脍不厌细"（《论语·乡党》），但在遭遇厄难的时候，孔子却讲粗食白水，抱肱而眠，显示了孔子"忧道不忧贫"的心胸。悲观看我，我不悲观。其实，每个小小的"我"，都是璀璨夜空中的一颗星星，为了自己的梦想，在幸福地打拼。

修心，提升历史人文的精神。单纯从物理学的意义上看，人是时空中行走的动物，其生命存在的形式也只有三种，即过去、现在与将来。但每个人不可能孤立地生活在某一个特定的时空，所谓的昨天、今天和明天，均是相对而言的。认识时空，是人的高贵性之体现。人必在时空中运动，人的运动是理性的产物，其运动也有理性的目的。"逝者如斯夫，不舍昼夜"这是孔子对于光阴流逝之喟叹。周易所赞天、地、人三才，是统一无间的：人在时空中行走，时空因为人的运动而充满意义，如《易传·贲》云："刚柔相错，天文也。文明以止，人文也。关乎天文，以察时变。观乎人文，以化成天下。"中国文化对时空的考察是基于生命的意义，察时的目的在于顺应天时，与时偕行，这即是历史。

人的生命时时刻刻都在"变易"。所谓变易也必将符合"与天地合其德"、"与四时合其序"的基本原理，周易对于"时"的解释，并未曾孤立地进行考察，相反它是与方位、五行等相配，进而完成"天人合一"构架的。时间与空间的关系内在统一，并且是不可分离的。

《易传·系辞上》说："日新之谓盛德，生生之谓易。"天地生生不息，日新月异，阴阳互动，彼此变易，才是宇宙万物生死存亡的根本法则。时间与生命融合在一起，生命是时间的载体，时间是生命的舞台。《易传·系辞下》说："日往则月来，月往则日来；日月相推而明生焉。寒往则暑来，暑往则寒来，寒暑相推而岁成焉。往者，屈也。来者，信也。屈信相感而利生焉。"日月往来，寒暑交错，时光流逝，生命即在此间萌生，没有这种运动，宇宙即无新生。人也是在这种如水般的"绵延"中生长。

人在物理空间中的运动，与时间的"绵延"并不矛盾，时空互蕴并且统一无间。周易强调"变"，"变则通，通则久"，所有变化需在"时"、"空"中实现，且变化的结果也是在"时"、"空"中体现。六十四卦每一卦都代表事物发展的时间段，同时六十四个变化也是"绵延"一体，"贞下起元"，往来始终的。我的生命，因时空而存在，客观的时空因我的存在而富有价值。

修神，契合天人同流的乐观。中国传统文化中，对于自然的论述，多结合天道、人生。时间、空间之范畴是与人的生命一体而言的。宇宙万物的存在是一个流变的过程，天地的空间设位与人的内心"小宇宙"是一致的，所以宇宙之存在也是一个中和德行的充盈体。人的生命是有限的，却因为人的地位之特殊（三才之一）、生命之延续（生生不息），是可贵的、有价值的。从周易时空观的角度来理解"天人合一"，更可以体会人与自然之和谐，同时体贴宇宙生命之生化。

以《易》观察世界，无论是国家历史或是个人生命，最好的境界莫过时、位与"德"的完美结合。"时"是存在的依据，是生命升华的机遇。"位"是存在的状态，是历史进步的基础。"崇德广业"是至圣至贤的追求，德是将个人生命融入到宇宙大流中的智慧，人生由这种智慧才可以反观自我，成就大业。

"绵延"一词，最早是生命哲学流派解释世界的范畴。生命哲学流行于20世纪初期，肇始于叔本华、克尔凯郭尔的非理性主义思潮，以狄尔泰之创生命说为形成标志，又以柏格森为其集大成者。此后影响范围深远，如天主教现代派、实用主义、存在主义以及自然科学等，均不同程度地受其影响。柏格森认为，"形而上学的目的在于把握绝对的、完满的东西"[1]，而其把握对象是"绵动"的生命之流动。他认为宇宙万物是由生命之流派生的，这种生命之流具有如下特点：一是绵延是绝对连续性，是没有间断的连续性；二是纯绵延是完全性质式的；三是绵延不是发生在空间中，而只是在时间中进展；四是绵延的前进方向是不可预测的。柏格森认为，人在时间中生活，这个时间是"纯粹的绵延"，是纯意识的东西，是一种精神现象，它并不存在于客观事物之中，也不是某种物性的存在，甚至就是最基本的自我，就是生命冲动或生命的流动和延续。物理学家所强调的时间，如钟表刻度所计量的分秒，只能是被分裂视之的物理"时间"，这种"时间"被人为地割裂。而只有"绵延"所反映的才是"真时间"，因为在自我意识中不断推展着的一定是息息变化的、不可分割的、未加区别、反复连续的生命之"流"。从这个角度出发，绵延也是生命成长的过程，每一次的成长都是一个不断创新、进化并爆发出新的生命力量的过程。[2]

这种"绵延"的时间观，是把人的生命历史与物理时间结合起来，把时间引入到意志时间中，人必须在这种历史中沉思生命的意义，与宇宙运动、人事变化结合。在这里，时间绝不再是一种单纯的钟表化的机械刻度，而早

---

[1]　[德] 柏格森：《形而上学导言》，刘放桐译，商务印书馆 1963 年版，第 55 页。

[2]　参见谢地坤：《西方哲学史学术版》（学术版）第 7 卷，凤凰出版社 2005 年版，第 81 页。

已被人的生命烙上了生命、永恒、人的终极关怀的印迹。

《易传·系辞上》说："《易》与天地准，故能弥纶天地之道。仰以观于天文，俯以察于地理，是故知幽明之故。原始反终，故知死生之说。"正视时间，在宇宙变化中，把握自己，尽管我只是庸常之人，尽管今天已机会尽失，但只要有时间，一切都还有机会改变。珍惜时间，就是珍惜自己的幸福。千金财富固然重要，但这是固守的物质，它的功能发酵还需要时间来实现。

时间的神妙，还在于它可以让人转运，姑且不论这种信仰是否能带来现实的功利，但它的确驱散了悲观的阴影，让我们活在乐观的当下。中国宗教信仰中，对"来生"、"来世"的描述不多，从周公时代就把鬼神信仰与理性思考区分开来，"活在当下"的中国人却总是以积极乐观的心态展示于世人。这种时间观，将富有前瞻性的精神信念带入到人的生命生活中，将"时来运转"的迷信色彩剔除，理性看待"积极等待"对生命的改观。南宋诗人陆游曾吟诗《游山西村》道：

莫笑农家腊酒浑，丰年留客足鸡豚。
山重水复疑无路，柳暗花明又一村。
箫鼓追随春社近，衣冠简朴古风存。
从今若许闲乘月，拄杖无时夜叩门。

"山重水复疑无路，柳暗花明又一村"，是中国特有乐观文化的真实描述。我们喜欢"大团圆"的结局，对"大团圆"的期待，意味着不管中间路程多么艰难，只要看到尘埃落定，即是幸福。我们重视每个人的生和死，"生"是一个新生命的开始，经济条件再拮据也要庆祝新生，摆上几桌满月酒，与众人同乐；"死"是一个物理生命的结束，死者为大，仇恨满腔的敌人，也要到死者灵堂，鞠上一躬，意味着对时间的敬畏，对生命的尊重，对自己活着的肯定。"大团圆"是一个"圆"，是周易所说的"贞下起元"，是西方哲人所说的"生命绵延"，是佛教所说的"六道轮回"，中国人都拿过来，当做自己乐观的理由。

这种乐观正是终始相续、前后相继时间观的展示。孔夫子所说的："逝者如斯夫！不舍昼夜"（《论语·子罕》），也被人们所认同，时间的流逝不仅意味着人的自我生命的成长，同时也有对人生的无限感慨。时间已经与历史、与人生、与人的情感交织在一起，融合为一体，时间被我们赋予了新的情感意义。时间是改变的条件，也是改变的载体。因为时间直接与人生命运、与生活世界相融合，时间、历史、世界、人生、未来，实现了共融。《尚书大传·虞夏传》曰："旦复旦兮，日月光华。"中国人对时间的认识，总是充满了乐观向上的精神，尽管时过境迁，但每天的太阳都是新的，人生如同旭日东升，每天都有新的希望，尽管人生处于低潮，却是在孕育新的能量。学会等待，也是一种幸福。

第 5 章

幸福之道

如哈贝马斯所说，我们总期望通过坚强的理性，来塑造属于自己的"理性大厦"，通过交往来实现各种资源的交换，最终实现自己的幸福。米兰·昆德拉却说，人类一思考，上帝就发笑。即使是那些最严谨最严肃的思考，可能也只是为一个值得敬畏的、巨大的未知，提供些调剂品而已。苏格拉底也一直在哲学的"广场"上徜徉，告诉每个人你我一样无知。我们总尝试把"幸福"的各种线索理顺，让自己走上幸福的康庄大道，但哈贝马斯的"生活世界"却告诉我们，每个人的世界不同、境域不同、成长不同，我们的"理性产物"也只是"庸人自扰"。商业社会所看重的"执行力"，在幸福这个命题前面，似乎软弱无力，我们对待这个"软命题"，无法寻找到属于自己的切口。

幸福真的如"道"一般，不可言说：似乎我们掌握了幸福的真谛，甚至于可以用公式来表述，最后却发现我们只能窥其一斑；似乎幸福距离我们越来越远，但猛然回首，它却就在你我身边。所以，我想幸福是个具有实在性的"软命题"。所谓的"实在性"，是指幸福就是活生生的感受，也可以通过理性认识（哪怕是其一斑），它不是虚无的，也必须在"生活世界"中寻找。我们在世俗中找寻不见，也可以通过梦想进行勾画，如海市蜃楼，如西方极乐等。"幸福"也切切实实地存在于每种信仰中，尽管宗教或信仰多以节欲为教导手段，但都以"幸福"为人生之旨要。幸福也是世俗中你我凡夫俗子的人生要义。

幸福真若如"道"，也不可太过玄虚，所谓大道，皆不离人。有朋友问我，幸福固然是"道"，因为幸福需长久、持久、恒久，但幸福大道之下的芸芸众生，其幸福感当以如何表述？我想，幸福感当有四味：四成现实感，三成希望感，两成愉悦感，一成梦幻感。人要活在现实之中，在人伦日用中体会幸福，是最踏实的幸福。除了现实，活着还要有希望，希望意味着人"要幸福"的权力。幸福肯定是快乐而非悲伤的，泛滥的快乐则带来人生的虚无，所以要有愉悦感但不能太多。人生匆匆，终需有点浪漫，现实之中给自己浪漫的情怀，是为梦幻感。

幸福诸相，林林总总。有关幸福的讨论，也进入到"丛林时代"，和几个朋友长聊，问及此书进展时，讨论到一个问题，能否用一句话来精练地定义幸福。如此问题，让我陷入了一个僵局：一方面，我尝试说清楚什么是幸福；另一方面，却是越说越迷离了。幸福究竟是什么？能否打破系统的封闭，在理论与现实的交错中，寻找出一个让我解脱僵局的"神来之笔"？我想，幸福应该是对现实境遇的一种超越，这种超越性直接推动了人类文明的发展，成为最优秀的自然之子。对超越性的解读，应该是幸福的根源，同时也可以作为对幸福定义的"总结"。幸福，即是过一种有神性的生活。

一、幸福之宗

中国哲学有对"道"皈依的传统，这种传统在当前的启示即是克服人的"工具理性"之束缚，实现人的"幸福"回归。

工业文明的到来，一方面促使人的"延展"，即借助工业文明成果，迅

195

速拓展了劳动者的劳动时间与劳动空间，在革新的劳动工具帮助下，"自我"被消解；另一方面则促进了人的"超越"，即在"自我"消解的前提下，人对"自我"的寻找。从雅斯贝尔斯之所谓的"轴心期"时代起，以哲学为文化底色的民族文明即形成，全球以中国、印度和西方为中心，形成三大文明中心，如中国文明重视伦理及德性，印度文明重视信仰及因明，西方古希腊则重视思辨及体系建设。至工业文明之时，哲学为底色的文明则逐渐被消解，当尼采呼喊"上帝死了"时，意味着轴心期时代所形成的价值文明，已被彻底解构。此后，无论西方哲学，或中国哲学都尝试对哲学进行重塑：西方哲学放弃对形而上学的追求，将研究重点放置到现实的现象中来，从而呈现出分析哲学的路径，如胡塞尔影响至今的现象学；中国哲学则在尝试摸索一条既切合传统文明又呈现当代特色的道路，如张立文先生创立的"和合学"。中国哲学更注重于对传统价值的发掘，以期其成为当代社会发展的思想资源。回到人的"延展"这一主题上：当代人的"延展"更是通过多种方式来实现，如机械动力、电子科技等，人的解放程度也达到了历史的峰值。但这种"延展"同时也是人的价值陨落及主体性的泯灭，在人的"延展"过程中，人或为职业手段所异化，或为劳动成果所异化，将手段与目的、工具与价值混淆。如当前"幸福"的重塑，在物质资料达到前所未有丰富的今天，大部分人实现了温饱无忧，却陷入到寻找幸福的困惑之中。

同时，21世纪以来的人类文化面临深刻的文化转型期。这个文化转型期具有明显的时代特征：同步性、复杂性、多元性。所谓的同步性，即无论发达国家或是落后国家，都在遭遇着传统与现代的价值冲突，都在遭遇着本民族文化与异族文化之间的冲突；所谓的复杂性，即这些问题不再是农业文明时期，通过政治或经济控制的手段即可解决，它的发生机制复杂，发展过程中各个要素的介入复杂，解决问题的手段也异常复杂；所谓多元性，即在文化转型带来的危机和必须解决的问题中，有各种文化中心论威胁文化的多元发展，各国各民族之间会引起文化冲突，乃至诱发战争。

在如上背景之下，世界文明的发展，会呈现两大趋势：一是"旧瓶装新酒"，即回溯到"文明轴心期"，继续以三大文明发源地为中心，在旧有的文明基础上，三大中心文明重新整合新的文明资源，再次成为世界文明的中心；二是"百花齐放"，即在信息文明的推动下，原来的文明类型及模式彻底肢解，各国家、各民族重新站在统一的起跑线上，重新塑造自己的文明，以适应时代的变迁。如上所论，哲学作为时代的精髓，须对时代问题进行回应，同时作为文明底色的哲学，也是民族特征的主要体现。

从"哲学丛林"到"哲学重塑"。改革开放以来，中国重开国门，自觉融入"地球村"。西方当代哲学资源、中国古代优秀哲学资源，也以需求为标杆，纷纷涌现。哲学最早起源于人类对天道的反思，由于命题过于集中，故从柏拉图、亚里士多德开始，西方哲学逐渐开始了对无所不包的大全科学的追求，几乎每个体系都包含数学、物理学、形而上学、伦理学、天文学、政治哲学等，而且这些科学被认为是统一的和内在关联的。中国亦如是，如老子所讲的"道"，如孔子所讲的"吾道一以贯之"，再如诸子百家亦以"集中"的形式，对自己的学术进行建构，这些均是人为自然立法的具体表现。

工业革命之后，鉴于各个国家实际科技水平的差异，哲学的代际更新速度加快，当西方已经开始反思工业革命对人性的撕裂所带来的问题时，被坚船利炮轰开大门的中国正在经历着"德先生"与"赛先生"的引入。不仅世界如此，每个国家也在传统与现代的张力中，实现着价值哲学的平衡。如近代欧洲诸国一直在经验论与唯理论的两端徘徊，中国印度等文明古国尝试在历史或信仰的价值中，发掘适合时代发展的哲学精神。似乎进入工业文明时期之后，整个世界很难再回归到"文明轴心期"，以一种"大一统"的哲学形态介入到知识世界，即世界进入"哲学丛林"时代。

然而，严格意义上的哲学必须在整合世界素材的基础上，提出关乎形上学、伦理学及实践论的相关体系，或寻找到新的思辨起点，或是寻找到解释世界的终极原因。所以，无论在《精神现象学》中还是在《小逻辑》中，黑格尔都强调一种总体的观念，一种关于起点与终点关系的"圆圈论"。哲学大厦是一个整体，起点作为大厦的奠基石不是一种直接的结果，而是时时体现在整个大厦之中的。哲学与知识不同，知识是经验的堆砌，哲学则是一个观念的体系。在黑格尔看来，尽管旧形而上学需要经验主义在内容上的拯救，但他依然倾向于以观念作为自己体系的出发点，不过，他所谓的出发点并不具有直接的合法性，而只是一个假定，它有待整个体系的说明。所以，黑格尔在《小逻辑》一书中指出：

> 哲学是独立自为的，因而自己创造自己的对象，自己提供自己的对象。而且哲学开端所采取的直接的观点，必须在哲学体系发挥的过程里，转变为终点，亦即成为最后的结论。当哲学达到这个终点时，也就是哲学重新达到其起点而回归到它自身之时。这样一来，哲学就俨然是一个自己返回到自己的圆圈，因而哲学便没有与别的科学同样意义的起点。所以哲学上的起点，只是就研究哲学的主体的方便而言，才可以这样说，至于哲学本身却无所谓起点。①

"哲学丛林"时代，给哲学带来的并不只是挑战，更多的是有关哲学的发展契机，即哲学或以继承、或以批判的形式，实现"哲学重塑"。中国当前的现实主题，已由近代的"救亡图存"转化为"共富和谐"，也意味着中国的大国崛起之梦不再遥远，中华文明向世界的贡献不再是廉价的市场产品，而是输出中华民族"天人合一"的生活方式与和谐价值观等具有悠久历史的灿烂文化。因此"哲学重塑"事实上是以中华传统文化及人类悠久文明为底蕴，整合和突破西方哲学的局限，系统地反思当前文明类型，探索人类存在的当下价值，逐步发掘突出中国特色的哲学资源。

从"经济话语"到"文化话语"。福柯从知识考古的角度，对话语和权力之间的关系进行了分析，提出知识、真理是权力的形式，权力离开了知

---

① [德] 黑格尔：《小逻辑》，贺麟译，商务印书馆 1997 年版，第 54 页。

识、真理也就不成为权力。而"话语权"则是实现权力的主要方式。目前世界的现实情况是，综合实力强大的国家通常掌握着更多的话语权。超级大国拥有相当强大的软、硬件实力，在许多方面已经占据了"话语霸权"的地位。超级大国通过话语、施压、解读，对欠发达的国家产生着重大的影响。所以，话语权背后的权力结构中的强者对弱者形成的控制关系是现代社会的一大特征：强者具有话语权，他们决定话语的内容，决定讨论题目的优先顺序和探讨内容，决定社会话语的语境，其实体现的是话语霸权者对社会的支配关系，反映的是社会背后深刻的权力结构。

当前的国际权力结构，并没有实现真正意义上的平等和文明，相反陷入到更为稳固的"话语结构"中，西方的强势文明以一种更为精巧的方式，通过"经济话语权"的掌握，来完成对欠发达国家的价值输入及文化控制。在这种话语结构下，大国对弱国的统御不再是赤裸裸的殖民与侵略，而是更为隐秘的"话语剥夺"与"话语入侵"。

但"话语系统"背后给中国文明带来的契机是，该理论系统成立的前提是"知识决定权力的产生"，即拥有文明的民族将在健康的世界体系下，逐渐掌握"文化话语"。中国文化的特点在于，对世界的理解，归根结蒂建立在对"道"的终极信仰上。"道"这个哲学范畴，与基督文明中的《旧约》创世观的传统、古希腊柏拉图哲学中的"中道"一样，都是世界不同类型的文明对世界生成系统的解释，也意味着世界未来"文化话语"竞争的三大格局。

"文化话语权"的生产需要从"文化话语主体"开始，经过权力的传播链条，在对话语客体产生影响，取得效果之后才生成话语权。所以传播过程中两个环节"设置议程"和"构建框架"，对话语权力的生成至关重要。设置议程解决的是"说什么"的问题，"构建框架"解决的是"怎么说"的问题。所以，中国未来的"文化话语权"的争夺，事实上要解决两个问题：一是回归到中国传统文化上，解决话语资源的寻找问题；二是寻找到与西方话语模式的差异，坚持中国哲学自身的价值追求。

联合国教科文组织在《文化政策促进发展行动计划》（1998年）指出："发展可以最终以文化概念来定义，文化的繁荣是发展的最高目标。"中国文化中的共生、和谐、德性、执中，是中国先民的智慧结晶，也是中国文化的核心，可以成为未来世界文化竞争的一极。如张立文先生所说的中国哲学要"自己讲"、"讲自己"，中国"文化中心论"并不是一种文化话语霸权，而是对世界文明的重要贡献，是中华民族基本特征的重要体现。

从"工具实现"到"幸福实现"。人为世界立法，从古希腊哲学普罗泰戈拉提出的"人是世界的尺度"，到今天所追求的人的解放与自由，都可以看出人的理性在世界历史发展中的地位和作用。没有人介入的世界，只能是自然史，唯有人的存在，给自然赋予了价值的意义，是为历史。人类也在尝试给每一段时空赋予价值，同时自己的生命也须在时间的流逝中寻求终极的意义，是为终极关怀。哲学由此而产生。由此，人的迷茫或烦恼，只能是目的和手段的冲突，即在追求终极关怀的过程中，被手段异化，为"工具理性"所支配。

"工具理性"作为人类理性的重要内容，最早为韦伯提出。韦伯认为，资本主义现代化是一个不断理性化的过程，或者说是一个不断工具理性化的过程。这个过程是由两个方面组成的：一个方面是"文化的理性化"，即人们现代理性意识的出现和提高（不再由不可测知的神秘力量来理解、支配世界，而由技术、理性的方法来理解、支配世界的意识就是现代理性意识）；另一个方面是"社会的理性化"，即人们的理性意识表现在社会生活的方方面面，表现在人们具体的实践活动中，通过对外在世界进行理性的、技术的组织和控制，使社会生活逐渐规范化、制度化、法制化。韦伯将这种促成资本主义不断向前发展的内在精神称之为"合乎目的的理性"或"形式理性"。后来的法兰克福学派则将这种对人们的思维和行动的手段、工具、方法和途径的规范化、程序化、制度化和法制化倍加重视的思维方式，称为"工具理性"。"工具理性"对人类控制和协调客观世界的自信，使人类不断探索和创造更高级的工具、方法、手段，不断推进科学技术教育的发展。人们也在不断满足各种需求的同时，越来越相信科学和技术是解决世界上一切问题的钥匙，科技成为越来越有效的手段、工具被人们推崇。然而，在"工具理性"的支配下，人的行动只由追求功利的动机所驱使，行动借助理性达到自己需要的预期目的，行动者纯粹从效果最大化的角度考虑，而漠视人的情感和精神价值。

"工具理性"导致的直接后果，即是终极价值关怀的丧失，韦伯在《新教伦理与资本主义精神》中指出，新教伦理强调勤俭和刻苦等职业道德，通过世俗工作的成功来荣耀上帝，以获得上帝的救赎。这一点促进了资本主义的发展，同时也使得工具理性获得了充足的发展。但是，随着资本主义的发展，宗教的动力开始丧失，物质和金钱成为了人们追求的直接目的，于是工具理性走向了极端化，手段成为了目的，成了套在人们身上的铁的牢笼。"工具理性"支配下的价值导向，导致了人的异化，人的价值实现方式也混淆了目的与手段。整体的价值实现方式，须经历由"工具实现"到"幸福实现"的转化，崇尚幸福价值，才可以克服人文精神日益萎缩下的人的"物化"。

中国传统文化一直强调人文精神的建设，人伦道德在其中占据核心地位，它注重探究和协调人与自然及与人的关系，注重人的自身完善，强调以人为本，激励人们尊重人的价值和尊严，努力在现实生活中去发现人实现人的价值。中国哲学有对"道"皈依的传统，这种传统在当前的启示即是克服人的"工具理性"之束缚，实现人的"幸福"回归。

二、幸福的相对论与底限法管理

幸福，其实也是一种信仰。福兮祸之所依，祸兮福之所伏。

"幸福"的实在性，和普通哲学意义上的实在性不同，我们很难找到一个词汇或判断，对它进行描述。首先，幸福只能是相对的，比如一个在皇宫中长大的皇子，会认为自由是最大的幸福，他渴望到市井上游走。幸福只能是相对的，甚至可以讲"在幸福失去之前，我们永远不知道什么是幸福"。其次，幸福是一种语境。在哲学世界中，哲学家经常站在现实世界之外，他只有和这个世界保持必要的距离，才能恰到好处地审视这个过于纷繁的世界。当然这并不意味着哲学家对现实世界漠不关心，哲学家必须始终将思想的触须粘贴在现实世界中。幸福也是一种哲学，在形上学的层次上，它意味着要将自己的人生与宇宙的大流结合，体会天人合一的快乐；在伦理学的层次上，它意味着世界交往的和谐，在现实世界中寻找自己的坐标，能"为道谋食"，也可以较为体面地生活；在人生实践的层次上，幸福可以是一个人的奋斗目标，也可以成为一个民族或一个群体的发展目标。一个人为追求自己的幸福而努力，是受到社会的承认和肯定的；而为他人的幸福而努力，则更是一种可以敬仰的献身。

对幸福的信仰给人以力量。幸福是目的，一切只是幸福实现的方式，把幸福当做人生方向的人是强大的。迷乱的青春，幸福的信仰让人不致碌碌无为；重压下的壮年，幸福的信仰让人不致心力交瘁。

法国思想家帕斯卡在其著作《思想录》[①] 中，表达了著名的有关信仰的"帕斯卡的赌注"，即：我不知道上帝是否存在，但是我知道，如果他不存在，我作为无神论者没有任何好处，但是如果他存在，作为无神论者我将有很大的坏处。所以，他宁愿相信上帝存在。在帕斯卡看来，信仰是获取幸福的一种方式，它可以安心死后的"关怀"。作为数学家的帕斯卡并不如世人所说的那样以斤斤计较的计算，来换取个人的"上帝信仰"。事实上，在《思想录》中处处可见的是他对"幸福"的认识：

我们从来都没有掌握住现在。我们期待着未来，好像是来得太慢

---

① 参见帕斯卡尔：《思想录》，谭培鑫译，商务印书馆 1985 年版。

了，好像要加快它那进程似的；不然，我们便回想着过去，好阻拦它别走得太快；我们是那么轻率，以至于我们只是在并不属于我们的那些时间里面徘徊，而根本就不想到那唯一是属于我们所有的时间；我们又是那么虚妄，以至于我们梦想着那种已经化为乌有的时间，而不假思索地错过了那唯一存在的时间。这乃是由于现在通常总是在刺痛着我们。我们把它从我们的心目之前遮蔽起来，因为它使我们痛苦；假如它使我们愉悦的话，我们就要遗憾于看到它消逝了。我们努力在用未来去顶住它，而且还想把我们无能为力的事物安排到我们并没有任何把握可以到达的时间里去。

　　假使每个人都检查自己的思想，那他就会发见它们完全是被过去和未来所占据的。我们几乎根本就不想到现在；而且假如我们想到的话，那也不过是要借取它的光亮以便安排未来而已。现在永远也不是我们的目的：过去和现在都是我们的手段，唯有未来才是我们的目的。因而我们永远也没有在生活着，我们只是在希望着生活；并且既然我们永远都在准备着能够幸福，所以我们永远都不幸福也就是不可避免的了。

帕斯卡尔的文风一如他所从事的专业，即使对待幸福也如此理性。在他看来，我们每个人都在和时间赛跑，韶华易逝，不懂得珍惜，年轻的时候失去的太多，回头看看所有的梦想只是虚妄，如此的一生，剩下的只是空留余悲。但如果换种思路，把幸福视为人生终极的目的，没有所谓的过去、现在和未来，也就无所谓失去与得到了。

以农耕文化为文明主要形态的中华民族，地跨亚洲温热带，早在"轴心文明"时期，即形成了较为稳定的民族传统。在中国历史中，多次的民族大分裂、大迁徙、大融合，为中原的农业文化与北方、西北方的草原文化、游牧文化提供了广泛的接触、交流、融合的机会。同时，由于海洋及陆地文明传播形式的拓展，也促进了中华文化与外来文化的交流。佛教传入中国之后，迅速与中国的传统信仰结合，比如吸收儒家的伦理思想，不排斥道教的养身之说，同时借助老庄哲学的比附及寓言形式，将深奥的因明逻辑与本土生活相结合，逐渐将佛教信仰融入到中国。

佛教传入中国之后，由于其信仰模式符合社会上层的精神需求，同时中国本土化的禅宗，也迅速与儒家文化结合，导致尽管儒释道三足并立，但佛教一枝独秀的实况。同时，唐代寺院享有免役免税等特权，又因武则天本人的推崇，在当时削发为僧成为风尚。西方政治学家马克斯·韦伯认为，由于没有对超验的价值和命运的任何追求，中国国家的宗教始终处于十分简单的形态，没有一种理性的科学、理性的艺术活动、理性的神学。在《儒教与道教》一书中，韦伯指出："儒教的理性主义旨在理性地适应现世，而新教的理性主义旨在理性地支配这个世界"，同时，"儒生除了要求摆脱野蛮和无教养的状态之外，不要求任何其他类型的救赎。作为美德的报偿，他只期望今生长寿、健康、富有和死后保持美名。就像真正的古希腊人一样，他们没有任何超验的伦理寄托，没有介于超凡脱俗的上帝所托付的使命与芸芸众生世界之间的张力，没有死后天堂的向往，也没有任何固有邪恶的观念"[①]。所以，儒教在很大程度上是国家宗教而不是个人宗教，它在满足芸芸众生的心理需求、解释人的切身苦难方面无能为力。

所以，幸福是相对的。因为相对，简单的幸福反而容易让人更糊涂。幸福简单到让我们为每一次生命感动而欢喜跳跃，幸福简单到让我们为每一次大病小愈而感恩苍天。从哲学到信仰再到宗教，幸福必定要与人类文明的积淀相关联，建设一个基本的"底限"。这个"底限"为人类所共同拥有，它规定的界限很宽、水准很低，但这个"底限"确实使得每个人经营幸福的时候，都有章可循，同时也维系着整个社会的基本稳定。经营幸福的"底限法"即：道德求善、不涉法险、身体康健、生活甘淡。

道德求善。幸福是一种快乐的感受，快乐感受的持久，是人的理性行

---

① ［德］韦伯：《佛教与道教》，康乐译，广西师范大学出版社 2005 年版，第 78 页。

为。人的善德主宰着人的快乐，唯有求善的人，才可以获得真正的幸福。冯友兰先生曾经讲过，成功的获取要有"才"、"力"、"命"，即需有天赋、勤奋，还有就是个人的机遇。在现实生活中，确实发现很多人实现了个人的成功，但却未必快乐，未必幸福，原因在于个人良知的缺失。柏拉图认为，一些人做了恶事，并不是出于自愿，而是因为无知，良知受到了蒙蔽。因此要培养人的理性能力，让人们发现善、了解善，过有德性的生活，并运用理性对人生进行彻底的内省，这是获得真正幸福的前提条件。

"德福一致"是人类的基本信念，但现实生活中却往往是"有德之人，未必有福"。社会法制建设的基本原则，即是要实现社会正义，正常健康的社会体系即是要保证实现"德福一致"，通过建设正义的制度为"德福一致"找到合理出路。道德上的求善，是幸福之源泉。

不涉法险。幸福感是往往是人的主观快乐，这种快乐是一种或为感性，或为理性的感受，无法量化。法律则是强制性的、外在的、维护社会争议的工具。法律在很大程度是社会公民的幸福生活的保障，保证人类的体面生活，如柏拉图所言："人类必须有法律并且遵守法律，否则他们的生活将像最野蛮的兽类一样。"

法律的价值目标是实现公民的幸福，在法律所追求的诸多目标诸如公正公平、效率秩序、法治人权等，同幸福相比较，都不是终极价值，只有幸福是法律的终极价值目标。英国功利主义哲学家边沁在他的《道德与立法原理导论》一书里将幸福作为一切法律的总目标："一切法律的总目标一般是或应该是全面地促进社会幸福，为此，道德要尽量排除一切有可能损害那种幸福的东西，换句话说，就是排除造成损害的人。"[①] 幸福是多元的，而法律则尝试在诸多的幸福观中，汲取最为抽象的基本判断，即个人谋福不可建立在损伤他人的基础上。法律与幸福之间存在着相当密切的关系：幸福感是可以

---

① ［英］边沁：《道德与立法原理导论》，沈书平译，商务印书馆 2005 年版，第 43 页。

通过法律提升的；法律制度的建设需要把幸福的实现作为一个重要的目标和价值。

身体康健。和生命相比较，一切问题都显得不那么重要，健康的身体是实现幸福的载体。现实世界是一个高压锅，压力无处不在，从母胎中受精成长，到耄耋之年，这短暂的一生，时刻都能感受到压力的困扰。根据世界卫生组织的研究报告，压力过大导致的忧郁症已经成为 21 世纪流行的病症。无处不在的压力，就如同在马拉松长跑的途中，给自己增加了一个负重包。由此以来，和未来的这个赌局，必然是以人的残败告终。

但作为万物之灵长的人类，之所以能够在自然界存活，并建立自己的文明社会，就在于他拥有天赐的智慧。既然幸福的假想敌是"未来"，而"未来"属于时间范畴，人只要跑赢了时间，也就跑赢了未来。如何跑赢时间？答案很简单，就是好好活着。这个"好好活着"的定义，要比"明哲保身"更为简单，就是要健康地活着，笑看云卷云舒。

历史很多人物，在我们看来，未必都是同时代最优秀的，天妒英才，每个时代最优秀的那几个人，总会给历史留下遗憾的一笔，早早地被打败在时间杀手下。日本战国时期，乱世纷争，群雄并起，结束大体持续时长 150 年乱世的德川家康，是这一时代最为"平庸"的军阀：论武功，他不如武田信玄的神机妙算；论文治，他不如织田信长的雄才大略；论个人魅力，他远不及丰臣秀吉那般幽默亲民。甚至于他的遗训，也如田舍老农一般，朴实地让人怀疑：

> 人生犹如负重致远，不可急躁。以受约束为常事，则不会心生不满。常思贫困，方无贪欲之念。心怀宽容，则能无事长久。视怒如敌。只知胜而不知败，必害其身。常思己过，莫论人非。不及尚能补，过之无以救。

纵观德川家康的一生，就赢在健康上，这种健康是人生自信的一种表现，静如处子，动如脱兔，静观其变，后发制人。德川家康一生坎坷，活了

75 岁，在 55 岁的时候才成为军事领袖；3 岁时母亲被迫改嫁；6 岁时在政治交易中做了人质；8 岁丧父成孤儿；成年后选择依附强国，成为卑微的侍臣。每遇到战役，总担任最危险的前锋，充当盾牌或炮灰的角色。但他敢于等待，或许他真有一种"天命在身"的自信，从无到有，由小而大，转弱为强，其成功的主要关键在于稳健、等待与忍耐，从寄人篱下的人质，到统一天下的霸主，德川家康足足等了 55 个年头。

德川家康其实一直在和"未来"进行一场赌局，他的砝码很简单："我要耐心地健康地活着"。早年困顿流离的生活经历，健康的生活习惯，以及他个人的心法修为，成为他长寿的主要原因。德川家康喜欢猎鹰这项运动，猎鹰必须早睡早起，他的作息习惯很好。同时，他本人清心寡欲，提倡质素俭约，"时时知足"。就这一点而言，他与同时代的军阀作风完全不同。德川家康在临终前，将大量的黄金储备遗留给后继者德川秀忠，并劝告他说："要将这些金子作为天下人的金子，绝不可挪作私用。若以为天下既已平定就不需积蓄，就大错特错了，必须避免无谓的支用，牢记蓄金之重要。这些金子的用途有三：战争爆发时的军用，大火灾后的救赈，还有就是用来防备饥馑、洪水那样的天灾、凶年。"

德川家康的个人之欲确实很少，他能腾出大量的时间和"时间"赛跑，不仅个人在健康问题上跑赢了同时代的英雄，而且把"余热"贡献出来，培养接班人。健康成为每个英雄的直接凶手，德川家康很幸运，与他逐鹿天下的两个对手都比他早死，织田信长在 49 岁就被属下所暗杀，丰臣秀吉死于 61 岁，75 岁的高寿让德川家康取得天下。在"本能寺事变"之后，他总结了织田信长一部衰落的原因，即"大名不可与嗣子居于一处，信长公本能寺之变父子同时身死，便是前车之鉴"，"不能多多生儿子，便掌管不了天下"。德川家康把大量的精力放在培养接班人上，用自己血缘的延续，实现自己生命的"绵延"，跑赢了时间，赢得了未来。

生活甘淡。在很多人眼中，幸福如轰轰烈烈的战争，但更多人选择相忘江湖。比如当年卓文君，为一见倾心的司马相如，便顾不得太多的礼法束缚，当垆卖酒。司马相如取得功名之后，另有新欢，卓文君写了一首《白头吟》给司马相如。司马相如回忆当年两人同甘共苦的岁月，大为不忍。此后，两人白首偕老，安居林泉，在度过了十年恩爱岁月之后，司马相如因病长逝。第二年深秋，孑然一身的卓文君也与司马相如相聚于九泉之下。

在很多人的眼中，幸福可能只是平淡如水的生活。弘一大师，晚年把生活与修行统合起来，过着随遇而安的生活。有日老友夏丏尊来拜访他，吃饭时，桌上一道咸菜。夏丏尊不忍地问他："难道这咸菜不会太咸吗？""咸有咸的味道。"弘一大师回答道。吃完饭后，弘一大师倒了一杯白开水喝，夏丏尊又问："没有茶叶吗？怎么喝这平淡的开水？"弘一大师答道："淡也有淡的味道。"

"一千个人的眼睛里，就有一千个哈姆雷特"：幸福如"月印万川"，一弯明月，照过千山万水，可能留在了一泓浅水中，给长途跋涉中的旅人以家的望眼；也可能留在闹市闺房的一盏圆镜上，让怀春的少女更加思念踏青时认识的那个少年。幸福就是一种信仰，内心的信仰。就如今生你我来过，这已足够，剩余的事情，就是幸福地活着。人生有限，风景无限：有车来车往的喧嚣，有熙熙攘攘的人群，有步履匆匆的行色，有华灯之后的阑珊。我们每个人都有太多浮躁的理由，每个人都有太多理由来抱怨生命，但当把幸福当成一种信仰的时候，生活的压力或许可以转变成人生进步的动力，跌宕起伏的经历或许可以成为静思冥想的契机。

三、入世之事，出世之境

如果说生命是注定要落地的一片落叶，不如在"落地"

的过程中，换种心态，把短暂的人生之路，看做是精彩的
绚丽之旅。万境皆由心生。

若把人生之路，比喻成残酷的战争，或许太为惨烈。人生尽管如同战
争一样，生死两端，与天地斗，与众人斗。弱化这场战争的残忍，尽管不
是你死我活，人生也是每天"戴着脚镣跳舞"。"战场"只是这个"舞场"
的特殊形式与最高形式。我们只能沿着这条道路，或如悲剧，或若欢喜地
"走向死亡"。

中国哲学是"入世"的哲学，关注人生，关注生命。西方哲学在当代的
发展，也开始关注"生活世界"。"生活世界"是当代西方哲学的一个基本概念，
是现象学大师胡塞尔最早提出来的。在 20 世纪的 30 年代，欧洲科学精神蔓
延，"理性"成为时代的呼声，胡塞尔提出"生活世界"的目的，其实是为
了确认"科学世界"和"生活世界"的不同，将"科学"限制在理性的范畴
之内。"生活世界"，在胡塞尔看来是一种视域，是朝向我们涌现、发生的直
观对象的总体，它是原初被给予的，被经验到并且能够被经验到的世界。哈
贝马斯将这一概念吸收并转化成社会学及伦理实践范畴下的概念，并且把它
作为理论建构的基础，在其理论体系中发挥核心作用。哈贝马斯作为现代哲
学家，一直关心日常交往实践问题，他的"生活世界"概念也是在交往理性
下建构起来的。哈贝马斯认为，所有的哲学必须回归到生活中来，人的主体
性也必须在"生活世界"中才能实现。人类的实践活动，都不可能离开生活
进行。"生活世界"中的交往，尽管是实现人的主体性的一种方式，但实现
主体性并不是目的。哈贝马斯将生活世界看成是构成交往行动的补充概念。
他认为人与人之间的交往是在生活世界中发生的，生活世界就是人们在交往
中达到相互理解所必需的共同背景知识。人与人之间，必须通过"生活世界"
中的实践，实现彼此的了解，通过包容差异，将人与人之间的伦理关系上升
到理性的高度。

世界是承载人类梦想实现的载体。人生太多的哲理，唯有进入到生活和伦理的状态，才得以觉解，以出世之心为入世之事，先生活再生死，觉悟人生，辐射社会，这种人生态度是值得倡导的。我一直在思索一个问题，哲学终究是个解决人生生死的终极问题，那么所有的哲学命题，不过是解决这一问题所预备的练习题。求得幸福之心，是一种博大、与世圆融的智慧。智慧的魅力就在于，它可以作为指导人生的司南，促进人的生命拓展。物质世界是人生境界的依托，唯有进入到物质世界，实现人生进步，将人之生命与生活实践相结合，方为人生真实意义，是为"事在人为"。世界诸相，风情迷离，幸福之途，道不远人，唯有认识本心，以我之生命价值实现为标准，方可以真正寻求到幸福，是为"相由心生"。顺境逆境、福运祸运、富贵贫穷，于宇宙之流，不过沧海一瞬，以阳光心态看待世界，世界便处处是风景，以悲观之心态看世界，世界便是地狱，是为"境由心造"。

事在人为，肯定人的生命创造性，促成世界从"可能性"到"现实性"的转换，是为人的世界实践精神。

儒家文化是中国传统文化的重要组成部分，在彼岸此岸世界的建设上，儒家在创始之初就主张"未知生，焉知死"的态度。这种对死亡问题的态度，并不是消极回避，而是以"相死而生"的态度，积极入世。儒家文化，强调积极入世，小到修身，中到治家，大到平天下，再到"大同"梦想，可以看出以"仁"的精神为主导的儒家文化，结合中国人的伦理生活，一直主宰着中国人的实践精神。

这种实践精神，意味着中国人的民族坚韧性，孟子云："穷则独善其身，达则兼善天下"（《孟子·尽心上》）、"有事君人者，事是君则为容悦者也；有安社稷臣者，以安社稷为悦者也；有天民者，达可行于天而后行之者也；有大人者，正己而物正者也"（《孟子·尽心上》），均体现出先秦儒家对社会责任的积极认同。到了宋代，朱熹则讲："盖自天降生民，则既莫不与之以仁义礼智之性矣。然其气质之禀或不能齐，是以不能皆有以知其性之所有而全之也。一有聪明睿智能尽其性者出于其间，则天必命之以为亿兆之君师，使之治而教之，以复其性。"这展示出中国特有的文明气质。在中国文化中极少寻得文人对彼岸世界的畅想，即使寄托于宗教、神话，如"精卫填海"、"夸父追日"等，也体现出中国人不屈不挠的抗争精神。

在实践世界的建构上，最高的社会理想是"社会大同"，实现"王道仁政"。汉儒董仲舒诠释曰："天令之谓命，命非圣人不行；质朴之谓性，性非教化不成；人欲之谓情，情非度之不节。是故王者上谨于承天意，以顺命；下务以教化民，以成性也；正法度之宜，别上下之序，以防欲也；修此三者而大本举矣。"（《举贤良对策三》）提出以顺命、成性、防欲作为社会建构的基本法则。与西方哲学不同，中国文化一直在"形而上"的玄冥之境中寻找改造世界的契机。孔子要求君子要"言忠信，行笃敬"（《论语·卫灵公》），"君子耻其言而过其行"（《论语·宪问》）。荀子认为，"口能言之，身能行之，国之宝也"（《荀子·大略》）。儒家的思想强调真知真行，强调人的生命实践，在最高社会理想确定的基础上，以"仁"的精神，实现生命秩序和道德世界的贯彻；以"礼"的原则，实现社会生活秩序和伦理世界的建设。"古之学者为己，今之学者为人"、"君子忧道不忧贫"等，反映了孔子为代表的儒家积极有为的社会担当意识。这种社会担当意识也就注定了儒家积极进取的"入世"精神，和西方的冒险、征服的精神基调不同，这种"入世"是建立在宇宙生命体认的基础上，是个人生命及社会责任拓展的显示。

事在人为的精神，事实上高扬了人的主体性，这种精神成为世界从"可能性"到"现实性"转化的中介，儒家思想高扬"积极入世"的实践精神，倡导"富贵不能淫、威武不能屈、贫贱不能移"的持守原则，仍渗透在中国社会文化的各个方面，是为积极的人生进取精神。

相由心生，肯定人的生命拓展性，促进世界从"有限性"到"无限性"的转换，是为人的意识实践精神。

入世的有为，不仅要强调物质世界的实践，也需强调个体精神的实践。世界展示于人的，是诸多外在的"相"。《无常经》中载："佛曰世事无相，相由心生，可见之物，实为非物，可感之事，实为非事。物事皆空，实为心瘴，俗人之心，处处皆狱，惟有化世，堪为无我。我即为世，世即为我。""相"，即是众人平日生活中所见到的诸事物之表象，此相是诸多外在之物在内心的映射。禅宗六祖惠能于黄梅得法后，至广州法性寺，值印宗法师讲《涅槃经》，时有风吹幡动，一僧曰风动，一僧曰幡动，议论不已，惠能进曰：不是风动，不是幡动，仁者心动。由此可见，主宰人幸福的"幸福感"，在很大程度上，是一种意识存在，穷困潦倒中或可感受幸福，飞黄腾达时或可觉悟空虚。社会的进步依赖于科学技术，对科学技术的依赖，使人类的意识世界被禁锢，往往被范式化的、系统化的知识所"遮蔽"。这种"遮蔽"直接带来的后果即是人心为"相"所惑，体现在幸福学的范畴中，即人的幸福感下降，无名之欲迫切。

对自我本心的认识上，中西方的哲学是一致的，古希腊宗教中德尔菲阿波罗神庙墙上的一句箴言，即"认识你自己"。苏格拉底把"认识你自己"作为自己的哲学认识论，这意味着人类将古希腊的哲学视野，从自然转向了人，更加关注人的自由和价值。幸福的主观性很强，尽管在进行"幸福社会"建设的过程中，人们一直在强调"幸福标准"、"幸福指数"，但在现实生活中，当特定个体拥有产生幸福美感的客观性条件时，个体却不一定能体验到幸福。幸福的这种主观性，是人的自我主体性实现的主要标志，是对客观性的否定之肯定，这种主观性是建立在个体不同的世界观、人生观和价值观的基础之上，以"自我"为中心，所以幸福的主观性也决定了社会的多元化，每种幸福体验均不同，诸多幸福哲学也很难抽象出一个具体的标准，来界定幸福或幸福感。

有人以名利千金为幸福，有人以自由逍遥为幸福。《史记·老子韩非列传》中记载：

楚威王闻庄周贤，使使厚币迎之，许以为相。庄周笑谓楚使者曰：

"千金，重利；卿相，尊位也。子独不见郊祭之牺牛乎？养食之数岁，衣以文绣，以入大庙。当是之时，虽欲为孤豚，岂可得乎？亟去，无污我。我宁游戏污渎之中自快，无为有国者所羁，终身不仕，以快吾志焉。"

乱世中的庄子，只是漆园小吏。当楚威王听到庄子的大名之后，便派使者带着千两黄金来请庄子，并提出要庄子做楚国的宰相。庄子见到使者后，微笑着说："千两黄金，应该说是巨款了；宰相的职务，应该说是大官了。但是你没有见过祭祀时用的牛吗？好吃好喝地养了好几年，绫罗绸缎穿在身上，抬入了太庙。当它遭受宰杀的时候，心里的念头肯定是宁愿当一头不受待见的猪而活着，但这还有可能吗？你们赶快走吧！不要再侮辱我了。我宁肯像一头猪一样在臭水沟中游戏，也不愿意被从政所束缚。终身决不当官，这样才能实现我快乐的志向。"

庄子的"逍遥"，是中国人文化基因中最深刻的一种情愫，也是幸福主观性的具体表现，即使是在"有限"的历史境遇中，人也有选择"无限"生命拓展的权力。逍遥，首先应该是幸福的一种途径，这种幸福是"天地与我并生，万物与我为一"的境界，逍遥就是乘云气，骑日月，游乎四海之外。这种逍遥是一种本真，是一种内心踏实的幸福。进入逍遥的境界，如同梦境一般。《庄子·齐物论》中记载：庄子曾经做了一个非常美丽的梦，梦见自己变成了蝴蝶，翩翩飞舞。梦醒后，他感到非常迷惑："不知周之梦为蝴蝶与，蝴蝶之梦为周与？"是庄周做梦变成了蝴蝶呢，还是蝴蝶做梦变成了庄周？我是蝴蝶呢，还是蝴蝶是我？蝴蝶和庄周，究竟哪一个才是我的真身呢？庄子事实在影射他的逍遥真谛，即"物我两忘"。其实梦境和人生何谓区别，物我两忘，都不会成为过于执著的借口。那么也就无所谓人生的得失了。

逍遥，是农耕文明的"幸福"标志。农业的种植特征，造就了农业从业人员追求天然，追求本真，以逍遥为幸福的品质。钱穆认为，人类文化从源头上看，不外乎三种类型：游牧文化、农耕文化、商业文化。游牧文化发源于高寒的草原地带，农耕文化发源于河流灌溉的平原，商业文化发源于滨海地带以及近海之岛屿。而中华农耕文化有着自身鲜明的特点，即以与自然的融洽相处为最高目标。农业与不可更改的自然规律息息相关，一年四季的节气是永远不会变的，土地的产量也在短期内很难发生变化。所以，这种文化里哺育出来的人民，生活是常感满足而不富有，同时天灾人祸成为影响幸福的主要因素。与滨海民族文化中的掠夺性与扩张性不同，农耕文明更希望在日常生活富足的前提下，能够在"实在"的今生，达到理想的人生境界。正如冯友兰在《中国哲学简史》一书中所指出的："道家思想强调万物自然本性的相对性以及人与宇宙的统一。要达到这种统一，人需要更高层次的知识和理解。由这种统一所得到的幸福才是真正的绝对幸福。"

境由心造，肯定人的生命延续性，促进世界从"相对性"到"超越性"的转换，是为人的神性实践精神。

境由心造，心灭则境失。人多为外物所累，以物质性的固定来确定自己的生活标准，幸福则为外物所遮蔽。社会进步之基本动力，在于社会发展的基本矛盾，所谓矛盾必然为一体之两物，如进步与落后、成功与失败、富裕与贫穷、健康与疾病，幸福的评价标准亦趋向于外物，在相对标准中寻求平衡。任何"相对性"均是人的无奈之举，是人不得已的生活，是人对自我超越的放弃。诸多外境，不过是心生之物：荒凉空谷、山泉僻静，却可以凭此参悟空谷鸟语、幽山清泉；门庭冷落、故人不访，却可以体验不以物喜，不以己悲；宠辱不惊、宁静自如，守得了这份清净，也就造就了自己的幸福。

听说过这么一个故事：

有一个野游爱好者，辞去令人羡慕的工作，跑到一个亚热带国家去冒险。某天，他在原始森林中迷路了，和同行的旅伴走散了，怎么也找不到自己插下的路标。身上的食物也已经吃完了，通信工具也失去了信号。就在焦急万分的时候，天上电闪雷鸣，一场暴风雨即将来临，为了

214

避雨，他来到了一个山洞前。此时，他发现山洞里面有之前的旅行者留下的肉类罐头，于是他不顾一切地拣起罐头，用地上的石头把它撬开，准备好好犒劳一下自己。正准备大快朵颐的时候，抬头一看，一只热带蟒蛇正吐着红红的舌信看着他。惊魂之余，他竟然跑错了方向，一下子跑进了山洞，而这只蟒蛇就守在洞口，静侯自己的晚餐。他在洞内的地上找到了一只手电筒，打开后看到一个遇难者的骸骨，或许这个倒霉的人就命丧于这只该死的蟒蛇。手中的罐头还没有丢掉，饥饿驱使他不顾危险，先吃了这顿"最后的晚餐"。

吃着手中的罐头，他心想即使死在这里，也要做个饱死的冤鬼。于是，他忘记了洞穴门口的蟒蛇，忘记了身边孤独的亡灵，忘记了自己身处的危险，把手中的罐头当做世间最美的佳肴。他闭上眼睛，如同孩童时代的满足，享受着饥饿之后饱食带来的快乐。洞穴门口的噪音越来越大，他知道蟒蛇肯定开始准备进攻了，便把包里的折叠刀拿了出来，尽管知道这把刀可能不管用，但他也决定要试一把。噪音越来越大，越来越近，但他感觉不到丝毫的恐惧。他终于听到，这声音不是蟒蛇前进的声音，而是寻他的旅伴。他走上前，和旅伴一一拥抱，他明白什么叫"劫后余生"的了。旅伴们看到他的时候，惊奇地发现他手里还拿着那瓶罐头，大口大口地享受手中美食。他和旅伴们把遇难者的骸骨置放到旅行袋里，决定带他回归故里。

事后，有朋友问他，为什么在那么危险的时候，怎么还有工夫吃东西呢？他淡然一笑，回答说，已经来到了火坑，就忘记了火烧的痛苦，不如开心地走过这段路。

或许我们总把人生想象得太过灰色，看到夕阳的时候，总在喟叹人生的短暂，看到秋天叶黄的时候，总想到人生的终结。其实人生关上一扇门的时候，总要打开一扇窗：叶黄蔓延在秋天的夕阳里，并非全是秋天的瑟瑟凄凉，而是收获的期望，亦有"霜叶红于二月花"的美感，落叶的飘洒也是生命的一种幸福。如果说生命是注定要落地的一片落叶，不如在"落地"的过程中，换种心态，把短暂的人生之路，看做精彩的绚丽之旅。万境皆由心生。

21世纪的网络世界，把人类的交往带入了崭新的境界，交往的工具更为便捷，无论是实体交往的交通工具，或是虚拟世界的网络工具，给我们带来方便的同时，也常常使我们无法自我把握。"生活世界"是交往实现的载体，我们总有太多理由被不同的东西所诱惑，人的主体性在无法把握自然潜在规定的同时，又被"他者"的选择所迷惑，我们不能被自己牵着鼻子走，最后所有的幸福只能建立在空中楼阁之上。所以，幸福之获取要以出世之心，做入世之事，将出世的平常心和入世的进取心有机结合，反思人生的拓展与超越，在当下即拾得幸福。

四、先乐与后乐

八月桂花香，人间后乐园。

人生如花，花开花落，度尽韶华。

这个世界还真有一种花，名曼珠沙华，花色红，又名彼岸花，这种红透射着一种"死亡之美"。传说此花只开于黄泉，是冥界三途河边、忘川彼岸的接引之花。花香诱人，传说中的魔力，能唤起死者生前的记忆。在人生的"彼岸"，彼岸花开，花团簇簇，如同红灯。当人的灵魂渡过"忘川"，便忘却生前种种，在轮回的岔道口，彼岸花为生者指明通往世界的路。《大乘妙法莲华经·序品》中讲到"彼岸花"，意指"开在天界之红花"。曼珠沙华的雌雄花蕊长长地伸出，花形仿佛台风天被吹翻了的伞，也似红色的风车，又似向秋空祈愿的一双双手。等花朵凋谢之时，叶子也就长出来了，花叶虽为同根而生，却终不能有缘相见：花开不见叶，叶有不见花，花叶两不见，生生故相错。荼蘼也好，涅槃也罢，只是一株植物，却融入如此生命。

好在有"彼岸"，让此生不如意的人还有梦想。一语以贯叔本华的《爱与生的苦恼》，即"人在本性上原是与痛苦同在的"。人在此生是痛苦的，所以幸福大概只能在彼岸。昆德拉也说"生活在别处"，他讲在此岸的生活，永远不是真正的生活，幸福的生活只能在彼岸存在。

好在有"此岸"，让尚有余勇的人继续奋斗。面对心灵，我们真的有必要重新思考幸福的含义。被欲望控制的我们，甚至于将享乐之欲推向"彼岸"，那方或许也不是净土。短短一生，或仅是生命延续中的一个片断。生命如同一条铁链，一环套着一环。生命像流水，人的一生犹如流水中溅起的一朵浪花，浪花是短暂的，但生命的洪流，却永无止境地在延续。活在今生，就要活出精彩。

继承了周秦之际理想主义的特色，陶渊明以浪漫主义的笔法，勾画出"桃花源"这一人间盛景。"桃花源"其实是自由主义者的圣地，一方面它逃避了残酷的战争和社会竞争，"不知秦汉，无论魏晋"，在这个相对太平的小社会，"相命肆农耕"，人人劳动，自耕自食；"秋熟靡王税"，没有君主，没有剥削压迫，没有等级。另一方面，它不是彻底的自由主义，在如此社会环境下，提倡劳动，即在隐居中坚持探索真理，探索适合广大农民生存的理想社会。理想社会是人类自觉的寻求、共同的梦想，并没有人强加，如果非要说强加，那也是人类主动地、自觉自愿地强加给自己的。陶渊明所生活的年代，是一个政治矛盾异常尖锐，社会生活动荡不宁的时代，农民起义此起彼伏，自然灾害不断；同时，统治阶级内部又争权夺利，连年征战。陶渊明所生活的江州，地当荆、扬要冲，为兵家必争之地，到处是一片残破景象。在这种社会现实下，陶渊明描绘的是一种理想化的田园生活，而非当时农村的实际景象。陶渊明之后一千多年的英国的空想社会主义者托马斯·莫尔，在工业革命全球起步的同时，完成了"空想社会主义"的理论构想，他所描述的未来理想社会的基本特征，和陶渊明的桃花源理想非常相似。莫尔在《乌托邦》的第二部分中，提出了一个没有私有财产，没有剥削和压迫，没有贫困的理想社会的方案。他把这个理想社会叫做"乌托邦"。乌托邦人生活在一个叫阿布拉克萨的新月形的岛上。全岛分布着五十四个城市，规模都差不多，个个宏伟壮观，设备完善。首都亚马乌罗提位于岛的中心，便于四方代表聚会。乌托邦彻底废除了私有制，建立了公有制的共产主义社会，土地、房屋、生产工具、个人消费品等一切财产都为全民所有。乌托邦为了杜绝私有观念，对居民的住房每隔十年要抽签调换一次。同时，莫尔认为共同劳动和协调劳动，是解决经济危机和经济纠纷的主要方式。莫尔对"乌托邦"的构想，已经十分细化，他指出基本经济单位是家庭。农村每户成员不少于40人，城市每户不少于26人，外加儿童若干人，指挥全家的生产劳动。在莫尔的乌托邦的社会中，其社会形态更多是空想，有点不切实际，其社会理想更像是原始社会的翻版，加进去了资本主义萌芽时期的生产要素，到处充满着田园诗般的情调，从中似乎可以找到资本主义没有产生前的时代的影子，而不是全新的社会形态，只不过借用了资本主义之前的社会结构并加以理想化而已。①

20世纪的哲学向生活世界回归，宏大历史主体不再成为哲学的研究对象，或者说哲学开始重新延续古希腊的"广场传统"，发掘"道不远人"的优良品质。这是西方哲学理论范式发生根本变革的重要标志，这意味着哲学不再忽视和遗忘生活。哲学在成为独立学科之后，一直以超越和理性自居，同时沉湎于本体论和形上学的思维惯性之上。

中国造字也有哲学的含义，比如"幸福"二字的"幸"字，上部是"土"，代表居有定所，耕有己田；下部则是现在人民币的符号；"福"字造得更有意思，左边是指一个有福的人首先要有"衣"穿，右边则是"一口田"，说明

---

① 参见〔英〕莫尔：《乌托邦》，戴镏龄译，商务印书馆1982年版。

幸福还依赖于能有食物的满足。从中国传统哲学出发，这个"福"字则被赋予了更深刻的含义：左边是"衣"，人有衣冠，才知礼仪，衣冠服饰不仅有御寒遮体及装饰的作用，而且也反映着古人的文化和价值观念。古代的中国，有"礼仪之邦"和"衣冠王国"的称誉，反映了衣冠与礼仪文明的关系及礼俗文明的一个重要特征。右边是"一口田"，"一断为乾"，象征着老天在上；"田"则是肥沃大地，象征着人的生存在天地之间。"口"不仅是口舌之欲的满足，也意味着人的话语权。幸福很大程度上，是一种话语权的表达，固然和诸如财富、阶级、年龄等相关，但每个人都有自己表述幸福的权力。"乐园"是人生乐土之追求，如基督文明所传说的"伊甸园"，再如中国文人浪漫的"桃源胜地"，这个"乐"字，是人生意义的追求，如果不快乐，即使拥有财富和权势，人生也没意义。

农耕文明传承的中国，一直强调安定和谐才能带来内心的安逸，我们总是渴望"幸福"来临，比如在民俗画中要用蝙蝠来谐音"五福"来临，用小麦磨面后留下的"麸子"作为每年开年的吉祥食品。事实上，最早较系统地论述幸福问题的当推春秋中叶以前的《尚书·洪范》一文，该文记述周初武王访殷逸民箕子，箕子为武王陈述治理天下大法的故事。《洪范》提出"向用五福，威用六极"，所谓的"五福"、"六极"即是："一曰寿，二曰富，三曰康宁，四曰攸好德，五曰考终命。六极：一曰凶短折，二曰疾，三曰忧，四曰贫，五曰恶，六曰弱。"这就是说，构成人生幸福的要件有五，即长寿、富足、康健平安、爱好美德、善终正寝。

《尚书》一文距今已有两千多年的历史了，原文比较难懂，唐人孔颖达在《尚书正义》一书中注解道："五福者，谓人蒙福，有五事也。一曰寿，年得长也。二曰富，家丰财货也。三曰康宁，无疾病也。四曰攸好德，所好者美德也。五曰考终命，成终长短之命，不横夭也。"而蔡沈则在《书经集传》中解释说："人有寿而后能享诸福，故寿先之。富者，有廪禄也。康宁者，无患难也。攸好德者，乐其道也。考终命者，顺受其正也。以福之急缓为先后。"所以，中国人的幸福观也就是健康长寿，日用有余，乐天知命，为己要修德，才能得善终。

当前紧张的社会节奏，确实影响了人们幸福感，似乎人们总把自己幸福的流失，归咎于外在的社会，而并没有反思自己。西方经济学提出了幸福公式：

幸福 = 效用 / 期望值

事实上，通过这个公式所反映的事实是，我们才是主宰自己幸福意识的"元凶"，即我们总在给自己增加期望，最后自己脆弱的生命成为一个被压垮的稻草。

这个公式当然也不是万能的，回过头来说说"分子"，作为"分子"的"效能"也不是仅靠收入的增加就能提升幸福感的。在人均 GDP 较低的阶段，GDP 的增长使幸福曲线的上升坡度很陡，而到了人均 3000—5000 美元的水平之后，这个公式可能就不起作用了。GDP 进一步增长并不能带来同比例幸福感的增长，数据表明，从 1946—1991 年，美国人均收入从 11000 美元增加到 27000 美元，国民平均幸福指数反而略降。

在进入全球经济环境之前，其实中国社会是一个很容易实现幸福感的社会，比如家庭的和睦，比如个人考取功名的成功，甚至于皇家太子的即位，都会给公民以幸福感，这些幸福并不是来源于经济水平的提高，因为可以说中国在进入工业革命之前，一直都处于低生产力的水平。那么这种幸福来自于社会基本框架的构成。

其实，这种幸福观是建立在家庭基础之上的，也就意味着在幸福感受之初，就是一种伦理的分享，每个家庭成员个体的幸福，就意味着整个家族的幸福；同时，家庭中的苦难也得到了分担。在家庭基础之上，每个成员并没有诸如就业或经济收入之类的压力，家庭有了新生劳动力，就业问题在家庭内解决，无需指望社会救援。多子的家庭，一般是共同继承父业，少数要另谋出路的，由家庭商量后家庭再出资谋划，一个人白手打天下的情况是少见的。所以，中国古代的幸福观，很难说是一种个体快乐的获得，而是建立在家庭的亲情之上：家庭本身充满着人情味道，家庭中的很多仪式，也是围绕亲情开展的，这些东西都是非物质的，如在家文化盛行的时代，儿子中举了，家中添丁了，自己高升了，家庭和睦，子孙平安都是幸福感的源泉，甚至于家庭赋予了每个人生命的意义。而中国一直推崇的"仁"文化，也不过是血亲文化的变种。但进入工业社会之后，整个社会发生了突变，社会从"熟人时代"进入到"生人时代"，人们很难通过和谐的人际关系来获得幸福感，彼此之间陌生而冷漠。家庭作为基本单位，已经被肢解，而个人成为社会直接管理的主体。在这个过程中，由于家庭的作用已经消弭，所以社会必须承担起原来家庭的责任，将社会建设成为一个真正意义上的"后乐园"。所谓"后乐园"要在理念世界、生活世界及生命世界上，实现三个基本原则，即幸福主导世界，生活依托哲学，生命追求无限。

幸福主导世界，认为社会发展的基本目标是谋求全体社会成员的幸福，物质财富是实现幸福的目的而非手段。当下流行的"幸福指数"一词，并不是"超级大国"所制造的，而是由坐落于喜马拉雅山南麓的小国不丹首创。不丹面积只有不到 5 万平方公里，人口不到 80 万。不过，凭借 20 世纪 70 年代独创的"不丹模式"，成为西方发达国家的关注对象。不丹人认为，幸福是人生的基本问题，幸福的解决方案就是如何在物质生活和精神生活之间保持平衡，社会发展的目标应该是提高"国民幸福总值"（GNH），而不只是提高 GDP 或 GNP（国民生产总值）。"国民幸福总值"由四大支柱组成，分别是：社会经济均衡发展，保护自然环境，保护传统文化，实行善治良政。为提供更为公平的教育机会和就业机会，并不富裕的不丹，向全民提供免费医疗福利和教育福利；为了保护环境，它不进行急功近利的开发，并对入境游客的人数有严格限制，近几年虽然人数上限在逐渐提高，但最新的规定依然相当严格，每年不超过 2.8 万人。"GNH"作为"不丹模式"的主要创举，也成为世界各国效仿的对象。

　　"不丹模式"与近代以来所鼓吹的"经济中心主义"背道而驰。"文艺复兴"带来人文繁荣，自然科学和社会经济进入迅速发展阶段，而欧洲的殖民大拓展活动也在持续进行。经济进步导致社会的迅速裂变，基督教原来有关"幸福"的相关理论，就此无法解答：比如，贵族本人是靠收取地租租金度日，并以此维持自己的尊严，社会财富的主要象征是土地；而新兴的工业资产阶级和金融资产阶级则利用工业生产和金融利益来实现社会财富的积累，同时拥有的财富更为惊人。贵族认为这种财富的积累方式，与基督教义不符。同时，社会财富的迅速增长，只能带来"人心不古"。而在托马斯·阿奎那提出个人拥有的财富只要与其身份相称，就算实现了分配的公正。他也同样排斥商业行为，但如果这种商业行为是为社会福利服务的，则是可以开展的。同时，他还提出异议反对金融资本，在他看来，借款之后的延期支付，所需偿还的只有本金，利息是时间的产物，而时间属于上帝，债主无权取息。处理经济关系的基本原则应当是分配的公正与交换的公正。他把财富分成两种，即自然财富和人为财富，认为自然经济是一国幸福的基础，金银财富作为人为财富，不应成为国家和个人追求的目标。

　　"福乐园"本身就是一个公民共建、全民共享的社会平台：从社会整体上讲，要保证人们的基本营生，同时构建社会公平，给予每个社会成员以"家"的感觉。"福乐园"要根据人们的幸福欲望而制定"国民幸福值"、"幸福指数"等幸福参数，物质条件的进步与改善，是以人们的心理接受能力为前提的。尽管重视物质，但要在深层次对物质增长与幸福、社会发展与个人发展等问题，展开直接讨论，从幸福的核心、本质内涵角度去思考幸福问题，以期作为普遍的价值原则去影响和引导人们的幸福观。

　　生活依托哲学，是指在生活建设上，要以德性的哲学来指导。如亚里士多德指出，幸福是合于人自身的德性的实践活动。这个定义，事实上就认同了幸福不仅是一种社会美德，同时也需在改造社会的进程中开展自己的幸福追求。从根本上讲，亚里士多德时期对幸福的内在品质追求，与今天并无太大差异，所不同之处在于社会变迁，使得我们更过于关注外在，而忽略了幸福的内涵。"后乐园"所提供的并不是一个简单的物质享受之所，而是要让每个人认识到快乐与幸福的不同，完成对每个成员的"幸福教育"，要他们认识到，真正的幸福一定要与人的内在价值、德性、人性的完善相关，一定要深入人的精神层面。真正的幸福一定是存在于人的不息的生命创造性活动中，不懈地追求人生之根本目的的进程之中。

"后乐园"事实是中国千年文化的精髓。儒家倡导"安仁之道"、乐天知命，认为只有循"安仁之道"的仁者才可能达到"孔颜乐处"的境界，即无论身处逆境还是顺境，都会由于道德修养与坚定的信念、志向，而始终处于通达、充实和愉悦的境地。道家则强调"自然之道"，主张一切顺乎自然，把人世间一切顺违祸福，甚至生死都看做自然之事，从而以安时处顺、哀乐不入、知足常乐的心态去取得精神上的畅达。佛家注重人的精神，提倡明心见性，使人的心态努力保持宁静的状态，可以在任何境遇中随缘即应，舒卷自如，保持超然物外的胸襟与情趣。"后乐园"于个人来说，要寻求良善社会的庇护，于社会来说，则要实现对每个成员的责任。"福"是整个社会的发展目标，实现个体之福，社会之福，国家之福，有福才能乐道；"乐"则是社会的整体文化氛围，每个人的生存价值也在快乐中寻找。

"时代"，作为一个时间名词，由物质条件决定的。每个时代的幸福感不同，大体来说，也是由于人的享受水准不同。然而，自人类文明产生以来，无论是艰苦的生存条件，还是物质充裕的生活条件，在社会层面，总存在着贫富不均的现象。在个人层面，总会有顺逆起伏的经历，人们都会面临着同一个问题：如何才能达至幸福？怎样才能保持恒久的幸福？这些问题，返回到"社会幸福"的大问题上，不同的社会尽管有不同的价值观、不同的生活方式和语言习惯，但摒弃掉这些外在的形式，幸福的背后却存在着惊人的一致：都十分强调人的内在精神的层面，都是以精神的充实，人性的完善，心绪的恬静、安宁为指归，都认为真正的幸福意味着活泼的生命力的释放、人生意义的获得，以及对自我生命力的适度把持，都主张将这种状态贯彻生活的始终，而这些问题都需哲学来完成。

生命追求无限，即是在人的认知水平上，洞悉宇宙之理，与道同存，实现自己生命价值的无限性。不同的人对于宇宙人生的觉解的广度和深度不同，宇宙人生对于不同的人就具有不同的意义，所以对宇宙洞悉深刻的人，才具备实现"无限"的可能性。禅宗三祖僧璨所著《信心铭》中也说："至道无难，唯嫌拣择，但莫爱憎，洞然明白"，只有进入与物同化，放弃我执的认识水平，才能实现"至道"，所谓的"至道"即生命的无限性。

在认识世界的水平实现了"至道"，才可以在生活和社会实践中实现"达道"。《中庸》中说："喜怒哀乐之未发，谓之中；发而皆中节，谓之和。中也者，天下之大本也；和也者，天下之达道也。致中和，天地位焉，万物育焉。"作为君子有喜怒哀乐之情而未表现出来，这叫做"中"；感情表达时合乎节度，这称有做"和"。"中"，是天下事物的根本；"和"，是天下遵循的通则。如果人们能达到中和的境界，那么，天地间的一切就会各得其所，万物也会各遂其生了，这就是"达道"之后所能实现的人生价值。人类及其个体之所以能生存和发展，即依赖资源的交往而实现，"交往"解决了人与自然、人与社会、人与人、人与自身以及人与技术等之间阻碍人生存和发展的矛盾、不和谐。人类及其个体要生存和发展，就要不断地追求人与自然、人与社会、人与人、人与自身以及人与技术等的和谐统一。只有树立这种宏大的认识观点，才可以在人生实践的矛盾性中去寻求和谐，人的幸福离不开生活的和谐状态，和谐是幸福的音符。早在古希腊，毕达哥拉斯学派就认为，和谐不仅是整个宇宙的存在秩序的体现，人也是一个和谐的"小宇宙"，由于灵魂与肉体组成了和谐的整体，没有和谐便没有人的美德，也没有人的幸福。"达道"所要到达就是"中和之道"。

纵情声乐也是人生的活法，进入欧洲文艺复兴之后，这种生活方式与工业化进程中的浮躁、喧嚣所融合。如文艺复兴时期法国哲学家蒙田认为，生活即是享乐，通过享乐才能认识自我。弗洛伊德通过精神分析的学说，从人的性本能出发，提出"快乐原则"，宣称幸福与满足人的本能欲望成正比，人感到肉体愉快，就构成自我幸福。所以每个人都要经受本能和文明的双重考验，即或者为追求幸福而无拘无束地去满足那些强烈的本能欲望，或者去服从文明社会的约束而抛弃感官快乐，二者必居其一。事实上，欲望并不能满足幸福的需求，相反欲望的无限度膨胀则会导致个人走上纵欲主义的道路。但要舍弃个人的欲望，如果没有理性上的彻底认识，是很难实现幸福的。尼采说，每个人的人生要去同时面对人类最大的痛苦和最高的希望。人生之路逆境往往多于顺境，坎坷往往多于坦途，尽管人人都在为个人幸福而努力，都在为人生"至道"而奋斗，但人生更为深层的意义在于，通过认识宇宙生命的内涵，而获得生命的连续和延伸。

形而上的"至道"对于人生建构究竟是有积极意义的。在统一性的宇宙生化过程中，每个人对宇宙的觉悟层次不同，反映于每个人的人生意义上也尽显不同。人作为宇宙的灵物，对宇宙的认识不只是如同镜面一样认识世界，而是要在认识世界的过程中指导自己的人生实践，对宇宙人生真相的体认，在深度和广度上均可有层次上的不同，进而可能有真理和幻相的区分。庄子曰"岂惟形骸有聋盲哉，夫知亦有之"，《易传·系辞》曰"仁者见之谓之仁，知者见之谓之知"，都是讲的这个道理。海德格尔认为，人作为"此在"是"澄明"，是世界万物的"展示口"，人与万物之间宛如肉体与心灵的关系，正因为如此，人才要进入认识世界的"至道"中，在高层次上重新回归到人与万物的融贯相通和血肉相连的关系之中。儒家讲"内圣外王"，讲"自我超越"，这个超越并不是超越生命的生理结构，而是要超越生命本身的意韵，超越个人的生命存在。在这种状态下，人的价值不是被生命的生理岁月所牵引，而是洞悉了生存的境地，将个人的生命与宇宙联系在一起。"生存"本身应如萨特所说，是空虚和虚无的，但生命不同于生存，它不仅要存在，而且要创造生命，延展生命。将个人的生命与宇宙的拓展结合，才能体会到"自我超越"的快乐之境。

在"后乐园"中，日常人伦，都是一种幸福的生活体验，扫洒应对也实现生命的情趣，个人的幸福方向与社会的幸福旨归一致，不必再有因追求个人幸福而被"异化"，人人活出自我，活出幸福。

五、幸福的境界

人生需享受今天的幸福，即使有灾难，有挫折，也要转换成幸福的动力。

幼年即习书法，略有心得。书法之习，必有老师，笔墨之间，游走乾坤，世间一隅，心得玩味。在学习书法的过程中，我有"三师"来指导自己的艺术：一是师天地。力求做到天人合一，取天地之法，平阴阳之韵；二是师古今。书法是中国的国粹，从上古仓颉造字，到今天书海临池，无数书法家成就了今天的书法盛世；三是师"吾"。书法要有成就，最终要体现"一家之言"，通过深入发掘内在精神，成自家气象。我想，幸福也应该有自己的境界。幸福就是个体人生与世界交往的结果，这种交往是跨越时空的，也是个体生命意义的彰显。

国学大师王国维在《人间词话》中讲道：古今成大事业大学问者，不可不经历三种阶段："昨夜西风凋碧树，独上高楼，望尽天涯路"（晏同叔：《蝶恋花》），此第一阶段也；"衣带渐宽终不悔，为伊消得人憔悴"（欧阳永叔：《蝶恋花》），此第二阶段也；"众里寻他千百度，蓦然回首，那人却在灯火阑珊处"（辛幼安：《青玉案》），此第三阶段也。①

---

① 王国维：《人间词话》，中华书局 2009 年版，第 23 页。

王国维在境界之说中，提出真境物，真情感，所谓的"至境"即是个人与万物的融通，最后进入"我无之境"，个人之体验超越自我。所谓的境界，前提须先承认人物有别，物有物性，人有人性，但同属自然，如以个人之体验去感悟万物之生命，即为境界。类似于庄子所言"坐忘"，海德格尔所言"澄明"。人生之精神，犹如佛家所说的"阿赖耶识"，只是一善念，如与宇宙大流相契，自然进入宏图大道，身处俗世，却能反观皮囊，所有苦难自然犹如必然，没有了痛苦感，自然都是平淡的幸福。

在上述状态下，自我或已超越，或已消弭，时空只成为生命呈现的载体，并不能束缚生命之延续与拓展，是为大幸福，彻底之自由。在这种状态，语言成为描述的障碍，如老子所言"道可道，非常道"。明代理学家胡直在《困学记》中记载了自己的"澄明"之境：

> 一日与诸君游九成台，坐地方欠身起，忽复悟天地万物果非在外。印诸子思"上下察"、孟子"万物皆备"、程明道"浑然万物同体"、陆子静"宇宙即是吾心，吾心即是宇宙"，靡不合旨，视前所见，洒然彻矣。（《明儒学案》卷二十二）

这种状态是自视内省的洞悉，而哲学的主要任务也是将这种体验与众人分享。冯友兰先生在《新原人》中提出哲学的主要任务，即是帮助人进入"境界"：

> 中国哲学的传统，哲学的任务是帮助人达到道德境界和天地境界，特别是达到天地境界。天地境界又可以叫做哲学境界，因为只有通过哲学，获得对宇宙的某些了解，才能达到天地境界。但是道德境界，也是哲学的产物。道德认为，并不单纯是遵循道德律的行为；有道德的人也不单纯是养成某些道德习惯的人。他行动和生活，都必须觉解其中的道德原理，哲学的任务正是给予他这种觉解。
>
> 生活于道德境界的人是贤人，生活于天地境界的人是圣人。哲学教人以怎样成为圣人的方法。成为圣人就是达到人作为人的最高成就。这

是哲学的崇高任务。①

依照冯友兰在《新原人》中的论述，人生大体有四种境界，即自然境界、功利境界、道德境界和天地境界。所谓的自然境界，即以自然之性而为，并未对自己与自然的割裂而觉悟；功利境界中的人，则是以功利为处世之出发点，利害成为处世之基本原则。进入道德境界后，其行为是"行义"的。义利相反相成，求己之利是功利境界，而求社会之利的行为，则是行义的行为。在道德境界中，个人与社会的关系是和谐的，取舍有义，进退有度。道德境界应该说也还具有较为突出的主客、天人相分的特征，但它已着力于将二者统一起来了。在天地境界中的人，其行为是"事天"的，即将个人对宇宙的觉悟，与自己的生命联系起来，知己、知人、知天，穷理尽性以至于命，个人存在与宇宙的整体融合为一。个人与社会的关系，经历"正、反、合"之后，实现了完美的融洽。个人内向的生命体验，与宇宙的本体实然结合，既空明又实在，是真正的得道后的幸福。我以为幸福亦有三境界：乐不思蜀、转祸为福、苦即是福。

乐不思蜀。人生须活在当下，彼岸世界固然有完美的幻象，却须先走过今生。人生既然是一个向死而生的历程，所以人生须享受今天的幸福、今天的阳光。人生须有点享乐主义、些许轻松禅意。

人类世界绚丽多彩，而贪欲使人执迷和烦恼，使人性迷茫、堕落。迷惘之余，以为彼岸是解脱的良药。禅宗以启智之面目出现，或在生活，或在举手，或在劳作，或在经商之中，均给人以当头"棒喝"的启迪。赵州禅师让僧人的"洗钵去"，是指示参禅者要用心体会禅法的奥妙处，必须不离日常生活，这与儒家所说的"大道不离洒扫应对"是相通的。日间喝茶吃饭，夜间坐禅休息，都是对人生真理的追求与皈依。幸福并不在来世，也不在彼岸，智慧只在此世今生的日常生活之中。幸福有时候是一种宁静，但人

---

① 冯友兰：《新原人》，三联出版社 2007 年版，第 54 页。

生处处皆是风浪，即使终南山隐，也不会得到半天的安生。无论前往山林、乡村，或静坐在阳台促狭的空间里，幸福的智慧会告诉我们，喧嚣的万象中，寻找内省的力量，使自己缓缓放下，复归内心的宁静，活在当下，乐不思蜀。

转祸为福。人生损益，即为福祸，人多以富贵为福，孔子讲："不义而富且贵，于我如浮云。"孔子不反对物质生活的追求，也没有"职业歧视"，他讲："富而可求也，虽执鞭之士，吾亦为之。"意思是说，如果能通过劳动获得财富，即使做个鸣鞭开道的马弁也心甘情愿。在很多人的脑海中，孔子的形象大体是：带着几个得意弟子，驾着马车周游列国，游说君王，总试图用自己信念去打动君王们，在天下推行"仁政"。然而春秋乱世，群雄逐鹿，诸侯们所需要的是"运筹帷幄、决胜千里"的军事人才，而非满口仁义的道德先生。孔子之后的儒生苏秦，几经挫折之后，改变策略，开始向诸侯兜售自己的"合纵"学说，之后身挂六国相印，一扫当年的贫穷落魄。孔子却依然坚持信仰，固执地建构自己的道德王国。回顾历史长河，也许苏秦只能名噪一时，而孔子却流芳千古。

《菜根谭》有云："临崖勒马起死回生念头起处，才觉向欲路上去，便挽从理路上来。一起便觉，一觉便转，此是转祸为福、起死回生的关头，劝莫轻易放过。"① 人生多为欲望所左右，以欲望为引导自己幸福的司南，由此以来，人成为欲望的傀儡，所谓的"幸福"不过是欲望的形象。欲望将幸福异化，欲望是幸福的强盗。印度热带森林，有一种很奇怪的捕捉猴子的方法：在一个固定的小木盒里面，装上猴子爱吃的坚果。盒子上开一个小口，刚好够猴子的前爪伸进去，猴子一旦抓住坚果，爪子就抽不出来了。这个方法其实是人类捕捉到了猴子的习惯，就是不肯放下已经到手的东西。这个例子，总给我们嘲笑猴子的愚蠢的机会：这些傻傻的猴子，为什么不知道松开爪

---

① （明）洪应明：《菜根谭》，岳麓书社 2006 年版，第 53 页。

子，放下坚果逃命呢？其实，再看看我们，也是为了一颗"坚果"而付出自己的一切。历史平淡看待每条生命，不管是皇帝还是平民，都给每个人一个坐标，一个空间，让自己去寻找。当人如大历史一般平淡，便没了所谓的祸福，寻得了内省安宁的幸福。

苦即是福。苦难是一种财富，这种理念也一直体现在传统的教育体系中。这种教育的理念很现实，当然也很功利，比如讲"万般皆下品，唯有读书高"，比如讲"书中自有黄金屋"，比如讲"男怕选错行，女怕嫁错郎"。资源的匮乏，中国很多内地区域也只有通过读书，才能改变命运，这是事实。这种教育本身，未可厚非，教育也是生命中不可或缺的体验，不论读书，还是阅世，都是学习的过程。神奇的时间可以给人生以充分的历练，但时间并不是人生的消极填充物，索尔仁尼琴曾经说过，生命最长久的并不是活得时间最多的人，只有充分利用时间的人，才能体会真正的经历。

时间是人生悲剧的基础，人只要活着，就不可能得到彻底的解放和自由，因为"时间"永远悬在头上。时间如逝，它如此的公平客观，不管你在做什么，它的工作总是如此的单调，它只是拨快了我们与死神见面的速度，缩短了我们与死亡的距离。阳光普照的大地，昼夜交替，甲子循环，人类代代相守，万物花开花落。好像相对于时间来说，它是整个宇宙的主人，我们只是一个过客：童年、少年、中年、老年，时间如同一条皮鞭，不留情面地催人老去。我们在时间面前如此自卑，即使活过百岁，依然没有资格做它的一个微妙的刻度。人生苦短，生命只是时间的匆匆一瞥。老子《道德经》中说，"天地不仁，以万物为刍狗"，四时不悖，万物并生，这种"不仁"其实是把握了宇宙万物的规律，不是"妇人之仁"，而是饱含着生生之理。与天地交往，就是将个体的幸福，融入到宇宙的大流之中。

幸福往往与苦难随行，也往往与苦难成正比。《鲁宾逊漂流记》中的主人公，在荒岛上生活了28年，并没有厌世，相反他认为这是人生重新开始的一次机会，在荒岛上耕作、劳动。鲁宾逊并未作出什么惊天动地的事情，而是和我们一样在生活着。但这些琐碎的细节却又是鲁滨逊同困境对抗的过程，而这些困境又是几乎每个人都曾体会到的：黑暗、饥饿、恐惧、孤独。鲁宾逊的经历之所以具有传奇性是因为在一个特定的环境中，困境被放大了，对抗困境的时间被拉长了。在遭遇挫折的时候，他并没有哀怨生活或任性走开，而是勇敢地面对自己，面对世界，打造属于自己的幸福。幸福，只是内心的踏实和安宁，人生也绝没有处处顺水顺风的可能，人也不可能是上帝的宠儿，把所有的荣耀与安宁都赐给一个人。同时，世界也不可能抛弃每个人，它给予每个人的机会都是平等的，只是我们把世界抛弃。每个人的手上，都有一副幸福的好牌，我们无须哀叹，或憧憬一切重来。苦即幸福，幸福即苦。

六、幸福的真谛

幸福就是过一种有神性的生活。

当前对于幸福的研讨，已经进入"丛林时代"，幸福的表征方式也呈现出不同的倾向：或从心理学的角度，分析幸福感之获得；或从经济学的动机，分析幸福之物质需求；或从社会学出发，考究幸福的社会背景。在有关幸福主题的研究方面出现了许多新学说，这些学说在历史渊源和理论内容上互相影响，盘根错节，反而使幸福成为一门"玄学"。幸福须拨开历史的迷雾，进入到幸福真谛的重述中来。书到此时，已反复修改将近两年，不少朋友询问，能否用一句话，来概论幸福的真谛。如斯简单的问题，却引导我的思路走向僵局。

按照古希腊哲学家伊壁鸠鲁的说法，人人都应该幸福地生活。所谓的不幸福，来源于对自身价值的漠视。人们太过于关注通过自身之外的东西，来证明自己的价值，比如财富，比如名利，而忽视了自己的价值。哲学家将"原子论"的学说，引入到自己的幸福论中，认为幸福的人无需恐惧，因为世界由我而组成，因我而有意义，所以并不用担心自己价值的消解；个人的幸福须与社会同步，良好的社会环境会成就个体的自由。人与人之间的关系，因为遵循着这种约定而成为友谊，这种友谊作为契约而被引申为正义，社会也因此而和谐。伊壁鸠鲁认为追求幸福是人的天性，无需外求，物质世界带来的满足并不能消弭灵魂的需求：

> 无论是拥有巨额财富，还是荣誉，还是芸芸众生的仰慕，或任何其他导致无穷欲望的身外之物，都无法去除心灵的烦扰，更不能带来真正的快乐。我们不可悖逆天性，而应率性而为；而所谓率性，乃是去满足必需的欲望，以及自然的欲望，如果后者并不带来危害，反之则应严加抵御。顺性而不为妄言蛊惑者，可独立于天地之间。但凡随性的人，一点一滴便足以使人富有；而若是填补欲壑，纵然是万贯家财，所带来的不是富有，而是贫困。

我想，人固然应当将心性之于幸福的诉求，放置到物质之上，但人毕竟需依赖自然所赐而生活，人来自于自然，也复归于自然。幸福之追求，事实上是人性的自我反思，人应该是自然性、属人性与神性的综合体：所谓的兽性，即是人的来源性，人是自然的产儿，是自然规律的产物，所以他的生命也必然遵循着自然而行；所谓的人性，即人的社会性，人与动物的不同之处在于能够以群体的力量，建设群体的社会，实现个人的梦想，也正是因为这种属人性，使得人的价值倾向于外在世界的肯定；所谓的神性，即是人的灵魂反思，生死是自然行为，也是生物生命的必然，但人却能从自然的生死中，反思自己存在的意义和价值。生死高悬，所以才鞭策每个人活好每一分钟，幸福也是人的神性自觉。人的这种神性自觉，也给幸福赋予了高尚的意义，而非单纯的"多巴胺"刺激。也因为神性的自觉，使得幸福成为可以洋溢于肉体之外的精神象征，我们都渴望与天地的交融，唯有这种交融才是真正意义上的幸福之境。所以，我讲幸福就是过一种有神性的生活。

　　因为洞悉神性，肉身之人，也就饱含神性，故代代均有贤圣者。纵观历史，圣人有四：一为清者，如伯夷、叔齐，不食周黍而死首阳山，以"清"彰显人的神性。孔子在《论语》中曾先后多次赞颂伯夷、叔齐，评价伯夷、叔齐"古之贤人也"、"不念旧恶，怨是用希"、"求仁而得仁，又何怨"，并评价两人"不降其志，不辱其身"。孟子评价夷齐为"圣之清者"。管子曰："故伯夷、叔齐非于死之日而后有名也，其前行多备矣。"韩非子曰："圣人德若尧舜，行若伯夷。"汉代史学家司马迁所著的《史记》，把《伯夷列传》作为人物列传的首篇。唐宋八大家之首的韩愈写过一篇《伯夷颂》，赞颂伯夷、叔齐。二为先者，以自己的人生智慧，洞悉历史之发展。人这一生，最大的敌人就是时间，以智慧抗衡时间，确实是人神性的力量。历史总是如此，不停前行，有些人引导历史，有些人则成为历史的注脚。如中国先者的形象诸葛亮，他的《隆中对》，可谓未出茅庐预知天下三分。其时曹操既占天时又有人谋，又拥有百万大军；而江东孙氏则"国险而民附，贤能为之用"（《三国志·蜀书·诸葛亮传》），综合势力强大。诸葛亮分析，以曹操势力之大，不可与争锋，而以孙权实力之强，可以为援而不可图，所以刘备势力的发展战略，只能是联吴抗曹。以此，诸葛亮在《隆中对》中为刘备确立了联吴抗曹的大战略。三为高者。身处庙堂，却心忧江湖，如范仲淹所言："先天下之忧而忧，后天下之乐而乐。"先乐与后乐，本无讨论的意义，仅是个人的选择，但将个人的命运与天下一系，却是人的神性体现。这个过程，并不是简单的情景交融，而是将自己的生命体认融入到历史的潮流中，将情感的追求与历史使命自觉地结合起来。四为时者。所谓"时"，即是待时而动、蓄势而为。人生有太多的机会，这些机会未必都是幸福的机遇；人生有太多的选择，这些选择未必都是幸福的导向。只有"明时"的人，才能真正体会到生命的跳跃。如刘邦即是"时者"，一方面他应时以动，秦末群雄并起，他以地痞之身参与到历史大势之中；另一方面，凭借因时用人的管理，与项羽、韩信等人周旋，终成一代雄才。

印度因明学是南亚逻辑学的智慧集锦。唯识学认为世间万法，皆起于阿赖耶识，人生种种，或为本性，或为妄心，唯有阿赖耶识，为宇宙万有之本，含藏万有，使之存而不失，故称藏识。又因其能含藏生长万有之种子，故亦称"种子识"。人生之意义，或求此生长久，或求永世不朽，从存在论上讲，都是一个"在"。认识世界的切口，也是此"在"。人生之幸福，不能袖手空谈，唯有进入人生经历之语境，结合个人意识，才是有为之幸福。幸福，从表层上讲，是一种"幸福感"，是对"幸福"的体认；但事实上，幸福则更贴切于人生的经历，本身就是一种实在的"存在"。故而，抛弃幸福之"在"而谈幸福，类似水中镜花。幸福一刹那，即为个人智慧的自觉澄明，我们无法仅将幸福的"感觉"作为幸福定义，也根源于此。认识幸福的一瞬间，即是对过往人生种种的真切体认，而此时人也具备了"神性"。这里的"神性"，并不是宗教的位格，而是个体因为反思人性而具备的超越性。

人生在世，太多悲伤，太多苦痛。生活压力略小的人，总会回忆自己成长过程中的种种罪遭；生活压力大的年轻人，抬头看看未知的前途，则会觉得人生如同大海行舟，不知将归何处。好在人生之道，尚不至于堕落到"畜生道"，好在还需有个体之追求。名利金钱确是实现幸福的路径，取得名利金钱之后的喜悦，也的确是幸福所在。但这些东西，不是幸福本身。

对于人性的划分，或有公私之说，或有善恶之别，或有"三品"之论，我讲人性却有人性、兽性和神性。人是自然的灵物，从自然中来，与众生一样，皆逃不过天地的造化；但人却因为"能群"，在人群中获得后天的习得之性，而具备了人类社会所有的特征，这种属人的特性，也为构建人类文明提供了基础。同时，人也有"灵犀"，无论是心识或是智识，这点灵犀的"神妙"都让人生与众不同。《周易》上讲，能参悟天地人的互动，就是"神"。因为这种与宇宙之流的互动，让短短的人生充满了"神性"，我们不必依赖酒精来实现与酒神的沟通，也不必依赖药物维持自己的"幸福度"，只需反身而诚，与自己内心的"小宇宙"共鸣，幸福即在周身。人们曾把全部的伦理、权威、美德都凝聚在神的身上，所以好像大美大德非神莫属。于是造成一种假象，好像一切美德、权势、伦理都来自于神而不是人自身。殊不知一切神身上的东西都来源于我们自己。动物没有伦理、权威、美德，所以它们没有神。神是唯一高于人的物种，是唯一的超人。在早期，它身上集聚着人类的全部智慧。最高、最美、最强、最慈、最爱的品质，都属于它。它是由众多人共同塑造并共同信仰之物，是人间最好的种种概念的复合体。但是，这些概念本身会产生变化，而被塑造的那些神却被这些概念过去的内容固定了，所以它们所代表的某些方面就落伍了。继而，它的神威对人的神性新的内涵就有所阻碍，导致了它最终被人否定。就如同身材长高长大了，过去的衣服就不合体了一样。概念变，而神不变，自然会遭淘汰。但人们否定的只是作为高于人的外在物的神，而不是这些最高的概念。这些概念只是在变化，并没有消失，它们随着神性潮汐般的运作，不断地注入新的内容。这些概念的崇高地位在人间是不会变的。

老子在《道德经》中说："名可名，非常名。"也就是说，无论对任何东西下定义，都不能完整确切地给予表述，如果追溯到其本源上，只能是惚兮恍兮，只可意会，不可言传。但老子首先是肯定了"可名"，只是这种诠释的方式，并不是通常之释。在中国人的传统思维中，"心"为五脏之主，"心"同时也是智慧识得的工具。心居之处，即为"心房"。但"心"的背后是什么？"心"的功能由谁来主宰？我们又造了一个新词，叫"元神"。在很多演义小说中，"元神"是主"心功能"的"灵魂"。元为大，为始，元神就是主宰人的最大的、最原始的神。其实，这个"元神"，就是人性中最深刻的"神性"。这种"神性"，使得人心有四端、善恶两念，同时也让人在俗世的人间中，有了更多的追求：或是青灯长读，或是入俗济世，或是克己奉公，或是与众同乐。当一个人为生命之外的伟大而献身时，称之为"牺牲"，因为只有生死，才是真正的哲学问题，才是有神性的幸福。每个人也都有这种神性的自觉，这种自觉来自于个体灵魂的冲动，这种冲动强烈地刺激着每个人都要在此生活出真我，活出幸福。

书到终时，我把这本小书归结为从哲学方面谈幸福，哲学所关怀的终极目的与宗教不同，宗教可以将人的终极关怀置放到"来世"或"彼岸"来实现，而哲学只能在今生谈幸福。宗教尚可以宗教裁判或末日审判的形式，将修善为恶之举进行划分，然后以神诫的形式明示何为幸福；而哲学则不能解决"德福之报"的命题，或者只能说哲学是求善之学，导人向善，追求世相的真理，发扬人的美德。然而幸福却如此踏实地追随你我左右，或在一杯清茶淡酒中，或在朋友暖心拥抱中，或在爱人心生情愫的眼神中，或在淡然静坐独自感怀中。以人生之智慧，洞悉自我，反观生命，这幸福就是生命的导向，人生之树也必将花开幸福之瓣。

主要参考书目

一、中文文献

1. 陈鼓应:《老子今注今译》,商务印书馆 2009 年版。

2. 王夫之著,舒士彦点校:《读通鉴论》,中华书局 1998 年版。

3. 程颢、程颐著,潘富恩导读:《二程遗书》,上海古籍出版社 2000 年版。

4. 邵雍:《皇极经世书》,九州出版社 2012 年版。

5. 班固:《汉书》,中华书局 2007 年版。

6. 朱熹:《四书章句集注》,中华书局 1983 年版。

7. 黄宗羲著,沈芝盈点校:《明儒学案》,中华书局 2008 年版。

8. 司马光:《资治通鉴》,中华书局 2009 年版。

9. 陈来:《古代宗教与伦理——儒家思想的根源》,北京三联书店 1996 年版。

10. 陈旭麓:《近代中国的新陈代谢》,上海社会科学院出版社 2006 年版。

11. 成中英:《论中西哲学精神》,湖北人民出版社 2006 年版。

12. 方立天:《中国古代哲学》,中国人民大学出版社 2006 年版。

13. 冯天瑜:《中国元典文化十六讲》,郑州大学出版社 2006 年版。

14. 冯友兰:《中国哲学史》,华东师范大学出版社 2000 年版。

15. 胡道静:《周易十讲》,上海人民出版社 2003 年版。

16. 黄寿祺:《周易译注》,上海古籍出版社 2004 年版。

17. 金岳霖：《论道》，商务印书馆 1985 年版。

18. 劳思光：《中国哲学史新编》，广西师范大学出版社 2005 年版。

19. 李秋零：《康德著作全集》，人民出版社 2006 年版。

20. 梁启超：《变法通议·论译》，中华书局 1989 年版。

21. 梁漱溟：《中国文化要义》，上海世纪出版集团 2005 年版。

22. 罗安宪：《虚静与逍遥——道家心性论研究》，人民出版社 2005 年版。

23. 罗炳良：《18 世纪中国史学的理论成就》，北京师范大学出版社 2000 年版。

24. 罗光：《中国哲学的展望》，台湾学生书局 1977 年版。

25. 全增嘏：《西方哲学史》，上海人民出版社 2005 年版。

26. 衣俊卿：《历史与乌托邦——历史哲学：走出传统历史设计之误区》，黑龙江教育出版社 1995 年版。

27. 张立文：《帛书周易注译》，中州古籍出版社 1992 年版。

28. 张立文：《和合学——21 世纪文化战略的构想》，中国人民大学出版社 2006 年版。

29. 陈望衡：《周易"神道"析》，《周易研究》1999 年第 2 期。

二、外文文献

1. [美] 本杰明·史华兹：《古代中国的思想世界》，程钢译，江苏人民出版社 2004 年版。

2. [法] 费尔南·布罗代尔：《论历史》，刘北成译，北京大学出版社 2008 年版。

3. [英] 格鲁内尔：《历史哲学——批判的论文》，隗仁莲译，广西师范大学出版社 2003 年版。

4. [美] 弗洛姆：《超越幻相之锁链》，冯川译，改革出版社 1997 年版。

5. ［德］马克斯·韦伯:《新教伦理与资本主义精神》，阎克文译，上海人民出版社 2010 年版。

6. ［德］马克斯·韦伯:《儒教与道教》，王荣芬译，商务印书馆 2003 年版。

7. ［美］阿格妮斯·赫勒:《日常生活》，衣俊卿译，重庆出版社 2010 年版。

8. ［德］叔本华:《人生的智慧》，罗烈文译，中国三峡出版社 2010 年版。

9. ［美］亨利·戴维·梭罗:《瓦尔登湖》，李慕译，上海三联出版社 2008 年版。

10. ［德］海德格尔:《存在论:实际性的解释学》，人民出版社 2009 年版。

11. ［美］保罗·泰勒:《尊重自然:一种环境伦理学理论》，雷毅译，首都师范大学出版社 2010 年版。

12. ［英］莫尔:《乌托邦》，戴镏龄译，商务印书馆 1982 年版。

13. ［英］伯纳德·威廉斯:《道德运气》，徐向东译，上海译文出版社 2007 年版。

14. ［德］叔本华:《叔本华论述文集》，范进译，青海人民出版社 1996 年版。

15. ［印］泰戈尔:《吉檀迦利》，林志豪译，天津教育出版社 2008 年版。

16. ［德］海德格尔:《存在与时间》，陈嘉映译，三联出版社 1987 年版。

17. ［德］黑格尔:《精神哲学》，杨祖陶译，人民出版社 1988 年版。

18. ［美］马尔库塞:《单向度的人:发达工业社会意识研究》，刘继译，上海译文出版社 2008 年版。

19. ［德］黑格尔:《小逻辑》，贺麟译，商务印书馆 1997 年版。

20. ［法］帕斯卡:《思想录》，谭培鑫译，商务印书馆 1985 年版。

21. ［英］边沁:《道德与立法原理导论》，沈书平译，商务印书馆 1995 年版。